广东省普通高校特色创新类项目
"高职院校专业设置与区域经济发展的适切性研究"（2

国家社会科学基金教育学一般课题
"地方高校延伸到县域办学与乡村振兴的耦合关系研究"（BIA190164）

高职教育专业设置的管理机制研究

张等菊 著

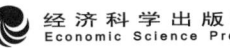

中国财经出版传媒集团
经济科学出版社
Economic Science Press

图书在版编目（CIP）数据

高职教育专业设置的管理机制研究／张等菊著．
—北京：经济科学出版社，2021.1
ISBN 978-7-5218-2315-8

Ⅰ.①高… Ⅱ.①张… Ⅲ.①高等职业教育－专业设置－教育管理－研究－中国 Ⅳ.①G718.5

中国版本图书馆 CIP 数据核字（2021）第 001125 号

责任编辑：张　蕾
责任校对：孙　晨
责任印制：王世伟

高职教育专业设置的管理机制研究
张等菊　著
经济科学出版社出版、发行　新华书店经销
社址：北京市海淀区阜成路甲 28 号　邮编：100142
编辑工作室电话：010-88191375　发行部电话：010-88191522
网址：www.esp.com.cn
电子邮箱：esp@esp.com.cn
天猫网店：经济科学出版社旗舰店
网址：http：//jjkxcbs.tmall.com
北京季蜂印刷有限公司印装
710×1000　16 开　15.25 印张　270000 字
2021 年 2 月第 1 版　2021 年 2 月第 1 次印刷
ISBN 978-7-5218-2315-8　定价：118.90 元
(图书出现印装问题，本社负责调换。电话：010-88191510)
(版权所有　侵权必究　打击盗版　举报热线：010-88191661
QQ：2242791300　营销中心电话：010-88191537
电子邮箱：dbts@esp.com.cn)

前　言

自1999年起，我国现代高职教育进入了飞跃发展时期，院校数量从当年的442所发展到2019年的1423所，20年间增长了近一千所；招生人数从当年的40万增长到2019年的484万，招生规模增长了10倍之多，从结构和数量上来看高职教育已经稳坐了高等教育的"半壁江山"。

然而，回望这廿载历程，是高职教育不断开展自我身份抗争的20年，也是不断被诟病的20年，从发展初期的"压缩饼干"之讽到2019年的"类型教育"走向，高职教育一直在努力打破身份的刻板印象。可以说，在这20年的发展中，高职教育隐性的经历了两个时期，1999~2015年属于"1.0时期"，主要处于依附发展和外部规制阶段。2015年，随着《高等职业院校内部质量保证体系诊断与改进指导方案（试行）》和《高等职业教育创新发展行动计划（2015－2018年）》的提出，高职教育进入了2.0时期，这一时期的主要特征是内涵发展、内部整改和自我建构，以"放管服"改革为契机，将"自外而内的推力""自上而下的压力""自内而外的动力"联动起来，同时政府、外部评价机构等也通力合作，共同支持高职教育的发展。自2017年起，上海教育科学研究院定期发布《全国高等职业院校适应社会需求能力评估报告》，对高职院校的办学基础条件、师资队伍、校企合作、人才培养、学生发展和社会服务能力等方面进行分析总结；2018年，国务院发出了《关于同意建立国务院职业教育工作部际联席会议制度的批复》，要求教育部、发展改革委、工业和信息化部等9个部门组成职业教育工作部际联席会议，为积极研究办好新时代职业教育的有关问题，制定相关配套政策措施出力献策；2019年国务院颁布了《国家职业教育改革实施方案》（简称"职教二十条"），提出"职业教育与普通教育是两种不同教育类型，具有同等重要地位。"；同年，教育部等六部门印发了《高职扩招专项工作实施方案》，招生对象向社会人员拓展，全面深化职业教育改革开启；同年，教育部、财政部印发了《中国特色高水平高职学校和专业建设计划建设名单》，启动了"双高计划"，开始打造特色鲜明的高职院校"样板房"；2020年，教育部等九部门印发了《职业教育提质培优行动计划（2020－2023年）》，以增值赋能，提质培优，加快推进职业教育现代化。"2.0时期"的一系列支撑和导向，纵横捭阖、高屋建瓴，目的是从高度、力度和远度上建构起高职教育的"规范串"，将高职教育的存在、身份、价值品性弥合起来，充分彰显其社会生态位之功能。

但是，高职教育要走"类型教育"之路和建立起特色鲜明的"规范串"，就必须根据区域产业及人力市场的需求，超前识变、积极应变、主动求变，培养技术、技能型人才，只有这样，高职教育才能跳出"高等性"与"职业性"纷争的旋涡，立足行业与职业，走服务发展之路。然而，要将高职教育的生态位与社会生态位的各种信息精准对接，就必须寻求一个链接媒介或纽带，以促成两个生态位的合宜互生，而这个沟通媒介正是"专业"。因为专业是高职院校育人的基本单元，是高职院校办学的"腰"，是人才入口—培养—出口的主要运行载体，所以专业目录的组成、专业设置及相关管理机制的建构尤为重要。

我国高职教育专业目录和专业设置管理办法正式实施于2004年，虽然2015年做了第二次调整与修订，2016～2019年增补了31个专业，但由于运作历史较短，加之高职教育在本体领域存在着承载基础与自组织能力不足问题、在关系领域存在着与各种主体供需对接不足问题、在动力领域存在着政策推力与智库构建不足问题，进而出现了高职院校与政府、市场之间在责、权、利上的深层博弈现象，导致现有的专业设置管理机制运行失当，专业布局出现了"公地悲剧"，专业管理责任不清、同质化现象严重，大部分院校的专业外适度与内适度不高，在与区域产业链对接时出现了一定程度的错位、缺位或失位，造成人才"不适用""不够用""不被用"等现象层见叠出，进而引发了结构性失业和人力资源浪费等一系列社会问题。

因此，在高职院校"诊改"和"双高计划"建设的政策推力下，厘清专业管理层级的权力边界，重构专业设置的管理机制是高职教育"2.0时期"发展的内在诉求，也是2020～2021年开始的第三次高职教育专业目录调整和专业设置管理办法修制前的一种路径探索。这就要求以"融合古今、镜鉴国际"为迁移创新路径，从中国历史上职业教育专业演进中的"设官教民""四民分业""分业定数""职业户计制度""分斋教学""西学东渐""专业设置的制度化走向"中汲取精华，做到专业设置"急用先设"和"全国+地方"的专业目录拟定机制；从瑞士高等专业学院专业设置紧随职业迁徙、新加坡理工学院专业适应和引领产业发展、澳大利亚TAFE学院培训包分层对接行业需求等经验中，确立专业、产业与职业之间的对接关系。并结合现有的国策国情和信息化时代的需求，以多元制衡、共同治理为逻辑，以预测、预警、开设与调整结合为战略，以定力与张力结合为战术，确立高职教育专业设置的三原则，建构以"两条基线、四层管理"为框架的专业设置管理新机制。新机制以国控专业和非国控专业的设置管理为两条基本线路，重点规制了非国控专业省域设置的统筹管理机制与校本调整优化机制中的责、权、利关系，同时对社会扩招生培养实行例外原则，设计了"专业目录+院校+教学点"结合的专业设置策略，整体上形成了"厅际联席会"多元制衡、利益相关者介入的弹性设置和常态监测式专业管理格局。

为了验证高职教育专业设置新机制之价值品性，演示其实践运行范式，本书分别对非国控专业设置的省级统筹管理机制和校本专业调整优化机制进行了个案研究与实践验证。首先，以《国家职业教育改革实施方案》为政策指引，以供需关系理论为依据，以广东省高职院校会计专业设置为个案，以行业整体性和区域差异性结合为实施思路，通过"区域产业状况分析—会计专业宏观布局研究—会计行业区域人力需求研究—专业发展类别界定"路径，验证专业设置的省级统筹管理机制，并对广东省高职院校会计专业布点过剩状态设计了"三维度五批次"的调整规划。其次，以第四代评估为理论指引，以"双高计划"专业群组建为实践导向，以S校为个案，建立了校本专业调整优化机制的"三轴六面"原则，在空间轴上以学校整体性发展和特色性发展为坐标，在时间轴上以现存专业结构调整和超前设置为路线，在策略轴上以专业"雁阵"组建和"链式"组建为手段，通过"组织建构—整体分析—需求分析—资源评核—研判界定—调整优化—持续改进"路径，验证校本专业调整优化机制，也为"双高计划"高水平专业群的组建提供运作范式，最终将S校原有的10个专业大类调整为"三路并进、两翼驱动"的5类专业新布局，并以《悉尼协议》中的 OBE 理念为指引，对专业进行持续监测和改进，以实现专业人才供给的"对位效益"，彰显高职教育的社会生态位价值。

总之，我国高职教育已经成为高等教育的"半壁江山"，专业设置的相关制度也在逐步完善，但一切改革均具有"副产品"和"时间—背景"的局限性，现有的专业设置管理机制也难以规避。因此，本书以寻求短板、理性反思为切入点，以建构和期盼为努力方向，虽志存高远，但水平有限，如果本书的问世能为当下的高职教育改革提供绵薄之力，本人将深感欣慰。

张等菊

2020 年 6 月 30 日

于广州

目 录

绪论 ··· 1
  第一节　问题缘起与研究意义 ·· 1
  第二节　概念界定与文献综述 ·· 16
  第三节　研究思路、内容和方法 ·· 33

第一章　高职教育专业设置的管理机制现状研究 ···························· 37
  第一节　高职教育专业设置的管理政策现状分析 ·························· 37
  第二节　高职教育专业设置存在的主要问题 ······························ 45
  本章小结 ·· 52

第二章　高职教育专业设置管理机制运行失当的原因剖析 ··············· 54
  第一节　本体领域：承载基础与自组织力不足 ···························· 54
  第二节　关系领域：制衡不均与供需对接不足 ···························· 59
  第三节　动力领域：政策推力与智库构建不足 ···························· 65
  本章小结 ·· 70

第三章　融合与迁移：高职教育专业设置的经验镜鉴 ····················· 72
  第一节　中国职业教育专业设置范式的历史追踪 ························· 72
  第二节　国外高职教育专业设置管理机制的横向对比 ··················· 88
  本章小结 ·· 103

第四章　高职教育专业设置的管理机制重构 ································ 105
  第一节　高职教育专业设置管理机制重构的基本原则 ················· 105
  第二节　高职教育专业设置管理的新机制构建 ·························· 119
  本章小结 ·· 131

第五章　高职教育专业设置管理新机制的应用研究 ………………… 133

　　第一节　区域专业设置的统筹管理机制实施——以广东高职院校

　　　　　　会计专业为例 ……………………………………………… 133

　　第二节　校本专业布局调整优化的机制实施——以 S 校为例 …… 148

　　本章小结 ………………………………………………………………… 192

研究结论 ……………………………………………………………………… 195

附录 …………………………………………………………………………… 202

　　附录 1　2004 年普通高等学校高职高专教育专业设置情况表 ……… 202

　　附录 2　普通高等学校高等职业教育（专科）专业目录新（2015）旧（2004）

　　　　　　调整对照表 ………………………………………………… 203

　　附录 3　《普通高等学校高等职业教育（专科）专业目录》2016～2019 年

　　　　　　增补专业汇总 ……………………………………………… 209

　　附录 4　2017 年高等职业教育（专科）拟新增设专业汇总表 ……… 211

　　附录 5　高职教育专业设置与动态调整调查问卷 …………………… 212

参考文献 ……………………………………………………………………… 218

后记 …………………………………………………………………………… 234

绪　论

朱熹在《立教》中曰"徒明不行，则明无所用，空明而已；徒行不明，则行无所问，冥行而已"①凡事要以"明"促"行"，"明""行"结合，方能笃行致远。对于我国高等职业教育（以下简称"高职教育"），常思其状，哀其境，明其失，但未笃其行！回望高职教育廿载历程，若再不明其道、驻其术、驱其行，则"良辰好景虚设"，难以"万里征"。

第一节　问题缘起与研究意义

一、问题缘起

（一）困境：高职教育面临着"三低三高两不清"之窘况

我国当代高职教育从20世纪80年代初起步，经历了"三改一补""三多一改"等政策，从1999年开始进入跨越式发展时期，此时体量剧增，规模傲人，院校数从2000年的442所发展到2019年的1423所（见图0.1.1），20年间增长了近一千所。

自2002年起，高职院校招生规模连续7年领先普通本科院校，直到2009年对比度才明显回落，但整体呈上升趋势；到了2019年，由于高职教育面向社会扩招100万的政策和部分省份的普通招生计划扩展，例如广东省在2019年3月出台了《广东省职业教育"扩容、提质、强服务"三年行动计划（2019－2021年）》，其首要任务就是"做大做强高等职业教育"，在各种因素驱动下，当年全国高职教育招生人数达到了484万人，再次超越了本科，为高等教育的毛入学率超过50%，实现普及化贡献了力量；与

---

① 朱熹《续近思录》，卷二。

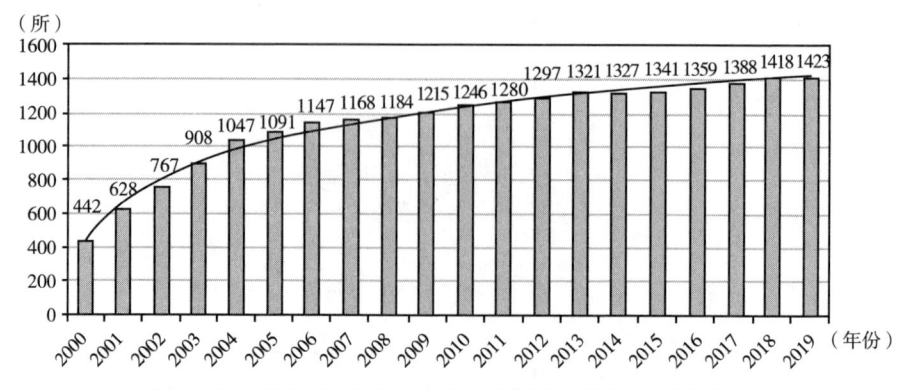

图 0.1.1　2000～2019 年以来我国高职高专院校数量增长概况

资料来源：教育部 2000～2019 年的《教育统计数据》。

1999 年高职教育起步阶段的 40 万招生数相比，20 年后的 2019 年其招生规模增长了约 10 倍（见图 0.1.2）。

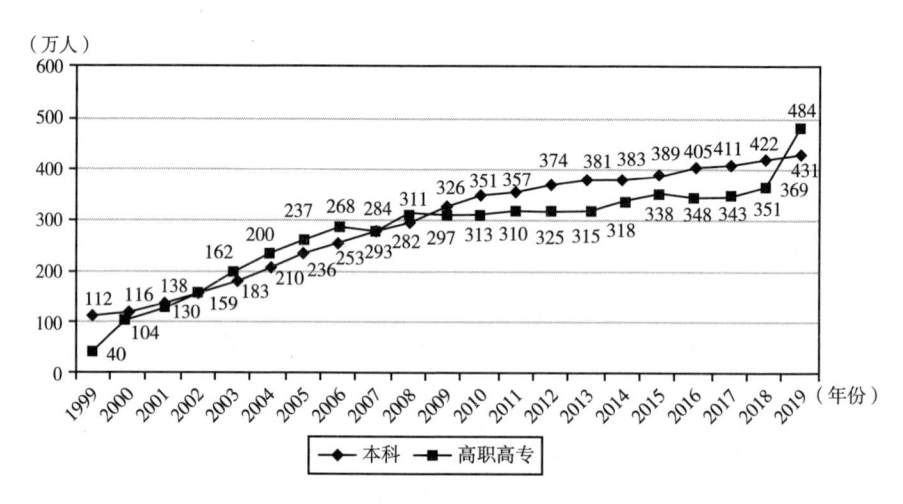

图 0.1.2　1999～2019 年我国高等教育招生规模概况

资料来源：教育部 1999～2019 年的《教育统计数据》。

尽管迅速崛起的高职教育在我国高等教育大众化进程中贡献了不世之功，但时至今日其依然处于"三低三高两不清"的窘况中。"三低"是指高职院校生均拨款额低、学生入校分数低和社会认同度低。"三高"是指生师比值高、对教师要求高（既要是经师，也要是技师；既要有学校理论知识，也要有企业工作经验，即"双师双能"）和高速度发展。"两不清"是指高职教育的身份属性不清和学科谱系不清。身份属性不清集中表现在高职教育到底是姓"高"还是姓"职"的问题上,到底是按照"办学模式特征"界定还是按照"受教育者的特征"来界定,也就是"类型论"与"层次论"的争锋。2011年高职教育转由教育部职成司管理,这是国家对其结构身份的界定,即高职属于"职业教育的高级阶段",是类型教育,2019年《国家职业教育改革实施方案》也将高职教育归界为类型教育,这是按照办学模式对其身份的界定;但也有相关研究者认为应该按照受教育者的年龄特点来判断,"高职、本科都是高等教育的基础"[1],并且我国以往的教育体系结构分类也基本上是以受教育者的特征来划分的,现有的科研、竞赛等管理也将高职院校划分在高等教育之列。学科谱系不清是指在教育学的二级学科分类中没有"高等职业教育学",导致高职教育研究缺乏学科基础。假设高职教育必须寻求学科依托的话,那就只能嵌入教育学的其他二级学科中去,在此我们可以按照教育特征的临近性做出三种假设:一是高职教育入赘"高等教育学",二者的教育规律相对比较接近,但目前的管理机构不同,学生修业年限不同,并且高职教育的毕业生没有高等教育的学位证书;二是入赘"职业技术教育学",高职教育的学生在年龄特征上与中职教育的学生存在差异,有成年人与未成年之别,教育对象的不同导致教育规律很难融通;三是入赘"成人教育学",这更加没有共同沟通的基础,因为高职教育的基本生源是高中应届毕业生,与传统意义上在职进修的"成人教育"有所差异。所以,高职教育入赘任何一方都有失偏颇,这种学科谱系不清的囧况为其学科建设及研究带来了尴尬。

此种"三低三高两不清"窘况犹如一辆低配置、高速度的机动车,承载着不可预知的隐患。导致高职院校在发展进程中存在着"三个跟不上"。第一,经费跟不上,主要表现在生均财政拨款和"重点建设、重点发展"政策两个维度。在生均财政拨款方面,2016年,全国只有54%的公办高职院校年生均财政拨款超过1.2万元,部分地级市举办院校低于4000元,一些国有企业举办院校低于2000元[2],2018年仍有283所公办高职院校生均财政拨款不

---

[1] 瞿振元.高职、本科都是高等教育的基础[N].人民政协报,2018-1-3(2).
[2] 2016年全国高等职业院校适应社会需求能力评估[EB/OL]. http://www.moe.cn. 2017-12-7/2018-1-3.

足1.2万元①，民办及其他形式举办的高职院校境况更不容乐观，导致了院校发展间的不平衡性加剧。在"重点建设、重点发展"投入方面，如"十一五"期间，全国100所"国家示范性高等职业院校"共获得20亿元建设经费，是同期本科院校"211"工程建设投资的1/5。在教育经费总投入方面，以2016~2018年为例，高职高专教育年均教育经费低于本科教育，甚至低于中等职业教育：2016年高职高专院校经费投入为1828亿元，中职学校为2223亿元，普通高校为10110亿元；2017年高职高专院校经费投入为2023亿元，中职学校为2463亿元，普通高校为11109亿元；2018年高职高专院校经费投入为2150亿元，中职学校为2319亿元，普通高校为12013亿元，也就是说，无论在点上还是面上，高职教育都存在着经费短缺问题。第二，教育理念跟不上，主要表现在理念薄弱和理念混杂下的"习得性失效"两个维度。理念薄弱主要源于我国高职的先附身份（本体基础）贫困，职业教育文化、体制及院校发展基础导致了"贫穷的代际传递"，教育理念很难在短期内营造和升华；理念混杂下的"习得性失效"是指近10多年来我国高职过多地移植国外职教的新术语、新理论，"盲目嫁接及理论轰炸使得高职教师认知失调，容易产生'习得性失效'和'生成性遗忘'"②，体系化的本土高职教育理念还未完全形成。第三，师资队伍跟不上，主要表现在教师数量和教学胜任力两个维度。在教师数量方面，高职院校教师人数较少，生师比数值较高，据教育部统计，2016年全国高职院校教职工有65.3万人，其中专任教师46.7万人，在校生1082.9万人，生师比为23.19∶1；而对比同一时期的普通本科院校，有教职工175.1万人，其中专任教师113.4万人，生师比为14.22∶1，高职院校的平均生师比尚未能达到18∶1的标准要求。到了2018年，全国仍然有近七成的高职院校生师比超过18∶1，专任教师不足2人的专业点有1500余个。③ 就在许多高职院校正在为师资队伍建设一筹莫展之时，又迎来了2019年高职教育扩招100万人的"人力资源大计"，且《国

---

① 2019中国高等职业教育质量年度报告［M］．北京：高等教育出版社，2019：32．

② 张等菊．我国高等职业教育的身份认同及生存立场研究［J］．教育发展研究，2016（9）：73-78．

③ 2018年全国高等职业院校适应社会需求能力评估报告［EB/OL］．http：//www.moe.gov.cn/2019-11-27/2020-4-5．

家职业教育改革实施方案》要求高职院校自2020年起原则上不能"从高校应届生中招聘教师",从其他渠道引进教师的政策与标准等还未出台,这势必会"摊薄"现有的生师比值,再次将提升师资数量工程拖入了"慢车道"。因此短期内如何构建教师队伍,又如何应对扩招后针对不同生源结构所开展分层教学,这均是新时期高职院校师资建设面临的挑战,师资队伍的数量已成为影响高职教育健康发展和落实国家战略任务的主要瓶颈之一。在教学胜任力方面,量化的硬性数据主要表现在职称结构上,如2016年全国高职院校拥有正高职称教师2.1万人,占专任教师的4.3%,而同一时期的本科院校具有正高职称教师18.2万人,占专任教师的16%,高职院校教师的正高职称比例约为本科院校的1/4;在质化的"洋葱型"胜任力结构中,除了门槛类胜任力外,高职教师在区辨类和复原类胜任力上均出现"模式依赖"与"路径依赖"现象,即对本科院校在体制移植中被动趋同,在社会评价中主动依靠,其根源是高职院校对普通本科院校在职称评审上的依附性,以及社会对高职教育的边缘化认知,使得高职教师的职业生涯发展方向迷失,缺乏主体责任建构意识。

虽然高职教育具有许多囿于时代的处境难题,但其在我国高等教育中的"半壁江山"地位依然不容忽视,在人力资源蓝海构建与促进社会就业等方面具有不可忽视的价值。2019年全国高职院校计划扩招100万人,这就要求高职教育必须找到自身蓬勃生长的抓手,以特色捍卫生存立场,以服务彰显自我的不可替代性,而这一路径就是专业链精准对接区域产业链,主动服务区域经济发展。据统计,"2016年全国有615所高职院校在地级及以下城市办学,其中县级城市布点240所。"[1] 2019年全国有65所高职院校建立了精准扶贫协作联盟。[2] 可见高职教育在服务区域、振兴乡村和扶贫扶智等方面静水深流、大有作为。因此,新时期高职教育的主要任务是走出本科的"压缩饼"之舆论阴影,扎根区域办学、以专业育人提升服务贡献度,笃行明志,以特色发展建构自我行动范式,逐渐排除"三低三高两不清"中的层层

---

[1] 2016年全国高等职业院校适应社会需求能力评估报告[EB/OL]. http://www.moe.edu.cn/. 2017-12-7/2018-1-3.

[2] 2019中国高等职业教育质量年度报告[M]. 北京:高等教育出版社,2019:3.

隐患，走出高职教育发展的自觉之路。

（二）难题：专业在本体领域、关系领域和动力领域的承载力及适切性不足

高职院校要走特色发展的自觉之路必须以专业发展为基点，因为专业是高职院校人才培养的基本单位，是学校运作发展的"腰"①，也是其与区域产业对接的主要载体和提高自身竞争力的沟通媒介。然而，由于现有的高职教育起步较晚，1998~2004年建成的高职院校，其专业发展基本沿用"三改一补"前母体学校（高等专科学校、职业大学、成人高校、中等专科学校）的专业格局。直至2004年，教育部印发《普通高等学校高职高专教育指导性专业目录（试行）》后，高职教育专业设置的管理机制才逐步运行。在执行10年后，2015年教育部颁布了《普通高等学校高等职业教育（专科）专业目录》，通过修订与调整进一步规范高职教育专业设置机制与管理办法，2016~2019年在此基础上略有微调。虽然高职教育的专业设置有政策规制，但依然在本体领域、关系领域和动力领域存在着诸多潜在问题，而且这些问题均是囿于多方关系中的复杂难题。在本体领域，高职院校专业设置中存在着"去特色化"的非理性扩张；在关系领域，人才培养"供给侧"（学校）与"需求侧"（社会）存在着供需错配问题；在动力领域，助推高职院校专业动态调整的相关政策和智库建设不足。

总之，2004~2015年，我国高职教育专业设置在顶层设计上存在诸多问题，如目录调整过慢，专业面向滞后于产业转型升级趋势，专业人才服务面向滞后于社会新职业、新岗位，专业方向设置过于狭窄，不能精准供给产业链所需求的复合型技术人才，因"学非所用"等带来的结构性失业问题较为严重。在区域教育行政部门对专业设置的管理方面，专业审批以核定为主，缺少严格的审核与实地考察，专业增设门槛低，没有进行统筹预判和统计预警，导致高职院校的专业布局出现了数量滞胀、同质化、行业特色不明显、与区域产业需求对接不紧密等各种资源浪费、供需错配问题。这种过于静态的、闭门造车式的专业设置已得到了社会各界的诟病，虽然自2016年开始，全国个别院校已经启动了校本专业布局调整方案，但大部分院校由于缺少相关理论或策略指

---

① 2019年6月20日教育部高教司吴岩司长在"高等学校专业设置与教学指导委员会第一次全体会议"上的讲话。

导,依然处于踌躇之中。而高职院校要从"粗放发展型"走向"质量发展型",就必须把专业结构由"杂货店"或"大排档"转为"专卖店"或"精品店",因此,专业设置管理机制的重构及相关工作的开展刻不容缓、势在必行。

(三)机会:专业结构调整优化是新时期多元利益相关者的共同诉求

1. 高职教育2.0时期亟待学校以专业为核心开展内部诊改和自我建构

借用工业发展模式转换的时期划分概念,目前我国高职教育发展步入了由1.0向2.0转换时期(见图0.1.3)。

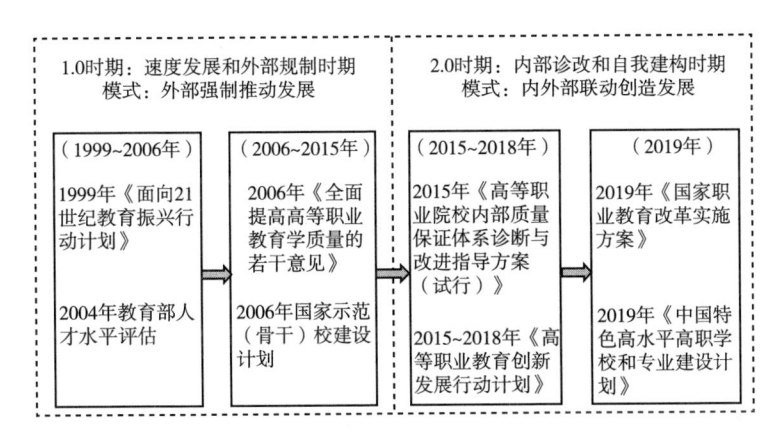

```
┌─────────────────────────────────────┬─────────────────────────────────────┐
│ 1.0时期:速度发展和外部规制时期        │ 2.0时期:内部诊改和自我建构时期        │
│ 模式:外部强制推动发展                │ 模式:内外部联动创造发展              │
├──────────────┬──────────────────────┼──────────────┬──────────────────────┤
│(1999~2006年)│ (2006~2015年)        │(2015~2018年)│ (2019年)            │
│              │                      │              │                      │
│1999年《面向21│ 2006年《全面         │2015年《高等职│ 2019年《国家职       │
│世纪教育振兴行│ 提高高等职业         │业院校内部质量│ 业教育改革实施       │
│动计划》      │ 教育教学质量的       │保证体系诊断与│ 方案》              │
│              │ 若干意见》           │改进指导方案  │                      │
│              │                      │(试行)》     │                      │
│2004年教育部人│ 2006年国家示范       │2015~2018年《高│ 2019年《中国特       │
│才水平评估    │ (骨干)校建设        │等职业教育创新│ 色高水平高职学       │
│              │ 计划                 │发展行动计划》│ 校和专业建设计       │
│              │                      │              │ 划》                 │
└──────────────┴──────────────────────┴──────────────┴──────────────────────┘
```

图0.1.3 我国当代高职教育发展的时期分界

1.0时期主要属于依附发展和外部规制阶段,这一阶段的时间轴为1999~2015年,高职教育在专业和课程结构上依附于本科教育,有三年制"压缩饼干"之嫌;院校数量和招生规模都具有"井喷式"发展之状,目前院校数多于本科173所,其中自2002年起有7年招生人数超过本科院校;发展的主要动力来自人才水平评估、示范院校建设等含有固定指标的外部强制推动。

2015年,随着《高等职业院校内部质量保证体系诊断与改进指导方案(试行)》和《高等职业教育创新发展行动计划(2015-2018年)》的提出,高职院校专业目录也得以重新调整,高职教育步入了发展的2.0时期。这一时期的主要特征是内涵发展、内部诊改和自我建构,以"放管服"改革为契机,将"自外而内的推力""自上而下的压力""自内而外的动力"联动起来，开展基于校本的诊改和质量保障提升工作，全面释放高职院校自身活力，激励院校走特色发展型路线。诊改以"五纵五横"为结构，专业是校本纵向诊改链上（学校、专业、课程、师资、学生）承上启下的衔接要素，也是内部质量保障体系建构的主要着力点。2.0时期建设主要以省级"优质高职院校"与品牌专业建设、全国"中国特色高水平高职学校和专业"建设为抓手。2016年各省启动了"优质高职院校""一流高职院校""卓越校""特色校"等不同名目的省内遴选，截至2018年1月，湖南、广东、浙江、河北、安徽、陕西、江西、甘肃、河南、山东、云南、四川、黑龙江、重庆、江苏15个省（市）共建立258所优质院校，各建设院校均以"品牌"或"重点"建设专业为改革重点。2019年，教育部在各省培育建设的基础上确定了200所国家优质校，在国家优质校认定的同时启动了"高水平高职学校和专业建设计划"（简称"双高计划"），"双高计划"以中央引导、地方管理为主，中央财政每年引导资金二十余亿元支持建设，同时鼓励各部门和行业企业以共建、共培等方式参与其中，目的是集中力量建设一批能引领改革、支撑发展的具有中国特色和世界水平的高职院校和专业群，即"在平原上立旗杆，在高原上树高峰"。"双高计划"以5年作为一个支持周期，全面实施项目绩效管理，以年度绩效评价结果来动态调整项目经费支持额度和建设单位。2019年首批入选的197所院校将在引领职业教育服务国家战略、融入区域发展、促进产业升级方面树立标杆，打造高职院校办学的"样板房"。197个"双高计划"建设单位项目收入预算总额为764.58亿元。其中，经地方各级财政承诺盖章的财政投入资金425.14亿元，占收入预算总额的55.60%。通过扶优扶强、持续推进，周期、分阶段建设，力争到2035年，我国拥有"一批高职院校和专业群达到国际先进水平，来引领职业教育实现现代化"。"双高计划"以先进的育人政策、制度、标准建设为目的，在专业建设方面要求高水平专业群建设以区域或行业重点发展的产业需求为依据，充分发挥专业结构和资源整合的聚集效应，融合供需两侧全要素，扬优扶特，推动专业自我完善和动态调整新机制建设。总之，"双高计划"以学校与企业共建命运共同体、专业精准对接区域产业为鹄的，将高职院校专业资源重新布局和优化调整推向了激争的浪尖，成为2.0时期高职院校自我建构的核心任务。

2. 联动式专业设置的调整政策成为新时期高职院校治理的战略任务

2017年12月5日,国务院颁布了关于《深化产教融合的若干意见》,明确强调"高校要把握好入口(市场供求比例)和出口(就业质量),并以此作为学科专业设置调整及培养规模确定的重要依据,严格实行专业预警和退出机制",并以国务院各部委作为主要责任单位,按部门划分了重点工作任务,将高校人才培养结构调整与供给侧改革结合起来,联动利益相关者实施多元化办学体制,为产业经济升级服务。

为了进一步夯实国务院的产教融合策略,健全需求导向的人才培养结构,2017年12月29日教育部颁布了《关于推动高校形成就业与招生计划人才培养联动机制的指导意见》(以下简称《指导意见》),也称"十二条",提出"将优化专业结构、改进专业设置管理作为提高高等教育质量的基础性、全局性、战略性工作",该《指导意见》第一次全面细致地将招生、就业与专业结构调整对接起来,甚至对现有各类高校招生、就业和教务部门职能条块分割的管理框架提出了合理性质疑,同时也将教育产品的入口、出口、"加工(培养)过程"及培养载体应用供给经济学中的"供给-需求"契合思想进行了关系分析,要求区域通过人才供需报告对高校的专业进行预警和调整。

两份文件契合实际需求,并同步确定了一个核心论断,即推动高等教育服务产业发展的抓手就在于专业设置的调整工作。《深化产教融合的若干意见》中则进一步明确提出高职教育要与区域经济发展特点相结合,探索差别化的发展路径。高职院校作为培养技术技能复合型人才的主要单位,其专业结构优化调整将是高职院校在新时期进行内部治理的战略任务,也是其破除强者恒强,弱者恒弱差距效应、走出特色发展之路的新竞争策略。

3. 新高考招生改革中的"专业+学校"平行志愿驱动高职院校提升专业竞争力

2017年上海和浙江首开高考招生"专业+学校"的平行志愿填报模式,学生可以针对自己喜欢的专业填报80个平行志愿,第一个志愿落选后可以继续选择下一院校的这个专业,不再出现被调剂到其他专业中去的现象。"专业+学校"的平行志愿填报模式拟打破以往招生中一本、二本、专科等分层级次招生模式,也隐性地逐渐淡化名校的光环,鼓励有特色的院校开办高水平专业,这就为高职院校的发展提供了新的空间和动力。

2020年北京、天津、海南、山东也相继启动了新高考制度改革，2021年第三批试点新高考的八省市分别为河北、辽宁、江苏、福建、湖北、湖南、广东和重庆。新高考制度实行专业平行志愿或院校专业组志愿（不同省份模式不同），夯实了本科"双万计划"与高职"双高计划"中建设高水平专业的主方向和思路，逐步破除"晕轮效应"下民众对学校长久固化的刻板印象（名校所有专业必强的定律），建立以学科或专业推动学校发展的模式，可以说这与时下热议的"院系办校"① 管理模式有异曲同工之效。尽管这种高考改革导向在短时期内还不能助推高职院校尽快地走出被边缘化的阴影，但从产业发展的精益化走向及社会岗位的"能本化"人才需求走向分析，"专业+学校"的高考自愿选择模式是正确的、务实的，其长远效果将会在不同类型的高等人才培养中逐步显现。所以，不争朝夕，但求长效，在此背景下，高职院校必须尽快以专业优化整合及差异化设置为突破口，依托新高考改革契机逐步提升竞争力，建构自我社会身份认同。

二、研究意义

对高职教育专业设置的问题分析，是基于时代背景下的境遇研究，其以问题剖析为切入点来过滤嵌入在社会深层中高职教育的短板，用区域经济生产体系框架来验证专业存在的现实合理性。在理论上将确立高职教育的社会生态位，尤其以区域供需研究为手段，拓展了教育学研究方法，尝试建构"区域高职教育学"，以此来丰富教育学学科体系；在实践上则实行"补短板、调结构"策略，以机制完善与重构为目标来指导省域和校本专业设置与调整优化工作，为"放管服"背景下高职院校自诊、自改提供运行参照范式和启悟性智慧。

（一）理论意义与学术价值

1. 从专业设置适应内外部关系规律探究中确立高职教育的社会生态位

高职院校专业发展的内适与外适规律需要在"教育生态学"（ecology of education）话语体系中得以验证。美国克雷明（Cremin，1976）教授认为

---

① 王倩，刘艳玲. 中山大学改变管理模式——"校办院系"改为"院系办校"［N］. 羊城晚报，2018-10-23（A20）.

"教育是一个有机的、复杂的系统，教育生态系统中的各个因子与之相关的社会都有机地联系着，这种联系又动态地呈现为一致与矛盾、平衡与不平衡"①。高职教育作为教育生态系统中的一个因子，通过专业育人的入口和出口与社会不断互动，动态地弥合人才供需平衡问题，以彰显其社会生态位的作用。本研究以"教育的外部关系规律和内部关系规律"②为理论指引，在专业的外适度探究中，以区域作为空间范围，以产业、人力市场与高职院校专业等子系统间的协同育人与信息交换为研究内容，动态分析高职院校专业人才培养与社会系统之间的关系，以寻求生态位之间的利益交互区域、视域融合区域，最终尝试构建区域内育人的生命共同体。在专业的内适度探究中，设计了由企业、行业、高职院校等利益相关者共同组成的校本专业研判委员会，不同成员之间的信息交换与能量沟通就是各社会生态位之间的沟通，专业研判的过程就是"智力相生""情感相生"互惠多赢的生态互动过程，也是学校不断增"熵"，走向自组织的基本途径。界定高职教育的社会生态位有助于调节其与社会各种交互因子之前的关系，掌握自身在经济社会系统中的作用，为专业设置的调整提供预测、预警等原理性和规律性参考。

2. 通过开展专业服务地方研究，尝试建构"区域高职教育学"

由于我国当代高职教育起步较晚，并且长期处于被边缘化的状态，导致高职教育在教育学学科谱系中没有地位，无论是入赘"高等教育学""成人教育学"还是"职业技术教育学"均不能溢出其理论贡献，因此，自觉操持的研究权弱小，研究呈以下之状：其一是简单地以行政推动代替学理研究；其二是碎片化的"亏拙模式"（deficiency model）研究，即"头痛医头"式的补救研究，开展整体的高职教育体系研究比较欠缺，显著的研究阵营和学派还不够突出。那么，在目前的困境下，高职教育研究是否可以避开规范的学科论，从领域论出发，按照功能或效用的专门性，如"批判教育学"③"文

---

① 范国睿. 劳伦斯·A. 克雷明的教育生态学思想述评[J]. 四川教育学院学报, 1995（4）：25-29.

② 潘懋元. 潘懋元论高等教育[M]. 福州：福建教育出版社, 2000：143.

③ Hanan A. Alexander. What is critical about pedagogy? Conflicting conceptions of criticism in the curriculum[J]. Educational Philosophy and Theory, 2018（8）：21-24.

化教育学"①"身体教育学"② 等,开展场域性研究,以此来丰富教育学学科体系。本研究以"高职院校专业必须精准服务区域产业"为命题,应用普遍原理和基本规律,如产业结构普遍转移趋势、产业结构与高职人才培养结构的对位策略、人口数量及质量与劳动力市场之间的潜在规律等开展高职专业对接区域产业的个案研究,也就是以区域的产业结构、劳动力市场需求、文化背景与高职院校专业设置现状为研究内容,分析高职院校人才培养结构、规模、质量与劳动力市场是否存在对位、失位或错位,从而进行调整和改进,这实质上是在尝试建构一种与"区域经济学"③ 双向互动的"区域高职教育学"。区域高职教育学是在"自然实在论"和"社会构建论"基础上反思和建构起来的,"它强调教育的情境性、差异性、过程性和变动性,认为特定教育的实践活动、制度架构和观念体系是人们主动或被动地在与特定的政治经济和社会文化互动的过程中创造出来的"④。在实践方面,"区域高职教育学"的诞生与"区域经济学"相辅相成,可以助推高职院校提高区域服务贡献度,通过研究和总结不同区域,尤其是高职教育发达区域的办学经验,如江苏的"南北合作"教育模式、浙江的"县校合作"办学模式等,以研究成果的形式助推发达区域的引领带动作用,减少部分地区高职教育因盲目发展所付出的多种代价;在学科建设方面,区域高职教育学可以推动教育科学研究的权变实用性,并经过不断沉淀,提升高职教育在学科建设中的价值品性,为其将来在教育学学科体系中争得一席之地奠定基础。

(二)现实意义与实践价值

1. 夯实高职院校"放管服"改革和诊改的主要任务

2017年教育部等五部门颁布的《关于深化高等教育领域简政放权放管结合优化服务改革的若干意见》(以下简称《意见》)是对2015年高职院校"诊断与改进方案"的制度保障。《意见》以"简政放权放管结合优化服务"

---

① 冯青来. 文化教育学思潮及其当代价值之探索[J]. 高等函授学报(哲学社会科学版),2005(6):29-33.
② 刘良华. "身体教育学的沦陷与复兴"[J]. 西北师范大学学报(社会科学版),2006(5):43-47.
③ 陈栋生. 区域经济学[M]. 郑州:河南人民出版社,1993.
④ 巴战龙. 聚焦和凝视"地方教育学"[J]. 中国民族教育,2018(1):13.

为核心,从目标、理念、制度和手段几个层面提出了高等教育"放管服"改革的"二十条",以推进高等学校内部管理机制建设。"放管服"改革是在对政府权力边界厘清的基础上,从权力依赖、权力配置向权力让渡的转移,是权力由外部控制向内部控制的转移,此时政府的角色由强势控制权力蜕变为理性服务型权力,目的是减少制度性交易成本,创造内在改革动力,改变政府 DNA,创建自我更新体制。

对专业设置的管理机制研究夯实了《意见》第(二)条"逐步建立高校招生、毕业生就业与专业设置联动机制。开展专业设置抽查,对存在问题的专业,责令高校限期整改或暂停招生",同时,也与高职院校的"诊改"视域相融合,即不仅要诊断和评价专业设置的合理性,并要不断地改进与优化。另外,本研究对专业设置的管理机制重构,厘定了地方行政部门、高职院校等利益相关者的权力边界,有利于推进《意见》的第(十八)条、(十九)条中所提出的"建立事中事后监管体系,引导高校合理定位,防止同质化办学"的有序落实,控制放权所带来的无序、失度、失衡等状况。总之,如果说"放管服"改革推动了高职院校建设中权力、责任的多元分担,那么,专业设置管理机制就是责任承载的"扁担",它以制度机遇为契机,以专业设置的内外部适应性和服务区域的精准化为基准,动态地优化高职院校专业结构,减少因专业设置盲目性和聚集度低等原因带来的成本浪费;将专业作为与社会新需求快速链接的"触角",改变长期以来高职院校对政府政策的盲从应对和固守应对之生存方式,创新校本生存的 DNA,以专业链精准、快速服务区域产业链为手段开展学校的自我办学特色建构;同时充分利用"放管服"改革所放权的管理空间,把专业设置调整工作作为提升学校竞争力的首要任务,通过专业群建设,整合内部资源,完成学校内部治理体系重构,形成部门之间联动优化专业布局的格局,以专业立校,以特色突围,以支撑和服务为本,确立学校在区域中的优势地位及不可或缺性,并逐步打造知名度与美誉度,以获得新的社会认同。

2. 为高职教育专业设置管理及布局优化发展提供规律性依据

专业设置管理机制的构建不能毕其功于一役,而要寻求规律以供参考。本书从全域、区域和校本三个不同层次分析了我国高职教育专业设置中的诸种问题，并重构了专业设置管理机制，重点设计了区域某一专业设置管理方案和校本专业布局调整方案，为高职教育专业设置管理及校本专业优化发展提供规律性依据。首先，将为第三次高职专业目录调整和新的管理办法出台提供参考。高职教育专业目录自2004年、2015年两次大调整后，预计以后每五年修订一次，并根据高职教育的社会功能和产业需求再次调整管理办法，本书中针对专业的预测、预警、调整、退出等策略将会为2020~2021年开展的第三次专业目录修制及设置管理办法重构提供部分依据。其次，本书以区域实际个案为分析对象，真题真做，按照"区域产业状况分析—某专业宏观布局研究—对应行业人力需求研究—专业发展类别界定—开办条件审查—常态监测—适时调整"七步骤，设计了专业设置的联动管理程序，为区域高职教育专业管理提供了策略；再次，本书针对学校个案，对校本专业布局开展"两分析+两判别"，"两分析"是指对专业的外部需求与内部资源展开分析，"两判别"是指对专业群整合要素和专业群发展类别展开判别，通过两维分析来评核专业支撑要素及发展指数，通过两项判别将专业整合成"雁阵群"，分"跑道"发展。最后，在此基础上，实施专业定期评价和持续改进策略，逐步建立起专业内部质量保证体系。校本专业调整优化策略的构建不仅可以促进高职院校契合自身办学定位开展专业设置，精准服务行业与区域产业，真正做到"人无我有、人有我优"，抢占育人新高地，增强院校自身的内吸力，提升其区域乃至全国的服务贡献度，而且可以为目前"双高计划"建设中的专业群整合和高职院校专业常态诊断与改进提供参考范式。

3. 为"双高计划"高水平专业群的组群逻辑提供了策略指引

众所周知，专业建设是高等学校发展的"纲"，要想做到"提纲挈领"就必须要有抓手。本科教育关于专业建设的任务较多，相对应的行动计划、评估方案也层出不穷，这些方案不仅指导着专业建设的发展路向，也成了专业发展所依托的抓手，如目前有《普通高等学校本科专业类教育质量国家标准》(2018)、工程教育专业认证体系、学科（专业）综合评估、"四新"建设（新工科、新农科、新医科、新文科）、"双一流"院校及学科建设、"双万计划"等，这些方案从不同方面为专业建设指明了方向。

而高职院校自国家示范（骨干）院校建设结束后，专业建设一直缺少对应抓手。2019年12月18日，在经过近两年的酝酿、策划、申报和评审后，教育部、财政部终于印发了《中国特色高水平高职学校和专业建设计划建设名单》，29个省（区市）的197所高职学校入选此批次"双高计划"，其中，56所高职学校入选高水平学校建设，141所高职学校入选高水平专业群建设，入选的253个专业群覆盖了18个高职专业大类，布点最多的五个专业大类分别是装备制造大类、交通运输大类、电子信息大类、财经商贸大类、农林牧渔大类。从产业布局看，服务面向战略性新兴产业的专业群有75个，面向现代服务业的71个，面向先进制造业的63个，面向现代农业的23个，其他21个。

"双高计划"中没有对高职院校专业设置的宏观管理进行规定，而是对现有的专业整合发展提出了新要求，其关于专业建设的主要精神主要体现在《教育部 财政部关于实施中国特色高水平高职学校和专业建设计划的意见》的第（七）"打造高水平专业群"，要求双高建设院校"面向区域或行业重点产业，依托优势特色专业，健全对接产业、动态调整、自我完善的专业群建设发展机制，促进专业资源整合和结构优化，发挥专业群的集聚效应和服务功能，实现人才培养供给侧和产业需求侧结构要素全方位融合。"该文件进一步推进了高职院校办学中的"放管服"改革，健全了多方协同的专业群可持续发展保障机制。

"双高计划"的落地执行无疑成为这一时期专业建设最关键的指导纲领。"双高计划"与以往专业建设不同之处在于要求学校以3~5个专业作为依托，组建成优势互补、特色鲜明的专业群，因此专业群的组群逻辑成为这一时期高职院校关注的重点和难点问题。本研究在校本专业动态调整机制设计及验证部分，以"职业岗位相关、学科基础相同、核心课程相近、行业业务相通、教学资源共享"五维要素作为专业群整合的基本逻辑，通过对专业间关联因素的同质和近质判别，找出专业群成员；然后通过评核群内专业现有资源的优势，确定"头雁"、布局"雁身"，建成由"头雁"引领的"专业雁阵群"，形成"头雁带领、尾雁追赶"的专业群整体发展格局。这一探索，不仅为197个"双高计划"建设高职院校的253个专业群组建提供了指导，更重要的是为所有高职院校重新规划专业布局，分层次、分跑道实施专业多维度发展提供了重要参考依据。

第二节 概念界定与文献综述

一、概念界定

概念是人们对事物本质属性概括和表征的基本形式，是人类开展区辨认知的基础，也是一切研究的起点。由于高职教育的专业需要紧密对接产业发展，因此产业所需求的职业岗位是高职院校专业设置的主要参照，所以，从高职教育改革的视角对"产业与产业链""专业与专业链""专业设置""管理机制"等相关核心概念进行辨析，有利于研究深入开展。

（一）产业与产业链

"产业"（industry）一词，使用频繁，但含义颇丰。在中国古代有"财富"或"积聚财富的事业"等解释，如东方朔在《非有先生论》中道："减后宫之费……，以与贫民无产业者"，此处的"产业"主要是指生活必需的物质及资源。《史记·苏秦列传》中云，"周人之俗，治产业"，此处的"产业"则是"生产或积聚财富的事业"，与现代含义相似。而在西方，"产业"一词用"industry"来描述，最早也主要是指工业或工业生产。由此分析，"产业"是一个不断发展的概念，也是一个具有历史场域的概念。在"黄色文明"的农耕时期，产业主要是指农业生产或基于农业生产的各种资源；在"黑色文明"的工业时期，产业主要是指生产实体在投入与产出过程中的物质生产，"industry"一词代表着本时期人们对"产业"的诠释；然而随着知识经济、智能时代的到来，各种新兴经济活动步入时代行列，知识产业、信息产业、绿色产业等新名词兴起，尤其是教育产业、中介机构、咨询机构等的发展，使得产业不仅只有物质生产，也产生了精神生产和劳务等，产业的内涵不断丰富。尽管产业的各种功能和形式与时俱进、千变万化，但其核心要素恒常不变，必然包括资金（投入）、生产实体、经营活动和经营结果（产出），因此，可以将产业定义为"具有同类生产属性的生产实体集合"[①]这里的"同类"可以从供给－需求两端来理解："在供给方面，是指生产技

[①] 钟勇、夏庆丰.产业概念辨析［J］.生产力研究，2003（1）：185－186.

术、生产过程、生产工艺相近的和经济性质相同的行业;在需求方面,是指具有密切竞争关系和替代关系的商品或服务。"①

本书中所涉及的"产业"不是一个泛在概念,而是指具体行业中的生产实体集合,其类属界定主要以《国民经济行业分类(2011)》为依据,其服务范围主要是指具体区域;其细化区辨主要以《三次产业划分规定(2012)》为参考。

产业链(industry chain),是指以产品为对象,在原材料开发、加工到终端产品的制成、销售或服务等专业分工过程中,所形成的上下协作式链环关系和不断增值的递进系列。产业链的各环节根据附加值的增减可以不断伸缩链条长短,以获取聚集经济效应,因此其具有层次性和整合性特点。所谓层次性,是指产业链具有上游、中游和下游业务流程,某一产品所蕴含的产业上游主要包括设计、采购等业务,中游主要包括加工、制造或组装等业务,下游主要包括物流、营销及品牌攻坚等业务,每一个链环所附加的劳动力、资金和技术是不同的,链环上游以劳动力密集型为主要特征,链环下游以技术和资金密集型为主要特征,各环链之间因附加值不同而形成了"价值微笑曲线"②(见图0.1.4)。所谓整合性,是指产业链以产品为轴心,对各种社会分工进行整合与延伸,共同为产品的核心竞争力提升服务。如茶叶作为商品,其产业链整合了第一产业的种植业,第二产业的食品加工业、包装业等,和第三产业的市场营销业等。因此,产业链具有空间跨界性、供需对接性和

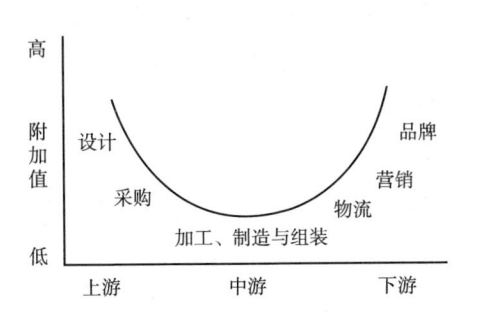

图0.1.4 基于产业链的价值微笑曲线

---

① 方甲. 产业结构问题研究[M]. 北京:中国人民大学出版社,1997:5.
② 宋胜洲等. 产业经济学原理[M]. 北京:清华大学出版社,2012:82.

价值附加递增性等多个维度，是社会分工日益清晰和技术高度聚集时期产业发展的必然产物。

（二）专业与专业链

"专业"（specialty），是一个科学术语，从词源来看，拉丁文是其母体，最早具有"表达观点或信仰"之含义，与行业（trade）相对应，因此包含着"中世纪手工行会对其行业的专门知识和技能控制只能传授给本门派的人的神秘色彩。"① 在中国古代，专业具有表示某种学问或职业的含义，与现代用法相似，如《续资治通鉴·宋太宗淳化二年》中曰："愿精选五经博士，增其员，各专业以教胄子，此风化之本。"由此可见，"专业"是一个具有文化承载且动态变化的概念，一般而言有广义与狭义之分。广义的"专业"是指在职业分类中，具有自身劳动特点的、区别于其他职业的工作或活动，与行业分类相辅相成，倾向于"profession"的含义。狭义的"专业"是指人才培养机构根据社会职业分工需求，设置的人才培养基本单位或教育基本组织形式，包括培养方向、课程组织形式等，倾向于"major"的含义。无论是"profession"还是"major"，均具有"专门"或"特色"之意，因此为了区别广义与狭义之分，减少表示上的误差，这里特意用"specialty"表示"专业"，同时也表征了高职教育的专业并非完全是在学校封闭下开展的，它具有沟通社会产业与职业之功能。

本书中的"专业"属于《国际教育标准分类》中的5B类教学计划，即实用的、技术的和适应具体职业的教学计划，区别于以基础理论和高技能为培养目标的5A类教学计划。② 更准确地说，本书主要以具有中国高职教育特点的5B类教学计划作为研究客体，"它是工作体系归纳的结果，具有职业性原则"。③

专业链（speciality chain），是一种拟物性描述，是应用链条的物理结构对专业之间关系的概括。在传统的学科范畴中，专业链是指某一学科专业的分支领域或派生系列，它们之间具有学科基础相通、课程内容递进等内在联

---

① 董秀华. 市场准入与高校专业认证制度研究 [D]. 上海：华东师范大学, 2004：41.
② 董秀华. 专业市场准入与高校专业认证制度研究 [M]. 上海：上海世纪出版集团, 2007：119.
③ 江大源. 当代世界职业教育发展趋势研究 [M]. 北京：电子工业出版社, 2012：201.

系。然而随着高校专业发展逐步与社会、经济接轨，专业链的概念已经突破了学科领域的藩篱，逐步走向了解释的多元化。目前，在我国高职教育领域，虽然专业的分类、教学院系的划分依旧带有学科范畴的烙印，但随着改革理念的日益成熟，基于"宽口径"的技术技能复合型人才培养呼声越来越高，因此，专业人才培养的链式组建成了高职院校精准服务产业经济的必然需求。所以，"专业链"是一个发展性概念，是指根据某一产业链的岗位集群核心能力发展需要，所建构的序列式的、上下融通型的能级育人单元系列。它聚焦产业链的关键节点，打破了原有教学院系之间的隔阂，将相关联的专业整合成群，开发链式人才培养方案，使得人才培养定位从"单向""单岗"向"复合""多岗"转变，专业发展由内部封闭向啮合产业链的外部沟通式转变，并根据产业链及对应的岗位群的变化，专业链灵活弹性地变换自身链环和伸缩长短，以达到与产业链紧密和有效对接。

（三）专业设置

"设置"有设立、安置之意，最早关于"设立"的含义出现在汉代王充的《论衡·程材》篇，"东海相宗叔痒，广召幽隐，春秋会飨，设置三科，以第补吏"，也隐含着为育才布局之解。专业设置包含了专业目录的设定以及专业布局的构成，具有宏观与微观两个维度。宏观维度是指教育部联合其他行业，根据社会文化与经济发展的需求，按照产业与职业转型升级规律，对全国高职院校专业名称及类型的设定，以及根据教育规模、质量发展及服务面向开展的全国性调控，调控包括规模的控制（如国控专业的设定及审批）、专业名称的变更、专业范围的增补、合并、取消以及专业目录的修订等。微观维度是指高职院校专业新增、整合、退出等动态行为和保留原有专业的相对静态行为，即根据自身发展的基础及资源新设专业，根据所在区域产业的发展态势和学校内涵发展的诉求，对原有专业结构中产能过时的专业、不符合学校发展定位的专业实施撤销，对区域内布点数多、规模过剩的专业进行限制招生或并入临近专业，对于资源分散且具有共享基础的专业进行整合，建成优势专业群等。微观维度的高职院校专业设置应该具备以下特点：(1) 区域产业适切性强；(2) 行业岗位吻合度高；(3) 校本灵活自主性大。即专业设置以区域产业特点和劳动力市场的需求为主要导向，以行业岗位技术发展态势为依据，以学校发展走势及品牌攻坚目标为核心，灵活布局学校专业结构，走资源集约、特色发展的专业建设之路。

由于在实践运作中高职院校的专业设置要遵照教育部的专业目录及管理办法执行，因此微观含义的专业设置是对其宏观含义的展现，二者之间有嵌入与互驱之关系。所以本文中的"专业设置"是一个综合性概念，既包含了专业目录及管理办法制定的"顶层设计"，又包含了区域及学校专业规划布局的"基层实践"。

（四）管理机制

机制（mechanism），最早指从机理的角度描述机器的构造及工作原理，后来引申到社会学、生物学等各学科领域，是指各要素之间的结构关系和运行方式。因此，机制首先包含着寓于一定关系中的事物或要素；其次包含着运行各种事物或要素正常联系的某种方式。在实践应用中，"机制"通常与"体制"联用，如果说体制是一种制度规范体系，那么机制就是用以执行制度规范体系的一种框架。因此，"管理机制"是管理系统中各要素之间的结构关系和运行方式，其具有系统性、规律性与可调性特点。从管理的四大职能视角分析，在计划阶段，管理机制就是把制度和行政手段结合起来，实施行政－计划式运行程序；在组织阶段，管理机制以导向的方式来协调各部分要素；在指挥阶段，管理机制就是以监督、指导的方式统筹各要素之间的关系；在控制阶段，管理机制又通过制约，保障工作有序、规范地进行。因此，专业设置的管理机制主要包括专业设置前的预测机制，专业运行中的预警机制和专业持续改进中的约束机制等。预测机制是专业目录设置或专业增设必须具有"超前识变"策略，不仅要依据产业的时代特征，也要依据潜在职业来提前布局专业；预警机制是专业在育人及服务面向时必须具有"积极应变"策略，对服务区域中错位、失位等专业及时提示；约束机制是指专业评价要以成果为导向建立"主动求变"策略，用学生的毕业标准反驱专业持续改进，以此优化专业育人及服务能力。

二、文献综述

20 世纪末，在高等教育大众化浪潮的推动下，我国高职教育迅速发展。然而，由于高职教育一直沉浸于高速度、大规模等外延式发展，很少有人审视其专业建设等内涵发展问题。直到 2010 年，基于高职教育内涵发展的专业建设研究逐步得到了重视,但研究成果仍待进一步积累。因此,本书在梳理高职教育专业设置管理相关资料时也参考了部分本科专业设置文献,将精准研究资料与相关离散文献相结合。根据对已有文献的研究领域分类,可从以下四个方面梳理和述评高职教育设置管理的研究路向,即关于专业设置与区域经济发展关系的研究、关于招生和就业状况与专业设置的研究、关于专业设置预警与调整结合的研究、关于专业设置评价与专业调整的研究。前两个领域是基于某些要素之间关系的研究,后两个领域是基于某种管理策略的研究,四个领域均隐含了高职教育专业设置管理的外部联动机制与内部联动机制,下面将对诸种要素与策略进行述评,以期为高职教育专业设置管理机制的构建寻求理论依据和研究空间。

(一) 关于专业设置与区域经济发展关系的研究

高等院校服务区域经济发展的命题最早源于19世纪60年代美国的"威斯康星理念(wisconsin idea)"。威斯康星大学走出"象牙塔",将州立大学的使命与州的发展联系起来,从应用技术研究、人员培训等多个方面推动所在州的农业发展,弥合了大学与州的边界,促进了当地农业,尤其是奶业的蓬勃发展,[①] 此举也促成了高等学校"社会服务"职能的诞生。我国学者潘懋元认为"高等学校直接服务社会的形式和内容是多种多样的"[②],以专业作为抓手服务社会是诸多形式中的一种,也是高等院校作为供给侧为劳动力市场需求侧输入人才服务的主要内容。

我国关于专业服务区域经济的研究主要有两个阶段,第一阶段是从20世纪80年代末到21世纪初,主要探讨本科院校专业育人与经济发展的逻辑关系,此阶段的研究重心是专业设置对行业经济的促进作用,聚焦于促进区域经济发展的研究较少;在研究内容方面与威斯康星大学一样,最早主要聚集在农业发展方面,如杨士谋(1988)从农科专业变化与产业结构之间关系入手,认为本土化人才不能适应新的农业技术发展需要,大学应该增加资源与

---

① Paul Westmeyer. A History of American Higher Education [M]. Charles C. Thomas Publishers, Springfield, Illinois, 1985:40.

② 潘懋元、王伟廉. 高等教育学 [M]. 福州:福建教育出版社, 2013:53.

环境科学、运销学等相关专业,以推动农村经济现代化的发展。① 李心光、詹能宽(1988)同样提出要优化农业院校专业结构,认为专业设置要适当超前和增加一些新兴应用性专业,同时以广东区域农业特点为例,提出专业布局要填空补缺,反映区域特色。② 第二阶段主要是 21 世纪初以来对普通本科院校和高职院校专业与经济发展关系的系统论述和实证研究,虽然针对本科院校(后来重心放在了地方应用型本科上)的研究较早,但专业链必须对接区域经济产业链却成为高职教育发展的关键命题,专业与区域产业间的适应与协调发展也成为评价高职院校教育质量的必然观测点。在本科教育研究方面具有代表性的是汪晓村(2008)分析了高校学科专业设置与社会经济发展之间的逻辑关系,并对浙江省高校本科专业设置与社会经济发展的关系进行实证研究,从产业结构、经济发展角度论述了高校学科专业人才的需求,提出我国高等院校学科专业设置应该实行政府调控与学校主动调整的均衡机制③。廖茂忠(2012)以本科专业设置与经济发展的内在作用机理为主题,分析了一般的经济指标,如 GDP 与专业布点之间的关系,三次产业与专业布点之间的关系,以及高科技产业和典型工业与对应专业布点的关系等,并应用地图信息比较法将各地区的专业布点情况作以对比,为本科专业设置与产业结构调整的耦合寻求分析框架和理论体系。④ 但由于本科院校的生源来源与毕业生就业面向具有宽泛性特点,因此针对专业与区域产业的对接研究只是探索学校社会服务功能的渠道之一。而大多数高职院校在本省内的生源来源和就业面向占比一般均在 95% 以上,因此专业精准服务区域产业是高职院校发展的永恒命题。在系统研究方面,董新伟、杨为群(2009)剖析了高职院校专业设置脱离产业发展之弊病,并基于辽宁老工业基地振兴及区域经济发展特点,对区域内高职院校设置的十一个专业大类进行了逐一分析,认为在专业管理方面政府应该将需求小、就业率低、布点过剩的专业确定为重点

---

① 杨士谋. 建立适应农业现代化商品经济发展需要的专业结构 [J]. 高等农业教育, 1988 (12): 15 - 16.

② 李心光、詹能宽. 调整与改革专业设置 主动适应社会经济发展需要 [J]. 高等教育学报, 1989 (8): 19 - 22.

③ 汪晓村. 论高校学科专业设置的理念与机制 [M]. 北京: 科学出版社, 2008: 1.

④ 廖茂忠. 中国本科专业设置与经济关系研究 [M]. 北京: 中国社会科学出版社, 2012: 1 - 6.

控制专业,将优先支持国家重点领域的专业确定为紧缺专业;在专业调整方面,高职院校应该将同质、近质的专业组合成专业群,合力发展。① 此文献中所剖析的专业设置脱离产业发展之弊病,可谓"窥一斑见全豹",投射了全国高职院校专业设置的基本状态;研究中所渗透的政府、学校二维专业管理模式在方法上具有一定的借鉴性。汤曼(2011)肯定了高职院校专业设置必须适应区域经济的论断,认为践行此论断的主要对策是确立快速应变的专业设置原则,督促多主体合作办学以形成高职院校与区域社会发展互动整合机制,最后依据新兴、成熟、衰退的产业结构特点,对相对应的专业进行区分,优化整合高职专业设置结构②。蔡瑞林、刘霞(2012)认为分析产业与高职教育之间的关系可以应用 STP 方法,即市场细分(segmentation)、目标市场选择(targeting)、市场定位(positioning),通过市场细分来确定专业发展的"需求驱动"模式,即从负需求、无需求、潜在需求、下降需求、不规则需求、充分需求和过量需求 7 个方面分析专业的外部需求度,然后采用填补空白、并存、取代增列等方式回应人才市场的不同需求③。这种以外部市场需求细分来调适内部专业结构的方法是对供需两侧平衡的调节,为高职院校专业分类发展提供了策略性依据,但仅以学校一己之力难以完成较精准的分析和相对应的调整。王全旺(2015)以高技能人才供给与需求作为研究两维,从结构、规模、质量三个视角对高职教育与区域劳动力市场之间的关系进行了分析,并以天津作为区域个案分析,对高职院校专业设置的外部因素、内部机制分产业进行分析,认为产业结构决定了劳动力的类型结构,高职院校人才培养必须与区域劳动力市场需求相适切④。此研究中所应用的专业人才结构、规模、质量三维分析视角,突破了之前主要以规模为论域的研究模式,拓展了专业与区域市场需求适切的含义,将以质量保障为主的内涵建设

---

① 董新伟、杨为群. 振兴辽宁老工业基地背景下高等职业院校专业设置与调整研究[M]. 大连:东北财经大学出版社,2009.
② 汤曼. 适应区域经济发展的高职院校专业设置研究[J]. 产业与科技论坛,2011(6):172-173.
③ 蔡瑞林、刘霞. 基于STP法则的高职院校专业设置[J]. 现代教育科学,2012(4):116-119.
④ 王全旺. 区域高职教育发展之劳动力市场适切性探究[M]. 北京:人民日报出版社,2015:1-7.

纳入了专业健康发展的视阈，是高职教育研究框架中一次质的飞跃。作为唯一一篇研究高职教育专业设置的博士论文，张慧青（2017）选择从产业结构演进的视角研究高职院校专业与市场的匹配状态，全文以山东省为个案，以专业与产业的偏离度分析、纠正、调整为主线，通过"五原则"和"四举措"，对山东省专业大类招生的比率预计值进行了分析，为区域内高职院校专业调整提供了数据支撑和策略参考。① 此研究在对区域产业演进追踪及结构细分基础上，提出的区域专业调整机制值得借鉴。

综观以上文献，关于专业设置与区域经济发展的研究是从关系的角度对教育功能的一种分析，系列文献实质上以教育经济学为基本理论基础，以人力资本的社会价值为内在联系逻辑，对美国著名经济学家西奥多·舒尔茨（Theodore W. Schultz, 1960）关于"人力资本（human capital）"② 概念进行了实践诠释。在关系领域中，高职院校的专业人才培养过程实质上是人力资本再造过程，人力资本的价值受市场供求关系的验证，人力资本的质量决定社会生产力的提升。高职院校专业人才培养与区域产业需求的精准对接，是对可度量的人力资本管理和人才价值链管理研究的拓展，是高职教育提升服务贡献度的必然走向。但纵观以上系列研究，基于区域产业的宏观研究较多，基于具体高职院校专业调整策略研究较少，而在实践运行中，专业调整优化的主动权却在高职院校自身，因此，专业对接区域经济优化调整中高职院校的意愿、策略、路径将是"放管服"时期研究的新论域。

（二）关于招生、就业与专业设置的研究

学生的就业能力是教育服务终端对高职院校专业人才培养水准的评价，也是对学校专业设置及招生制度的一种反馈。英国学者查理·罗斯·克拉克（CR Clark, 1973）通过实证分析，对本国1968~1969年的毕业生就业竞争力进行分专业分析，发现医学、建筑等专业毕业生失业率低，社会科学类毕业生失业率相对较高，结论表明接受技能较强专业教育的学生失业率较低。③

---

① 张慧青. 基于产业结构演进的高职专业结构调整研究——以山东省为例 [D]. 上海：华东师范大学，2017.
② [美] 西奥多·W. 舒尔茨，吴珠华等译. 论人力资本投资 [M]. 北京：商务印书馆，1990：1.
③ CR Clark. a study of graduate employment [J]. British Journal of Education Studies, 1973 (8)：156–171.

我国学者陈良政、卢致俊（2005）认为一个科学的高职专业设置规划方法是对专业设置可行度的判断，专业设置可行度由人才的就业市场需求度、专业教学资源的丰度、特色形成度和竞争力度四个方面组成，其中就业市场需求度主要以本专业人才在区域内的 5 年需求变动趋势为依据，并兼顾本专业近两年的招生数，然后以函数运算的形式得出专业设置的可行度。专业设置的可行度遵循就业市场需求原则，符合院校自身资源条件，可以避免专业设置的盲目性。[①] 本研究以专业育人的资源和出口等来验证专业存在的可行性，为高职院校研判和评核现有专业状态提供了参考维度。牛润霞（2007）则从毕业生就业不畅方面对专业设置提出了要求，她认为由于高校专业分工太细，导致毕业生只能简单化就业，形成流动性受阻，这不仅是教育资源的浪费，也是劳动力价值的损失[②]，此研究从另一个视角对专业的固化设计及育人全过程给予了反馈，为专业设置走向宽口径及开展基于产业链的全链式人才培养提供了研究动力。王立君、王福和（2008）同样认为高职院校毕业生"就业难"与专业设置之间有密切的联系：其一是部分高职院校招生与劳动力市场的需求脱节，盲目性较大；其二是部分院校为了盘活原有设备、老师等资源，招生中带有校本功利主义色彩；其三是高职教育专业设置过细，毕业生就业适应面非常窄。他们认为解决这些问题的基本策略是建立专业结构及时调整制度，紧密结合劳动力市场需求动态更新，同时实施校企合作共建专业等[③]。此文献从实践弊病剖析中建构了专业调整优化的策略，尤其是"专业育人走出校园"的举措为目前的"订单班""学徒制"等校企合作育人提供了理论指导，也为其他专业的持续改进指明了路向。孔婷婷等（2009）则从就业、招生、专业设置的三角张力方面来反思"就业难"问题，他们认为此问题的最大的症结在于管理设计方面，各院校招生与专业设置部门各自为政，不能及时沟通与反思专业人才培养问题，导致专业设置滋生了功利性的追热

---

① 陈良政、卢致俊. 以就业为导向做好高职院校专业设置规划［J］. 九江职业技术学院学报，2005（1）：2－3.
② 牛润霞. 技术变迁中的失业问题研究［M］. 北京：人民出版社，2007：184－185.
③ 王立君、王福和. 高职院校专业设置与毕业生"就业难"问题探析［J］. 高等职业教育——天津职业大学学报，2008（8）：12－14.

门、粗放性的求全面和盲目性的随大流等现象①。此研究从管理运作的源头深刻剖析了专业设置系列问题形成的根本原因，这也是目前我国各类院校内部治理中沟通不畅、互相扯皮的根源所在。较系统地从毕业生就业视角研究专业设置问题的是冯成志（2015），他从毕业生就业的视角探讨高校专业设置的优化机制、原则与策略，将理论探讨与数据举证相结合，多维度、多视角、多层次地分析了毕业生就业对高校专业设置的重要作用，强调高校专业设置优化应全面关注毕业生的就业情况，关注毕业生所学专业知识技能与工作的匹配度，关注毕业生能力素养、职业精神的全面提升②。此研究已经跳出了"发现问题-纠正偏差"的传统研究窠臼，用毕业生能力达成度指标要求倒逼专业持续改进，与《悉尼协议》范式中的专业认证目标有异曲同工之效，为专业建设的内部质量保障体系构建提供了理论指引。

从招生与就业角度对高职院校专业设置的反馈，实质上包含着两个层面的思考：其一，专业调整与学校内部治理问题，由于招生与就业是人才培养的入口与出口，学校各部门必须集中资源、集思广益为人才培养的全过程服务，如果各自为政，专业的招生录取率、第一志愿上线率和就业率、就业对口率就不能为专业设置提供信息参考。此层面的相关研究与2017年教育部《关于推动高校形成就业与招生计划人才培养联动机制的指导意见》中的整合治理思路完全吻合。其二，专业设置与专业人才的就业能力问题，"国际劳工组织"（international labour office，2002）提出，就业能力是个体通过教育和培训获得可随身携带的能力和资格，它是个体胜任工作并且能在技术与劳动力市场条件变化下不断晋升的一种特质。③ 此界定将个体的就业能力作为学校教育的结果，并且对就业能力的内涵提出了较高的要求。约克（Yorke，2004）认为高等教育机构、学生和雇主应该共同承担个体就业能力的开发，学校应该通过专业及课程来培养④。总之，从此视角开展研究的文

---

① 孔婷婷、谭丽春、李家珠．从招生就业角度看高职院校专业设置［J］．科技信息，2009（12）：573-574．

② 冯成志．高校本科专业设置优化研究［M］．广州：广东高等教育出版社，2015．

③ ILO. Key Indicators of the Labour Market 2001-2002 [M]. Geneva: International Labour Office, 2002.

④ Yorke, M. Employability in the Undergraduate Curriculum: some student perspectives [J]. Journal of education, 2004 (4): 409-427.

献较少，难度较大，但却与教育部的专业设置管理办法中关于高职院校专业评估与监督的观测点完全吻合，即对于"连续2年就业率低于60%、连续3年不招生"的专业要进行调整或撤销。

（三）关于专业设置预警与专业调整的研究

专业设置预警机制的构建可以为专业调整提供咨询与参考。专业设置的预警有需求预警和培养条件预警两个维度，需求预警不仅包含对紧缺专业的前设预测，也包含对过剩专业的评估反馈。在此方面，新加坡的理工学院（高职院校）利用"2+3"的方式把前置预警与过程预警完整地结合起来，"2+3"就是利用2年时间调研和预测，为新专业的设置做准备；利用3年一次的PQAF评估对运行中的专业进行评核，并对其需求情况和人才培养资源条件进行预警。[①] 关于专业设置预警的研究，我国学者谢文静（2003）提出应该从专业的外适度与内适度两个方面开展专业设置预警探究，在外适度方面，高职院校专业设置以职业分类和地方经济发展为主要依据；在内适度方面，专业设置以教育资源为基础；外适度预警的目的是促进专业主动适应社会经济发展需求，内适度预警的目的是促进专业定期进行微调[②]。专业外适度与内适度的提出为专业研判提供了路向，但如何把握和计算"度"，需要一定的方法，董新伟、杨为群（2009）认为通过量化指标计算专业开设度可以减少专业开设的盲目性，起到专业设置的预警作用，即通过设计专业开设度与需求性因素、可能性因素和供给性因素之间的函数模型，得出具体专业的相关数值，然后找出市场对人才的需求点，对需求点高的专业扩大招生规模或拓展新方向，对需求点低的专业缩小招生规模或调整。[③] 陈旭东、樊登柱（2014）认为高职教育专业预警机制的建立应该引入需求估计理论，即将需求与供给进行量化处理，通过数值展示来寻求影响二者之间的多元因素，然后开展针对性的评估，进而建立高职院校专业设置动态调整模型。调整模型以需求曲线和供给曲线斜率度，确定某高职院校专业与区域经济社会发展

---

① ITE. Prospectus 2014: Full-time Education & Traineeship [Z]. Singapore, 2014.
② 谢文静. 浅议高职专业设置动态协调机制 [J]. 中国高等教育, 2003（8）: 48-49.
③ 董新伟、杨为群. 振兴辽宁老工业基地背景下高等职业院校专业设置与调整研究 [M]. 大连：东北财经大学出版社, 2009: 15.

的吻合度指数值，最后对该专业存在的合理性进行判断①。以上两个文献均以传统的推理和验算为抓手试图为专业调整提供数据参考，具有理论的普适性和方法的借鉴性，但在实践应用中其精准度却很难把握。近十年，随着信息化技术的推进，基于大数据、互联网+的专业设置预警研究逐渐兴起，如杨燕、李海宗（2013）提出通过信息化手段来建构专业预警机制以促进调整工作，他们认为高职教育专业设置预警机制主要包括四个领域，即信息共享机制、监测与评估机制、报警机制和决策机制，四个机制的运作流程以所对应的指标体系和信息数据库为基础，以专家评估系统和动态数据库监测系统为依据，最终为专业调整提供决策执行信息。②此研究是基于大数据所开展的专业管理新策略，以信息沟通与整合为手段为专业调整的决策前提，但是这些信息掌握在不同主体手中，由谁来斡旋统筹？又应用何种途径打通不同数据平台之间的壁垒、达到信息共享？诸如此类的问题还有待探究。针对以上问题，许朝山（2017）从主体责任分担的角度给予回应，他认为劳动力供需结构性矛盾主要表现在专业设置及调整制度不能为新常态下经济发展服务，在国家治理视阈下应该构建专业与产业公共大数据，并建立开放和共享机制；构建基于利益相关者的"政府调控、行业指导、企业参与、学校主导"四方协同规范和保障机制，以绩效导向为目标，建立专业评价、预警和调整机制等，其中，学校的主体责任和自治自律机制是专业动态调整的关键。③的确，只有主体责任明确的情况下，基于大数据的专业预警机制才能彰显其应有的价值。当然，所有的专业预警工作均是为专业布局调整优化做准备，张耘等（2014）认为对专业设置预警不是盲目地就地画像，而是先归类，然后根据不同专业类的特点和性质预测、判别专业的状态再做适度调整。专业归类可分为宽泛化式、综合化式、实体化式和行业协会化式专业。宽泛化式专业组成的手段是"合并"，即将近质的专业整合为具有两至三个专门化方向的一个专业；综合化式专业组成的手段是"扩展"，即以主干专业为轴心再设置

---

① 陈旭东、樊登柱. 需求估计理论下的高职专业设置动态调整研究与实践 [J]. 职业技术教育，2014（5）：9-13.
② 杨燕、李海宗. 高职专业设置预警机制构建 [J]. 职业技术教育，2013（29）：14-17.
③ 许朝山. 现代国家治理视域下高职专业设置与动态调整机制研究 [J]. 教育探索，2017（2）：60-64.

相近的新专业；实体化专业组成的手段是"深化与综合"，即深化原有功能，组合成育人、生产、技术等多位一体的综合实体；行业协会化式专业组成的手段是"联合"，即联合行业协会，以行业需求组成特色化的专业。[①] 此研究将专业预警与专业调整相结合，以归类、分标准、分跑道作为专业优化发展的策略，虽然专业归类标准还有待进一步探讨和完善，但分类开展的专业预警和分策略优化调整思路为校本专业布局调整提供了思路。

对高职院校专业设置的合理性进行诊断与预警暗含着危机管理理论等理念，预警是提前激活专业设置的"预备力"和专业调整的"反应力"，以降低专业设置滞后、专业数量滞胀、专业结构错位等带来的育人风险。当然，专业设置预警并非单个主体的独立决策，而是多元主体的多面反馈。美国学者巴纳特（Barnett，1992）建构的高等教育质量"三角保障理论"认为学术权力、国家权利和市场力量，即同行评估、绩效指标和社会参与是推动高等教育协调发展的关键因素[②]。那么，以此推演，在高职院校专业预警中，学术研究、政府介入和市场需求是建构专业预警信息系统的主要力量，只有这种理性、刚性和实践性的结合才能为专业调整提供有力的参考。

（四）关于专业设置评价与专业调整的研究

专业设置是一种教育决策活动，然而随着时间和各种内、外部因素的不断变化，前期的设置内容必然会在适当性与合理性方面出现瑕疵，因此定期对专业设置进行分析与评价，有利于提升其恰当性，也可以基于问题对专业布局进行改进。关于"专业设置评价"的意义，郭杨、胡秀锦（2003）认为它是帮助学校提供专业设置决策信息的反馈过程，可以克服专业设置的盲目性。可以利用"二维四向评价模型"开展专业设置评价，以辨析高职院校专业设置的合理性。这里的二维是指"社会需求维度"和"资源条件维度"，四向是指度量二维因素时从最强、较强、一般到较弱的四个向量，二维四向可以排列组合成 8 种形式，以为专业调整的具体策略做准备。[③] 此研究中所

---

① 张耘、邓凯、蒋心亚. 高职专业设置调整优化研究 [J]. 中国职业技术教育，2014 (24)：13 - 17.
② 彭旭. 新建本科院校专业设置与调整研究 [M]. 北京：光明日报出版社，2012：196.
③ 郭杨、胡秀锦. 职业教育专业设置的"二维四向评价模型" [J]. 职业技术教育，2003 (25)：30 - 33.

建构的"二维四向评价模型"是对专业的外部、内部两个方面因素的研判，分向量描述有利于专业分类发展和改进，此评价模型为时下常用的专业雷达图分析法提供了前期理论基础。王苏洲（2013）也从社会需求和办学资源两维出发，总结出了影响高职院校专业设置的四级十二种因素，认为专业设置因素复杂，具有不确定性，因此采用三级模糊综合评判，提高专业设置评价的准确性和可信度；最后应用 GE 矩阵法，通过强、中、弱或绿色、黄色、红色三种状况把院校专业竞争力分为九格，定位类别，并以此为基础重新建构了高职院校专业设置与结构优化决策流程[1]。以上两种基于专业外部与内部因素的二维分析践行了"教育内、外部关系规律理论"，专业评价中的分向量界定专业等级模式为高职院校专业布局优化调整提供了路径参考。同样针对专业设置评价的研究，沈翊、池云霞（2005）则从社会需求分析、行业分析、教学分析三个方面对高职院校专业的生存需求进行了描述，认为专业设置的合理性和运行的可行性可以通过专业设计评价和专业实施评价的结果来测算[2]。此研究细化分析了专业生存的基础要素，从宏观的外部需求到微观的人才培养方案、课程全流程开展评价。从管理的视角来看，此评价方式全面、到位、无懈可击，然而在实践操作中却容易遇到难题，因为太细化的专业评价很难找到涉猎面广、并能横向对比所有专业培养方案的评判者。因此，专业设置评价结果是相对的，由于在不同参照系下具有不同的解释，所以，在评价之前应该先设置评价体系和参照指标。为此吴结（2005）提出了高职院校专业设置评价体系的五要素，即广泛的专业设置评价主体、完整的评价内容设置、健全的专业设置评价机构网络、完善的专业设置评价制度和畅通的专业设置评价信息反馈体系。他认为对专业设置评价结果的解释通常有三种形式：其一是目标参照性解释，即以既定的高职教育专业设置目标为参照系，对比分析院校所布局的专业体系是否符合目标要求，以此判定所设置专业是否合格；其二是常模参照性解释，即以地区或全国总体为参照系，判定本校专业设置所处的水平状态；其三是动态性解释，即以本校过去某时

---

[1] 王苏洲. 基于 GE 矩阵法的高职院校专业设置评价研究［J］. 职教通讯，2013（28）：16－18.

[2] 沈翊、池云霞. 高职专业设置与调整优化体系分析［J］. 职教论坛，2005（1）：10－13.

期的专业设置水平为参照系,判定本校专业设置水平发展变化状态①。以上研究以参照系的横向对比和纵向对比来解释专业设置评价结果,避免评价环境的空无主义和评价结果的绝对主义,克服了以往教育评估利用统一指标形成的全国"一刀切"现象。那么,如何获得较为可信的专业设置评价结果呢?其研究方法极其重要。赵磊、赵岩铁(2013)提出通过实行定性评价与定量评价相结合的方法建立专业设置评价指标,指标包括"专业与区域经济发展的吻合度"等7个一级指标,"专业所服务的行业发展现状与发展规划"等26个二级指标,每个指标占有一定的权重,通过概算赋分来比较各专业之间的分值差,以此来引导学校有所取舍,实现最大效益的专业设置②。同样是对研究方法的设计,陈淑婷(2017)则提出了纯粹的质性研究法,她根据利益相关者的观点设计了高职院校专业设置评价模型,即从四个维度对不同利益相关者进行调查,通过融合不同利益相关者的观点来建设高职院校专业设置质量保障体系③。的确,专业调整要使用不同利益相关者的评价,但如果是单纯依靠经验式观点并不能完全作为专业评价的终极结果,应该将质性研究和定量研究结合起来,才能够有效地推动高职院校专业设置评价与改进。

关于专业设置评价的研究是以提升教育质量为核心所开展的反馈活动。陈玉琨(2004)认为教育质量理论应该包含"外适、内适、个适"三个维度④。对高职院校专业设置现状的评价,就是在适应社会外部需求、符合高职教育内部规律的基础上,最终寻求适合院校自身的专业调整策略。美国的斯塔弗尔比姆(Daniel L. Stuffebeam,1967)等学者认为评估(评价)是一个很特别的自我参照(self-referent)学科,把评价用到自己身上就是后设评估(meta evaluation),评价最重要的意图不是为了证明(prove),而是为了改进(improve)⑤。实质上,对专业设置的评价就是应用后设评估的信息来反

---

① 吴结. 高职专业设置评价体系的要素、模式及解释形式[J]. 中国高教研究,2005(8):63-65.
② 赵磊、赵岩铁. 高职院校专业设置评价指标体系的研究[J]. 中国教育技术装备,2013(1):70-71.
③ 陈淑婷. 高职院校专业设置评价维度模型的拓展研究——基于利益相关者的理论[D]. 上海:华东师范大学,2017.
④ 陈玉琨等. 高等教育质量保障体系概论[M]. 北京:北京师范大学出版社,2004:64-65.
⑤ [美]斯塔弗尔比姆等. 评估模型[M]. 苏锦丽等译. 北京:北京大学出版社,2007:291.

馈院校专业设置的适当性，推进高职院校科学地开展专业设置与调整。

通过对高职教育专业设置管理相关文献的收集、梳理和综述，其整体上存在以下特点。

其一，研究整体上呈上升趋势，但文献较少，深入、系统化研究不多。本科教育关于专业设置的研究从1952年第一次院校调整已经开始起步，而高职教育专业设置方面的研究起步较晚，直到2000年才逐步开始，目前在可查找的范围只有1篇相关博士论文。在CNKI论文数据库中，以"专业设置"为主题词进行检索，从1952年出现第一篇论文开始到2018年12月30日，共有3396篇文献，但其中包含"高职教育"关键词的论文只有900条，相比其他研究主题数量相对较少。以"专业调整"为主题词进行检索，从1980年出现第一篇论文开始到2018年12月30日，共有1998条文献，从1995年起数量呈现大幅度上升趋势，但关于"高职教育专业调整"的相关文献只有26条，相对较少。在检索到的论文中，只有6篇刊于CSSCI期刊，北大中文核心期刊的也相对较少，因此，文献质量参差不齐，对高职教育政策与现有资源的结合研究不够深入，对高职院校专业设置内在机理、管理策略与动态调整的基本路径还未完全探索清晰，尤其利用经济学、管理学等多学科、多维度的研究较少，没有深入剖析高职院校作为一个社会生态位与其他因子之间如何通过专业来交换物质流和信息流等，研究的立意和立场均需要进一步梳理和加强。

其二，国外相关精准研究文献较少。由于国际上许多国家没有高等职业教育，有的国家虽然有相似类型，或者相似学制的教育形式，但没有对等的教育称谓。目前呈现出来的一些研究职业教育的文献，大部分属于中等职业教育，比如德国的"双元制"等，或者是部分国家技术应用型大学的相关资料，因此可参考的精准文献相对较少。目前在可了解的范围内，能与我国高职教育体制对应的大约有瑞士和新加坡，其有关专业设置的机制研究将在论文的第三章有所涉及，因此这里就不再赘述。

其三，中观研究相对较多，宏观、微观方面研究较少。由于在高职教育发展初期，许多学校管理者或研究者将专业设置视为政府上层不可撼动的决策，认为不可研究和无须研究，研究的意识和动力不足；直到2004年第一次专业目录及管理办法颁布后，部分研究者意识到高职院校专业必须对接区域产业育人，因此基于区域经济发展的专业设置研究开始起步，中观研究逐步发展；但进入2015年后，随着"放管服"改革及高职院校的诊改工作的开展，高职院校亟须校本专业调整参考范式，也亟待专业设置机制、原则、流程、路径等完整贯通的理论指引，然而目前针对这一微观方面的研究较少。因此分析高职教育专业设置政策及运行机理，研究相关机制，并用实践案例演示其机制运行模式，既是理论之要，也是实践之需。

第三节 研究思路、内容和方法

一、研究思路

本书拟采用"提出问题—分析问题—解决问题"研究思路，首先，应用文献研究法、问卷调查法对我国现有的高职教育专业设置管理的政策、程序、现状进行分析，从不同层面剖析现有专业设置管理机制所呈现的弊病及形成缘由。其次，应用比较研究法，充分借鉴国外经验、迁移本国历史，并与现实国情国策相结合确立专业设置管理的基本原则，建构适合于"双高计划"建设时代的高职教育专业设置管理的新机制。最后，以具体省的某个专业为个案，通过"本专业省域宏观布局研究—本行业区域内劳动力市场需求研究—专业发展类别界定—开办条件审查—常态监测—适时退出"基本路径，验证专业设置的省级统筹管理机制；以某高职院校专业结构调整为个案，应用"双高计划"中专业群优化和组群理念，通过"整体分析—组织建构—需求分析—资源评核—研判界定—调整优化—持续改进"基本路径，验证校本专业设置的动态调整机制，最终对研究进行分析和归纳总结。

二、研究内容

本书以我国高职教育面临的困境、难题和机会为研究缘起，以高职院校的"放管服"改革、诊改和"双高计划"建设等联动式专业设置调整政策为契机，从现实困境中寻求改革的突破口，从借鉴与迁移古今中外经验中整合策略，最后将定性与定量相结合、整体研究与个案相结合，重构适合现时代的高职教育专业设置动态调整机制，并进行实践验证。全书共分为五章。

第一章，高职教育专业设置的管理机制现状研究。提出问题是渴求知识的理智过程，也是一切研究的起点。本章通过回顾我国现有的高职教育专业设置政策基线，分析其运行现状，并以问卷调查和实践资料获得的方式，全面剖析我国现有高职教育专业设置管理机制中各要素之间存在的问题，以及这些问题对高职院校育人和社会服务等方面的影响。

第二章，高职教育专业设置管理机制运行失当的原因剖析。分析问题是克服困难及寻求答案的过程，也是建构研究新图式的前序。本章从高职教育的本体领域、关系领域和动力领域深刻剖析了我国高职教育专业设置管理机制运行失当之原因，从权力、责任、功能等点挖掘缘由，寻求需要填补和修正的盲区，为机制重构奠定基础。

第三章，融合与迁移：高职教育专业设置的经验镜鉴。学习与借鉴是来自研究焦虑的驱动，也是自我生存反思的需要。本章以政策机制、运行机制为主要参考点，对我国历史上职业教育发展的不同时期进行追踪与提纯，将不同历史时期职业教育专业发展的范式进行迁移；对国际上高职教育（或同类型教育）发展特色鲜明的瑞士、新加坡和澳大利亚的专业设置管理策略进行借鉴，用全景铺垫的方式为专业设置管理机制的目标、原则等建构寻求策略与路径。

第四章，高职教育专业设置的管理机制重构。建构是对问题解决的表征，也是一切研究的最终目的。本章在前序困境分析与学习借鉴的基础上，从逻辑、战略、战术三方面出发，确立了高职教育专业设置的基本原则；从政策指引、理论依据和框架设立方面重构了"两条基线、四层管理"的高职教育专业设置管理新机制，并对其运行机理，尤其是非国控专业在区域、学校两层运行机理进行了详细解析，为新机制在实践中应用提供了先导。

第五章，高职教育专业设置管理新机制的应用研究。实践应用是验证理论研究之价值品性的基本路径。本章以新构的专业设置管理运行机理为目标，以《国家职业教育改革实施方案》中的"三对接"为导向，以广东省高职会计专业设置为个案，通过"区域产业状况分析—会计专业宏观布局研究—会计行业区域人力需求研究—专业发展类别界定"四步研判路径，"开办条件审查—常态监测—适时调整"三步审查及管理路径，验证专业设置的省级统筹管理机制；以"双高计划"专业群优化组群理念为指引，以S校专业结构调整为个案，通过"整体分析—组织建构—需求分析—资源评核—研判界定—调整优化—持续改进"路径，验证校本专业调整优化机制，为新机制的落地实施提供推广应用的参考范式。

三、研究方法

研究方法是一切研究的工具。然而，教育与其他研究客体不同，它是基于各种因子共同作用的一种育人活动，具有多维性、复杂性等特征。因此，应用某个单一的学科知识开展教育研究无法科学地反映教育规律。自20世纪后半期以来，教育研究向多学科方向发展已成为一种共识。美国教育专家伯顿·克拉克（1984）在《高等教育的观点：八个学科的比较观念》中提出"各种社会科学为了解高等教育提供了基本工具"[①]；英国学者弗玛、布雷德（1988）指出"在教育研究中发生的另一个重要变化，是多学科的参与"[②]；我国著名教育学家潘懋元（2001）也认为："应用不同的学科方法，才能掌握高等教育的内外部关系规律。"[③] 由于高职教育本体特征的复杂性和关系特征的多维性，促使高职教育研究方法更加趋向复杂化。本体特征的复杂性是指在教育对象特征方面具有高等教育的性质，在办学模式方面又具有职业教育的特性；关系特征的复杂性是指专业设置与经济活动、人力资源布局等相关联，因此，本书在应用多学科研究方法的基础上，也应用了如下研究方法。

（一）文献研究法

文献研究方法是科学研究中综合与寻隙的基本策略，即总结前人之识，反省他人不足，寻找自我出路。本书将专业设置精准研究文献与相关离散研究文献相结合，梳理和分析高职专业设置的有关研究路向，主要对高职专业设置与区域经济发展、招生就业与高职专业设置、高职专业设置预警或调整、高职专业设置评价等不同研究领域进行总结与辨析。通过对整体研究趋势统计和对细化研究路向的分析，为本书寻求研究契机和提供参考依据。

---

① 潘懋元. 多学科观点的高等教育研究 [J]. 高等教育研究, 2002 (1): 10-17.
② 弗玛、布雷德. 教育研究 [A]. 瞿葆奎. 教育学文集·教育研究方法 [M]. 北京：人民教育出版社, 1988: 5.
③ 潘懋元. 多学科观点的高等教育研究 [M]. 上海：上海教育出版社, 2001: 1.

（二）问卷调查法

为了较全面地分析高职教育专业设置所存在的问题及背后缘由，本书以在线的方式，突破时空限制，面向全国高职院校管理人员与教师开展随机问卷调查，问卷包含了参与者所在区域与学校在专业设置管理工作中所应用的政策、措施及现状、问题等主题，调查的目的是了解高职院校对现有的专业设置管理机制的认知程度，以及校本专业布局中存在的普遍问题、难点重点问题，并通过统计与分析相关结果，证明研究假设，提高研究的信度。

（三）比较研究法

本书中的比较研究法主要包括两个维度，其一是横向比较研究法，其二是纵向比较研究法。在横向比较研究中，对瑞士、新加坡、澳大利亚等国外高职教育专业设置管理的机制、模式进行总结，借他山之石，为我国高职专业设置提供借鉴依据；在纵向比较研究中，对我国历史上职业教育政策实施弹性较大、发展较繁荣的两个时期进行分析，从比较中寻求专业设置管理的逻辑起点、弹性发展政策等经验。

（四）个案研究方法

为了验证新建构的专业设置管理机制的合理性，本书首先以具体省的会计专业为个案，设置了"3+4"步专业设置弹性管理路径，以验证专业设置的省级统筹管理机制，其中也以某高职院校会计专业学生群体为个案，开展了专业、课程与工作相关度的访谈；最后以某高职院校专业结构调整为个案，设计并实施了七步专业布局调整优化路径，为"放管服"改革下高职院校专业诊改提供参考范式。

第一章
高职教育专业设置的管理机制现状研究

审视现实是洞悉事物全面景观的必由之路,也是一切研究的起点。我国高职教育专业设置政策历史短暂,第一次正式颁布全国性专业目录与管理办法是 2004 年,迄今为止只有 16 年之久,在这 16 年中,探索与尝试齐头并进,但如同所有的改革一样,专业设置的管理机制在运行中也产生了许多"并发症"与"副产品",这些滋生的问题虽然无法避免,但我们必须正视并加以纠正。

第一节 高职教育专业设置的管理政策现状分析

一、政策基线回顾

我国高职教育专业设置政策主要包含三个阶段。第一阶段是酝酿、讨论及分区域实施阶段,即 1998~2003 年,个别地区率先尝试颁布专业目录及管理办法,并推动全国开展高职教育专业设置研讨;第二阶段是全国政策起步阶段,即 2004 年教育部正式印发《普通高等学校高职高专教育指导性专业目录(试行)》、管理办法及执行的十年期;第三阶段是修订阶段,即 2015 年教育部颁布了《普通高等学校高等职业教育(专科)专业目录(2015 年)》及管理办法至今。

(一)酝酿、讨论及分区域实施阶段

1998 年我国高等职业教育开始起步,但在 2004 年之前,高职教育并没有形成全国统一的专业目录及相关管理办法,当时主要以高等专科和本科专业目录作为依据,没有统一规范和命名。直到 2000 年,教育部颁发了《关于加强高职高专人才培养工作的意见》,指出高职教育人才模式具有"应用性"与"适应性"特征,认为专业设置应该适应技术领域和职业岗位(群),并提出要尽快制订"高职高专专业设置指南"。当时一些省和直辖市先行先试，尝试出台了相关指导性管理文件，如上海市于2000年颁布了《上海高等学校高职高专指导性专业目标和专业介绍》，依据国民经济行业分类，确定了12个专业大类和129个专业，在此基础上，2003年增加了40多个新专业，并颁布了专业目录的修订版。北京、湖北等地区也着手针对地方技术领域的特色，尝试制订地方特色的专业设置管理机制。同年，教育部印发了《中等职业学校专业目录》，共分为12个专业大类，270个专业，这对高职教育专业设置有一定的参考依据，但当时的高职教育属于教育部高教司管理，是高等教育的一部分，部门之间管辖范围不同，相互参考的内容较少。

这一阶段除了个别区域根据地区特色尝试开拓高职教育专属发展路径外，大多数院校参照本科院校或高等专科学校的专业建设模式设置与运行专业，存在这一现象的原因如下：一是此阶段高职教育被界定为高等教育的一部分，由教育部高教司管理，与本科教育的管理科层相同；二是高职院校成立初期，专业设置与建设的相关配套指导性政策还未形成，顶层设计还不到位；三是高职院校的大部分老师毕业于本科院校，借助个人经验，开展专业建设工作；四是高职教育当时被誉为"立交桥"，是高考扩招的"缓冲器"，其作为"主道"的发展蓝图还不明了，是否会在某一时期后被"拆除"也未能预知，因此长效的、系统化的专业设置管理策略尚未形成。正因为专业设置及专业建设上的依附性，导致"高职是本科压缩饼"的称谓在此阶段应运而生，而且至今还未完全"脱"去，这也为高职教育走"类型"发展道路蒙上了难以挥去的阴影。

（二）全国政策起步阶段

2004年教育部颁布了高职高专专业目录，参照产业类型设置了19个专业大类，78个专业门类和532个专业。同时下发了专业设置管理办法，管理办法实行"三·二"原则，即三级管理，两年更新。三级管理是指由学校在专业范围内按照目录自主设置专业，省级教育行政部门核定与备案，教育部高等教育司汇总与公布；两年更新是指教育部根据产业发展及岗位变化情况，每两年调整一次专业目录。但实质上却有多个导向性的规定：第一，遵守《目录》的指导作用，对于目录外的专业要实行听证制度；第二，学校增加专业数量等权限与院校参与教育部人才水平评估获得的结论挂钩（2004～

2008年，第一批评估有优、良、中、差等级之分）；第三，平均就业率连续三年低于本省的专业，学校应减少或限制招生。这种导向性的规制，使得省级教育行政部门和所属学校变成了利益共同体，为了在全国范围内获得更多的人才水平评估优秀院校数，共同谋求"区域发展大计"。因此，"三·二"原则变成了一种松散的管理形式，申报专业的学校只要填报"专业设置情况表"中的"学校名称""专业代码""专业名称""修业年限""专业设置评议委员会意见"信息就可以由省级主管部门"核定"（见附录1）。省级主管部门为了让所属学校应对人才培养水平评估中千篇一律、事无巨细的评估指标，重点做好数量、规模等数据，没有严格去审核专业发展与学校办学定位的合宜性，导致专业设置审核变成了"核定"；学校以数量为发展目标，整合校内资源，"借船出海"，在资源不充分的情况下牵强拼凑新专业设置报告，以争取更多的专业数，进而忽略了自身的办学特色。同时，由于允许专业名称以"（ ）"的形式展示培养方向，许多院校在一个专业下列出多个专业培养方向，以扩展招生规模，例如，在"市场营销"专业下面打出了"网店营销""汽车营销""珠宝营销""连锁经营""房地产营销"等多个培养方向，导致专业点数统计出现困难，过窄的培养方向也致使部分专业人才过剩。2004年版的专业目录经过十年运行，到了2014年，高职教育的专业数由532个增加到1170个，专业大类和专业类保持不变。

这一阶段是高职教育专业设置走向规制的开端，在高职教育发展历史上具有里程碑意义，此时专业在院校发展中的地位得到了提升，专业设置规模的剧增与高等教育的扩招规模互为衬托，为高等大众化进程推进贡献了不世之功。但这十年既是高职教育专业发展"最好的时期，也是最坏的时期"，其主要原因和特点如下：第一，专业设置管理无论在宏观还是在微观上均具有功利主义导向，在服务国家战略的宏观方面，为了支撑高等教育扩招，尽快容纳更多的受教育者以缓解就业压力，高职院校的专业设置管理出现了近乎零门槛的核定——备案制；在高职院校竞争发展的微观方面，为了谋求人才培养水平评估优秀，学校大量、高速扩充专业规模，以谋取发展前程，专业数量发展与同质化问题滋生并行发生。第二，专业设置未能紧跟时代职业和产业发展及时变化，十年内产能转换、职业更替频繁，而专业调整及管理却没有及时跟进；第三，高职教育管理部门更换所带来的专业设置无所适从，

2011 年高职教育由高教司转由职成司管理,高职教育的身份及专业的设置宗旨等均进入了重新界定阶段;第四,区域教育行政部门对于专业设置管理松散,只执行基于申请报告文本的核定和备案,没有实施严格审核制度,更没有开展相关监测、预警和调整工作。因此,这十年是高职教育效益与质量相悖的十年,也是对外奉献与对内耗损并存的十年。

(三)修订阶段

2015 年教育部结合十年来产业结构的转移状况和高职教育发展的现实水平,颁布了新的专业目录与管理办法,对 2004 年版的目录进行了一定程度地调整(见表 1.1.1)。

表 1.1.1　　2004 年与 2015 年高职教育两次专业目录结构对比

专业目录结构	2004 年	2015 年	调整内容
专业大类	19 个	19 个	排序有所调整
专业类	78 个	99 个	依据行业分类变化、重点产业发展需求、本科专业目录变化等进行调整
专业数	1170 个	747 个	合并 243 个,更名 167 个,保留 263 个,取消 69 个,新增 74 个

此次调整主要以"大职教"理念为核心,注重高职教育与产业的对接,应用合并、更名、保留、新增、取消五种调整策略,最终在第一产业设置专业 51 个,第二产业设置专业 295 个,第三产业设置专业 401 个,总计 747 个专业(见表 1.1.2);同时,打通了教育内部"中职—高职—本科"衔接通道,衔接中职专业 306 个、接续本科专业 343 个,使高职教育能够上下连通,不再成为"断头桥",从功能结构上提升了高职教育的吸引力。

表 1.1.2　　高等职业教育专业结构与产业结构对接表

产业分类	主要就业面向	专业数	权重(%)
第一产业	农林牧渔	52	6.8
第二产业	涉及资源环境与安全、装备制造等 8 个类别	295	39.4
第三产业	涉及电子信息、财经商贸等 10 个类别	401	53.8

对照 2004 年版与 2015 年版的高职教育专业目录,其动态调整稳中有变

（见附录2），其中在保留、裁撤和新增三个维度的调整上变化较大的地方集中表现在如下方面：（1）在78个专业类中，2015年调整后专业数量保持不变的有12个，主要集中在资源环境与安全大类的煤炭类、能源动力与材料大类的黑色金属材料类、非金属材料类，以及公安与司法大类中的公安指挥、公安技术及侦查类专业等。这表明材料与能源等原材料类产业发展较传统、岗位技能相对稳定、转型较慢，人才创新还有待提升；公安与司法类的国控专业属于国家安全类人才培养载体，育人体系的规范化一旦形成，难以在短期内改变。（2）在原来的基础上，2015年被减去一半数量以上的有18个专业类，涵盖范围较大的有农林牧渔大类、生物与化工大类、电子信息大类等，其中专业裁减数量最多的是艺术设计类，由原来的54个调整为25个，裁撤掉29个专业；数量缩减超过2/3的专业有建设工程管理类、水土保持与环境类、生物技术类、食品工业类、药品制造类、通信类专业和市场营销类专业等7个专业类。这一方面表明随着产业发展及技术更新，过于细化的岗位技能需要整合，专业设置要紧随产业链的伸缩而变动，如2015年设置的软件技术专业由2004年版的网络软件、游戏软件、智能手机软件、医用软件等8个专业整合而成，可见信息技术的发展已打通了原来各软件生产之间的壁垒；另一方面表明专业分类过细、人才培养面向过窄的专业需要整合，因为单向技能人才容易带来失业危险，如2015年设置的畜牧兽医专业由2004年版的8个专业整合而成，其原来专业培养面向过窄，分为禽类、猪、草食动物等单个动物类驯养与疾病防治技术培养，一旦学生选择其中一种动物作为专业学习对象，那未来将存在择业难和失业高的问题。（3）2015年新修订的专业目录在9个专业类上专业数量有所增加，其中装备制造大类中的铁道装备类、航空装备类、传播与海洋工程装备类合计新增专业6个，属于增加覆盖面最广的专业大类；增加幅度最大的是民族文化类专业，由原来的1个增加到7个专业；增加跨度最大的是人口与计划生育类专业，由原来的零设置变为新增2个。这一方面表明随着"中国制造2025"的兴起，制造业的业务范围拓展、技术人员培养等各方面发展均得到了重视；另一方面表明专业目录设置充分考量了国情国策，由于"文化自信"道路的提出，民族文化传承及遗产保护开始得到重视，相关专业增速较快；计划生育政策在2015年还属于基本国策，而当时所对应的专业化管理人员较少，因此设置新专业来服务国家政策具有时代特征，是值得肯定的，但随着 2016 年初"全面放开二胎"政策实施后，在未来新一轮的专业目录调整中该专业类也许会得到新的调整。

总之，2015 年的专业目录修订逐步开始参照产业发展需求来调整高职专业设置格局，同时通过合并等整合策略，从一定程度上克服原有专业口径过窄、分类过细等弊病。尽管调整后的专业目录克服了许多专业设置的弊端，但由于自 2004 年以来所形成的专业设置管理惯性，其很难在短时间内改变和革除高职院校业已形成的专业布局。

二、现有机制分析

2015 年教育部在颁布《专业目录》的同时，也下发了专业设置管理办法及运行机制，具体可概括和描述为"五参考、二依据和三级管理"（见图 1.1.1）。

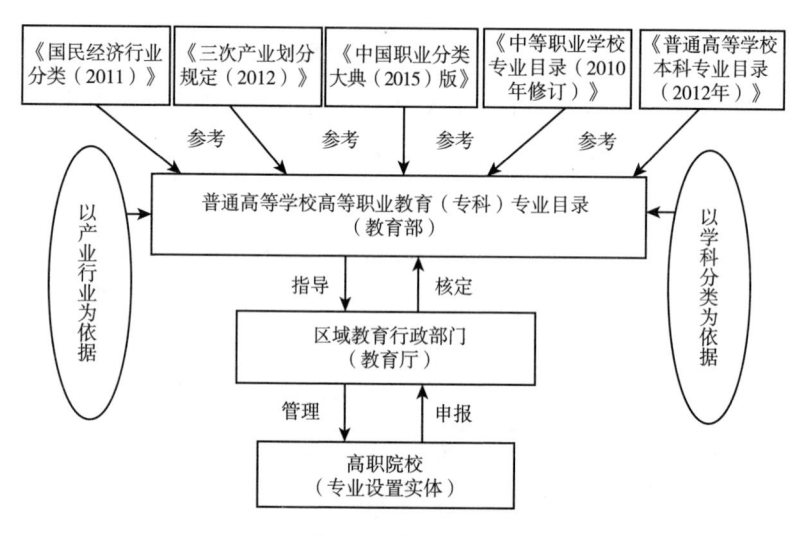

图 1.1.1　我国现有的高职院校专业设置管理机制

所谓"五参考"，即一参考了《国民经济行业分类（2011）》，此分类根据不同行业的运行模式和规范，从 A"农、林、牧、渔业"到 T"国际组织"分为 20 个行业的 96 个大类。二参考了《三次产业划分规定（2012）》，产业划分是在经济行业分类的基础上，根据行业服务的口径与范围，划分为三次产业，第一产业包含 1 个门类和 4 个大类，第二产业包含 2 个门类和 36 个大类；第三产业（服务业）包含 15 个门类 56 个大类；对行业分类和产业分类的参考体现了专业设置的"主动适应、服务发展"原则。三参考了《中华人民共和国职业分类大典（2015 版）》，职业分类大典以产业结构调整为依据，按照职业信息描述分为 8 大类 1481 个细类（具体职业），落实了高职教育专业必须与职业岗位群对应的"科学规范、体现特色"原则。四参考了《中等职业学校专业目录（2010 年修订）》，为中高职衔接和"五年一贯制"培养畅通了渠道；五参考了《普通高等学校本科专业目录（2012 年）》，为高职院校学生"专插本""3+2 专本衔接分段培养""4+0 高职本科"等搭建了桥梁。初步形成"四通八达"的现代职教系统，体现了"推进衔接、构建体系"原则。但目前这些共同渠道并没有完全畅通，由于沟通双方的意愿不足等各种内在原因，"3+2"和"4+0"均只有个别专业试点，高职院校学生学业上升的路径依然是"羊肠小道"，崎岖艰难。

所谓"二依据"，一是依据产业、行业动态发展；二是依据学科分类发展。为了逐步适应社会经济发展，专业目录原则上每年动态调整一次专业，每 5 年修订一次目录。2016 年根据行业发展需求，在农林牧渔等 11 个专业大类中增加了"食用菌生产与加工""大数据技术与应用"等 13 个新专业；2017 年在农林牧渔、食品药品与粮食大类、医药卫生大类中增设 6 个专业；2018 年在资源环境与安全、能源动力与材料、电子信息大类增加 3 个专业；2019 年在能源动力与材料、交通运输、电子信息、财经商贸、旅游教育与体育、公共管理与服务大类增设 9 个专业。四个动态共增加了 31 个专业，高职教育现有的专业数增加到 778 个（见附录 3），体现了"继承创新、灵活设置"的原则。但在实际运行中，专业目录每年动态调整的程度不大，另外，专业还是囿于学科体系中，根据产业链实施专业链跨越整合的极少。

所谓"三级管理"，是指教育部、省级教育行政部门和学校三级管理，实质上除国控专业由教育部审批外，非国控专业基本上是省、学校二级管理，只需在教育部备案即可。所谓国控专业，是指专业性较强、岗位服务面窄、人才社会需求量较小的、需要由国家统一调控的专业。高职教育的国控专业主要涉及医学、教育、公安与司法等与国家安全、公共安全、特殊行业密切相关的专业，在专业目录中代码后面以"K"表示，共 65 个。其管理程序为每年学校填报"国家控制专业申请业务系统"和提供相关支撑材料，经由省教育厅同意后，由教育部、相关行业主管部门联合组成专家评议，并发布结果。专家组主要有两部分人员，一部分是行业主管部门推荐的专家，如卫计委所推荐医学类专业评审专家；另一部分是教育部推荐的专家，包括高职、本科的资深研究人员或实践管理人员。依照此程序，2016～2019 年教育部每年按要求组织，4 年共增设国控专业 861 个布点数，年均 215 个，平均年通过率为 56.15%（见表 1.1.3），其中"学前教育"专业布点数增设最多。

表 1.1.3　　　2016～2019 年高职院校国控专业审批情况汇总

年份	申请国控专业点数（个）	同意增设的专业点数（个）	不同意增设的专业点数（个）	通过率（%）
2016	361	239	122	66.20
2017	323	169	154	52.30
2018	392	228	164	58.20
2019	469	225	244	47.90

四年共增设 861 个国控专业布点数，年均 215 个，年平均通过率：56.15%

资料来源：2016～2019 年教育部高职教育"专业设置备案与审批结果"。

非国控专业的增设表面上也需在教育部备案，但实质上属于省、校二级管理。二级管理主要体现在专业申请备案环节，每年由高职院校填写"增设专业汇总表"，由区域教育行政部门按照填报的 14 个信息及 6 项原则来进行审核。与 2004 年的"专业设置情况表"相比，2015 年起的每个省制定的"新增设专业汇总表"变化较大，如广东省的汇总表取消了 2004 年版的"专业设置评议委员会意见"一栏，增加了"成人学制""是否本校专业建设规划""是否属于省重点发展领域相关专业""是否属于填补省高职（专科）专业布点空白""是否属于布点率高、在校生多且就业率较低的专业""是否属于国控专业""是否具备专业设置的 5 个基本条件""是否完成专业设置的 4 个基本程序"等内容（见附录 4），以文本的形式对专业的增设进行了路径指导和条件要求。

在新专业设置方面，现有的管理办法克服了 2004 年版中区域教育行政部门松散的"核定－备案"管理模式的弊端，从六个方面增加了管控和引导。第一，注重高职院校专业发展的内部布局状况，通过把关新增专业"是否本校专业建设规划"来引导学校设计自身专业发展蓝图；第二，关注专业在区域内的支撑发展或引领改革作用，通过提示新设专业是否为省级"重点领域"和"布点空白"来引导高职院校在专业设置上走特色化、差异化发展之路；第三，对新增专业的教学用房、师资、实验设备、实训场所、图书资料等五个条件进行了要求，引导学校对专业发展的内部资源进行分析和建设；第四，对新专业的设置程序进行了详细规范，要求学校执行专业调研、可行性分析、制定教学文件和开展专家论证四个环节，以确定专业设置的合理性；第五，在专业培养对象的设置范围方面，在"全日制学制"基础上增加了"成人学制"，为高职院校开展成人教育"留有余地"，鼓励终生教育在高职院校落地生根；第六，对区域内三种条件超标的专业限制增设，即区域内布点数高、同质化严重的专业，或在校生规模过大的专业，或就业率较低的专业，这一要求引导高职院校自觉分析新增专业在区域内的相关信息，分析专业设置的可行性，减少因盲目申报而带来的系列问题。自 2016 年采用新的专业目录及管理办法后，到 2019 年，全国高职院校共开设 744 个非国控专业，拥有 58085 个布点数，年均增加 1893 个布点数（见表1.1.4）。

表1.1.4　　2016～2019 年高职院校非国控专业备案情况汇总表

年份	专业数	全国布点数
2016	708	50512
2017	726	55312
2018	733	56859
2019	744	58085

四年共增加了 36 个专业，年均增加 9 个；共增加了 7573 个非国控专业布点数，年均增加 1893 个布点数。

资料来源：2016～2019 年教育部高职教育"专业设置备案与审批结果"。

第二节　高职教育专业设置存在的主要问题

从表面上看，我国现有的高职教育专业设置管理办法结构完整，各层级实体之间沟通有序，运作良好。但在实际场域，规模与结构、质量与效益之间存在着内在撕裂，加之2004~2015年累积的各种惯性模式难以在短时间内革新与消除，业已形成的专业治理体系固化难移，专业设置中诸种显性问题与隐性问题层出不穷。为了掌握问题的显性状态和深层缘由，本书面向全国高职院校同行开展了在线问卷调查，问卷以高职教育专业设置管理为主线，包含31个问题（见附录5），主要了解参与者对教育部、省域、校本各层次专业设置管理策略的悉知情况、对现有机制运行状态看法及相关建议。问卷按照一对一单发和向研究团体群发的方式，历时8个月，共发放85次，最终有24个省份的217人参与了答卷，其中广东、上海、浙江的参与者均超过了10%；参与者中行政教辅人员及领导占比合计超过了50%以上，部分高职院校的校长也参与了答卷（见表1.2.1、图1.2.1）。

表1.2.1　　　　　　　　问卷来源区域及参与占比一览

序号	省（区市）	参与人数	所占权重（%）	序号	省（区市）	参与人数	所占权重（%）
1	广东	43	19.80	13	河南	6	2.70
2	上海	30	13.80	14	山东	5	2.30
3	浙江	26	11.90	15	四川	3	1.40
4	福建	19	8.80	16	广西	3	1.40
5	北京	11	5.10	17	黑龙江	3	1.40
6	河北	10	4.60	18	新疆	2	0.90
7	海南	9	4.10	19	湖南	2	0.90
8	陕西	8	3.90	20	云南	1	0.40
9	江苏	8	3.90	21	宁夏	1	0.40
10	天津	8	3.90	22	重庆	1	0.40
11	湖北	8	3.90	23	安徽	1	0.40
12	甘肃	7	3.20	24	吉林	1	0.40

合计：24个省的217人参与了调查

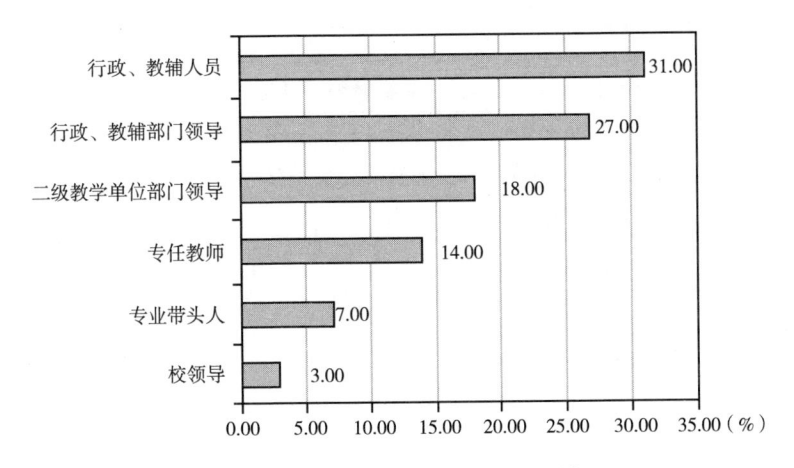

岗位	百分比
行政、教辅人员	31.00
行政、教辅部门领导	27.00
二级教学单位部门领导	18.00
专任教师	14.00
专业带头人	7.00
校领导	3.00

图 1.2.1　参与调查人员的岗位类别情况

参与调查的人员来自国家示范（骨干）的占 28%，来自省级重点建设院校的占 48%，其他来源的占 24%；其中办学历史具有 10 年以上的院校占 87.1%，因此，参与者具有较高的教育管理平台和丰富的专业建设经验；其中有 12 名参与者就问卷的内容、目的、方法，以及他本人对专业设置管理问题的看法与笔者进行了专门沟通。

结合调查问卷结果及目前部分高职院校的实际执行情况，得出全国大部分高职院校现有专业布局的形成有来自外部的推力，也有来自内部的应力，错综复杂、交织难解，大致形成了以下七种现象。

一、存在"去特色化"的非理性专业数量扩张现象

自 1999 年开始，高职院校为了担任高考扩招的"缓冲器"，招生规模陡速增长，连续 6 年超越本科院校，其中 2006 年招生规模超出本科院校约 40 万；同时，自 2003 年开始教育部出台了第一轮高职院校的人才水平评估的相关指标，专业数量与院校的评估等次挂钩。基于以上两种政策推力，各高职院校在筹划不足、资源有限的情况下开始急速扩充专业，以全国 10 所建校较早的水利高职院校为例，其专业数量均呈陡速增长，但彰显学校办学定位的水利特色专业却平均占比不到 15%（见表 1.2.2）。例如，广东水利电力职业技术学院在 2004 年一次性申报新专业 10 个，最终经省教育厅审核后全部批准。许多高职院校也开始了以年增长 10 个以上专业的发展速度拓展专业领

域，直至 2015 年后才逐步放慢了专业申报速度。

表 1.2.2　十所水利高职院校专业发展数量统计（建校至 2017 年）

序号	院校名称	建校时专业数（个）	2017 年专业数（个）	水利类专业数（个）	建校时间（年）
1	黄河水利职业技术学院	10	64	7	1998
2	广东水利电力职业技术学院	8	46	4	1999
3	杨凌职业技术学院	11	68	4	1999
4	安徽水利电力职业技术学院	14	55	6	2000
5	山东水利职业学院	7	56	6	2002
6	四川水利职业技术学院	7	38	9	2003
7	长江工程职业技术学院	7	40	6	2003
8	福建水利电力职业技术学院	13	32	6	2003
9	重庆水利电力职业技术学院	12	42	11	2004
10	湖南水利水电职业技术学院	4	23	5	2005

注：这里的"建校时间"是指转型为高职院校的时间。
资料来源：2018 年笔者参与撰写全国水利职业教育改革发展 40 周年成果报告时所收集。

二、存在"根据培养成本"设置专业现象

许多高职院校竞相开办生均设备值低、实训条件要求低、场地需求低、快速招生见效快的专业，如经管类、金融类等专业，只关乎学校利益而不关注学生未来，只顾及入口（招生）不考虑出口（就业）。尤其许多民办高职院校基本上定位在培养服务业人才，各院校名称区分度较低，专业设置趋同，如广东省有广东科贸职业技术学院（公办），广州华南商贸职业学院（民办）、广州科技贸易职业学院（民办）、广州科技职业学院（民办）、广东创新科技职业学院（民办）、广州华立科技职业学院（民办）等。在问卷调查中，针对"贵校现有专业设置是否存在以下现象？"的多项选择题，有 38.3% 的参与者认为，学校存在着"根据培养成本设置专业"的现象（见图 1.2.2）。

第一章 高职教育专业设置的管理机制现状研究

因人才培养成本设置专业　38.30
"跟风跟热"设置专业　37.30
因人设置专业　28.60
追求规模大而全设置专业　26.20
模仿同类院校设置专业　21.70
不清楚　7.80

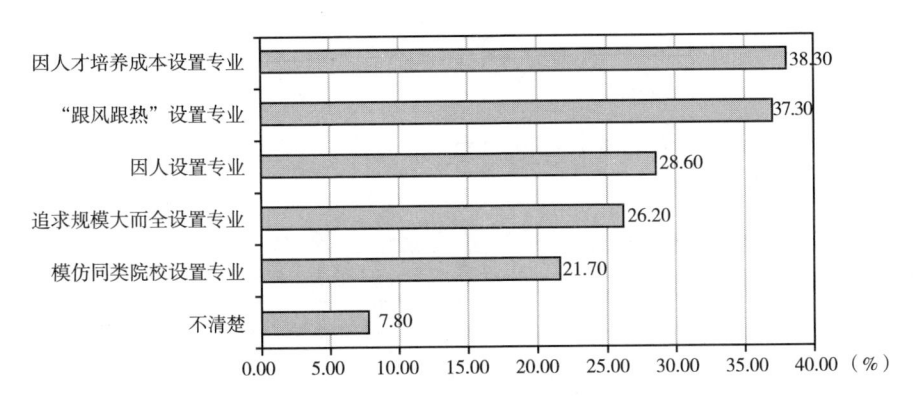

图1.2.2　高职院校专业设置存在的问题调查情况

三、存在"跟风跟热"设置专业现象

许多高职院校按照专业发展对接劳动力市场需求的思路，参照产业升级信息及时设置新专业，此路向总体来说是正确的，但却忽略了现有的专业资源基础及专业结构的融入性问题，出现了专业设置的"跟风跟热"现象。并且高职院校与本科院校之间没有统筹沟通，一些专业重复设置，造成区域内人才市场中同类人才过多，导致结构性失业问题滋生。比如"大数据应用与技术"专业为2017年新增专业，当年全国有64所高职院校设置，2018年设置院校增加至212所，增长率为231%；而同样在2018年，有226所本科院校新设了"数据科学与大数据"专业，2017～2018年本科院校的总布点数已达476个；"工业机器人技术"专业从2013年新设到2018年已有523所高职院校开设，平均年约增长88个点数；2018本科院校的"机器人工程"专业也有108所院校新设，连续二年排新设专业第二名。① 针对同类专业，如果本科院校培养规模过大，将会压迫高职乃至中职教育的毕业生就业面向下移，甚至失业，毕业生"出口"被封锁或压迫，就业质量受到影响。在问卷调查中，有37.3%的参与者也认为其所在学校存在"跟风跟热"设置专业现象（见图1.2.3）。因此高职院校必须根据校内现有的资源和专业结构来考量，与现有专业之间互助性和共享性低的专业要慎设或不设。

---

① 全国高校拟增设、撤销本科专业盘点［N］．中国青年报，2018－8－14（4）．

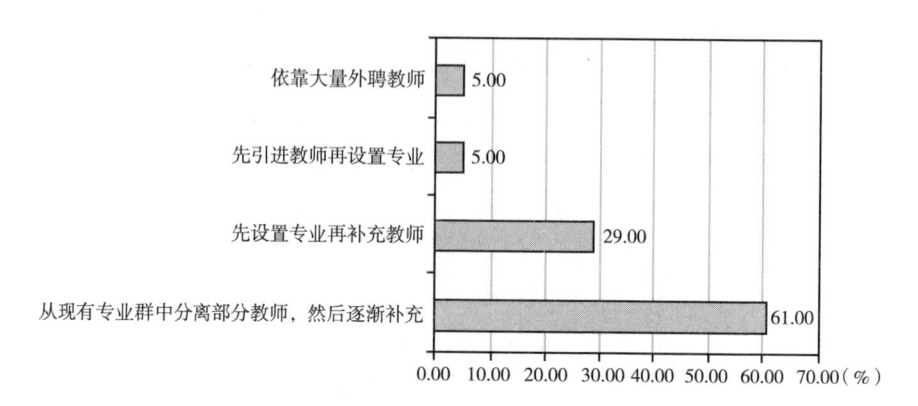

```
依靠大量外聘教师    5.00
先引进教师再设置专业  5.00
先设置专业再补充教师  29.00
从现有专业群中分离部分教师，然后逐渐补充  61.00
0.00  10.00  20.00  30.00  40.00  50.00  60.00  70.00（%）
```

图1.2.3　专业教师来源的基本策略调查情况

四、存在"因人"设置专业现象

由于大部分高职院校是由中等专科学校、职业大学、成人高校、高等专科学校等转型而来，改制后冗员累赘，为了解决内部矛盾，部分院校出现"因人设专业"现象。在问卷中有61.00%的参与者认为本校的专业设置是基于现有教师而开展的（见图1.2.3）。比如，许多院校的商务英语、文秘专业就是在中职转为高职后，部分英语和大学语文老师不能完全安置的状况下诞生的，最终导致商务英语专业人才培养过剩，而文秘专业也成为近几年被撤销专业之首，如2018年全国有51所高职院校撤销文秘专业，30所高职院校撤销商务英语专业。[①]

五、存在"借船出海"和"打出多余量"专业设置现象

一些高职院校盲目追求专业规模，害怕申报的新专业因各种指标不足会在上级教育行政部门审批中丧失机会，因此以"校内协同"为口号，聚集其他院系或专业的师资、实训设备等资源，"借船出海"申报新专业，一旦成功后还将经验大肆推广，周而复始"协同作战"；也有部分高职院校申报时刻意打出了"多余量"，以数量攻略来博取审核部门同情，进而

---

① 中国高职发展智库. 大批专业被"关停"，高职院校如何精准设置专业？［EB/OL］. http://www.zggzzk.com，2018－12－10/2019－2－3.

按一定的折扣数保住新专业增量。而上级教育主管部门基本只以申报书为审查依据，很少来现场核实，也没有通过高职院校的状态数据库去核对具体资源的真实性，导致"借船出海"的专业增设策略瞒天过海，打出了"多余量"的泡沫专业得以滋生，而它们未必适合学校和区域经济发展需要，有的专业设而不建、有的专业因为先天基础薄弱，运行困难，造成了严重的教育资源浪费。

六、存在追求专业布局"大而全"现象

由于受长期以来"名校大多数是综合院校"的思维惯性影响，许多高职院校从建校以来就努力按照综合大学的标配来布局专业，即专业设置至少覆盖三个以上一级学科门类。形成这种专业布局的主要原因有二：一是高职院校兴起初期，许多建校的校长来自本科院校或者是长期接受学科体系教育的学者，其思想意识中有着深深的学科规制烙印；二是国家早期对高职院校的发展定位没有明确指向，许多高职院校都暗含着升格本科的梦想，因此提早布局专业，以用大体量、大规模专业及招生数来博取升本的筹码，直至今日许多高职院校依旧时刻准备着升本工作，并且随着目前"职业大学""高职本科"等改革政策的兴起，再次燃起了部分高职院校努力升本的希望。这种专业"大而全"的设置导向，使得许多高职院校的专业覆盖多个一级学科，而每个一级学科下面又包含着一定的专业大类，专业多点开花，协同度低，特色不明显，如"广东省有29所高职院校的专业大类在10个以上，有的甚至高达16个之多。"① 面对这种状况，由于地方教育行政部门没有硬性规定高职院校改变这种格局，部分高职院校也不能预知主动调整专业是否会带来损失，因此"大而全"的专业布局暂时很难破解。

七、灵活有效的专业动态调整机制尚未完全形成

虽然2004年、2015年的高职教育专业设置管理办法中均提出了依照就业率、就业对口率、职业资格证通过率、招生情况等来评估和监督专业发展

---

① 王玉婷.产业升级背景下广东省高职院校专业设置研究［D］.广州：广东技术师范学院，2013：58.

情况，对于不达标的专业将予以调整，但国家和地方教育行政部门均没有具体的执行行动，其对专业的管理主要集中在新专业申报设置和专业的上升性评估上，如"重点专业""品牌专业""示范专业"等评比，针对专业结构调整的管理机制尚未形成。在"您对我国高职院校专业设置的调整有什么看法？"的多项选择题问答中，有50.2%参与者认为专业设置的动态调整滞后（见图1.2.4）。

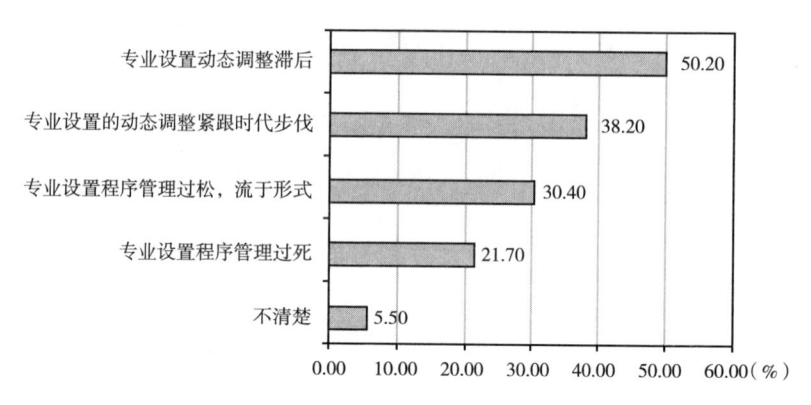

选项	百分比
专业设置动态调整滞后	50.20
专业设置的动态调整紧跟时代步伐	38.20
专业设置程序管理过松，流于形式	30.40
专业设置程序管理过死	21.70
不清楚	5.50

图 1.2.4　高职教育专业设置的调整意见调查情况

由于上级主管部门对专业设置的管理呈松散之状，因此，专业调整的主要"闸口"还在学校。而对于高职院校而言，一个专业一旦设置，即使发展举步维艰，或者不能适应外部的人力市场需求，但顾虑到人员裁撤、资源空置等各种复杂因素，为了维持稳定，也很少开展专业撤销或合并等动态调整工作。因此大部分高职院校只有专业增设程序，没有严格的退出机制，专业数量增而不减，广而不精，灵活的专业动态调整机制尚未完全形成。

本章小结

本章以我国现行的高职教育专业设置管理机制研究为主要内容，从运行分析和问题呈现两个层面对目前现状进行了全景式透视。运行分析部分重点梳理了高职教育现有管理机制形成的三个阶段，尤其对2015年颁布的专业目录进行了详细解读，并与2004年版的进行了数量、调整内容及在三次产业中的权重等方面的对比；同时对现有专业设置的管理规则机制进行归纳，通过临摹对应的框架示意图，直观展示了"五参考、二依据和三级管理"的运行机制及其所蕴含的要素及运行机理；然后对 2016~2019 年动态新增的 31 个专业进行了列举，对 2016~2019 年全国高职院校国控专业与非国控专业的增长值和数量进行统计分析。

　　问题呈现部分以调查问卷及目前部分高职院校的实际执行情况为依据，列举了专业设置中所存在的"因人设置""因成本设置""跟风跟热""借船出海""打出多余量""大而全""非理性扩张"等现象，也分析了由于灵活而有效的专业动态调整机制尚未完全形成所带来的管理困境。总之，本章以审视现实的方式，提出了高职教育专业设置管理机制所存在的问题，为后续的分析问题和解决问题奠定了基础。

第二章
高职教育专业设置管理机制运行失当的原因剖析

"失当"是指因为适应性不够而引起的不平衡或欠恰当,它是大部分改革的副产品或政策实施的并发症,具有可纠正性和可调整性。我国高职教育专业设置管理机制运行中出现的诸种问题,不能单纯地归因于其中某一部门或某一要素,它是高职教育的本体领域、关系领域和动力领域在责任、权力、利益等多层次博弈中酿成的后果。

第一节 本体领域:承载基础与自组织力不足

"本体"在生存境遇中是一种自我想象和文化归属,在社会关系中是一种身份认同和角色类属,本体的身份认同决定着其生存立场和发展姿态。专业作为高职院校本体结构中的主要"筋脉",本体的各种运行环境及"健康状况"往往影响着其发展态势。

一、身份认同悬垂与专业发展主体意识淡薄

发展基础是身份建构的关键。现有的高职院校主要由 1996 年"三改一补"政策要求下的四种院校改建或新建而成,由于其改建前身——职业大学、成人高校、高等专科学校和中等专科学校类型和层次不一,组建后的高职院校存在基础薄、历史短、沉淀轻、认同低等困境,导致其"在先附身份认同(本体基础)、结构性身份认同(制度配置的形象塑造)及建构性身份认同(主动努力生长的身份)方面存在着模糊与悬垂"[①]。尤其是高职教育到

---

① 张等菊. 我国高等职业教育的身份认同及生存立场研究 [J]. 教育发展研究,2016 (7):73-78.

底姓"高"还是姓"职"、属于"层次"还是"类型"的身份定位问题直接影响着高职院校专业育人的方向。这主要体现在1998~2004年,高职教育被界定为"高等教育",因此专业发展基本上依赖于本科院校的范式,即在专业设置上存在"模式依赖",在专业育人上存在"目标依赖",在专业教师培养和晋升上存在"路径依赖",此阶段高职专业教育被形象地喻为本科的"压缩饼"。然而,随着其后高职教育姓"职"呼声的日益高涨,高职教育的专业育人目标被定义为"技术技能型人才",此阶段的高职教育专业又被调侃为本科与中等职业教育的"夹心饼"。总之,无论是"压缩饼"还是"夹心饼",都映射出高职教育专业发展缺乏主体创新意识,其本体身份的"钟摆"不定导致专业发展不知所措。

二、资源竞争的功利主义与专业设置的难以自我操持

高职院校作为一种实体,也具有个体生存的生命特质,法国生命哲学家居友（Guyau）认为"生命只有扩散自身,才能维持自身。"[①]。高职院校为了保障自身生存,破解政府"扶强"而非"扶弱"和"扶特"的马太效应[②],短时间内快速增加专业体量,以规模争地位,以地位争资源,这种以量换量的运作背后,必然是以最小的成本博取最高的利益,即"帕累托最优"。因此,在这种资源争夺的"竞标赛"中,大多数高职院校通过专业扩张来逐速度、逐规模、逐利益,尽量以最少的人力、财力、物力来设置成本低、增益快的专业,很难静下来思考学校的特色发展和定位,这种"只顾一己之私"的学校个体逐利行为是在生存的压力下不得已而为之的,而且这种惯性似乎很难自我操持,最终导致高职院校间专业数量急速扩散,专业同质化现象严重。

高职院校除了在高职教育体系内开展资源角逐外,破解资源稀缺的另一种方法就是跳出现有的圈子升格为本科院校。高职院校对升本热衷的内在原因是其被边缘化的社会认同以及在资源获得中的劣势地位,其中最大的劣势表现在高考招生方面,高职院校要等待本科录取结束后才能在第三批次录取

---

① 周辅成. 西方著名伦理学家评传 [M]. 上海：上海人民出版社, 1987：646.
② 程瑛. 转型期大学的资源竞争研究 [M]. 北京：中国社会科学出版社, 2014：2.

滑档或考试分数较低的学生。近几年来,有的省份甚至把高职院校的最低录取分线降到了 150 分,这种低分政策背后渗透着太多的无奈;另外,虽然近几年来实施的"自主招生""学考"等招生制度改革表面上给高职院校带来了一定的自由度,但实质上这种形式录入的学生整体素质比统招的更低,但如果不按此类方式招生,将会带来两大被动后果:第一,将受到省教育考试院的强制执行;第二,学校的新生报到率将会下降,因为投放到普招中的指标会因许多高考生宁愿复读也不就读高职院校而拉低,这将会严重影响学校的考核数据,进而形成了"二律背反"困境。所以目前各个高职院校不得不将 50%、有的甚至是 70% 以上的名额用来做"自主招生"等,这种在招生中长期处于的劣势,使得高职教育被称为"次等教育"的格局很难破解。面对与本科院校相差几百分的生源,高职院校依然在努力营造环境助力学生成才,但其背后所承受的压力、付出的心血和面对的窘况难以计数。为了破解这种身份所带来的生存危机,许多高职院校时刻准备升本,所以按照本科院校的标配开展专业布局,以"大而全"的学科覆盖面来等待政策契机。但在 2006 年开始的"国家示范(骨干)高职院校"建设中,教育部要求备选院校承诺 8 年不升本,使得部分高水平高职院校的升本愿望遥遥无期;近几年虽然升本政策有些松动,但仅为民办高职院校开放;但随着 2020 年公办院校"南京工业职业技术学院"升本事件尘埃落定以及部分"本科高职"初设成功,许多高职院校再次暗生动力、积极筹备,不仅保持"大而全"的专业格局不动,而且默默开始了新一轮的专业增设。这种专业设置难以自我斡旋和操持的现象背后,是高职院校本体基础的孱弱,以及其对自我身份处境自卑的表征,因此想利用升格本科院校的机会脱离现有的社会歧视,但在这个生存挣扎的过程中却将专业布局带入了泛化的僵局,导致校内资源不能充分聚集,专业特色不明显,学校品牌特色不鲜明等。如果一旦升本成功,这种松散的专业布局为学校带来的整体飞跃效应必然奏效;反而观之,如果学校不能成功升格为本科院校,那么因专业布局泛化而带来的院校整体实力退化将会随之显现。

三、校本治理体系虚弱与专业动态调整事倍功半

由于大部分高职院校校本治理理念还不到位,而且受原有集权管理中的

行动惯性影响，依赖于外部政策工具开展工作较多，自我适应发展及控制能力不足，由"被组织学校"向"自组织学校"转换的校本治理体系尚未完全形成，导致专业动态调整中自律性不够，口号多于规划，规划多于执行，最终搁置、搁浅及流于形式者居多。

（一）对政策工具的路径依赖，自组织力不足

长期以来，高职院校在资源获得和学校管理等方面过度依赖政府，大部分时期内只能盲从应对或迎合上级的各种政策、赶制各种标志性成果，导致学校自主参与教育改革的面过窄、竞争力有限，在"放管服"等自由生存和治理时期，各方面发展无所适从。在专业设置与管理方面，大部分高职院校很少主动去寻求区域差异化、院校差异化信息来优化专业布局，而是抱着"如果政府不强制、学校就不调整"的心态，春去秋来，得过且过，习惯于在"被组织"中维持原状。

（二）管理部门间信息割裂，专业动态调整联动不足

人才培养是教育产品入口、加工（培养）、出口的过程，各环节、各部门必须通力协作才能提升质量。因此在应然状态下，作为入口的招生部门、加工的各教学单位和教务部门、出口的就业部门等要联动起来共同治理专业。就业部门需要提供各专业毕业生的就业率、专业对口率、起薪情况等给教务部门，招生部门需要提供现有专业招生的第一志愿报考率、报到率等给教务部门，教务部门再整合信息与各教学单位研讨专业调整情况。但实际中，学校内部管理部门相互割裂，信息传达不到位或者产生"深井效应"，导致学校对专业的各种信息把握不足，动态调整论证不充分，布局难以实施。2017年教育部颁布的《关于推动高校形成就业与招生计划人才培养联动机制的指导意见》对现有各类高校招生就业和教务部门职能条块分割的管理框架提出了合理性质疑。针对此问题，本文也开展了问卷调查，结果显示只有18%的高职院校实行了教务处与招生就业处合署办公（见图2.1.1），这就是校本专业动态调整不力的内部治理原因之一。

面对这种教辅部门之间沟通不畅的状况，我们不能因目前大多数高校均如此就认为"存在的是合理的"，也不能只简单地停留在讨论与呼吁层面。因为随着"双高计划"的进一步铺开及高职教育扩招政策的实施，在生源多元化发展的同时，也会遇到随之而来的高水平专业建设、专业人才培养方案

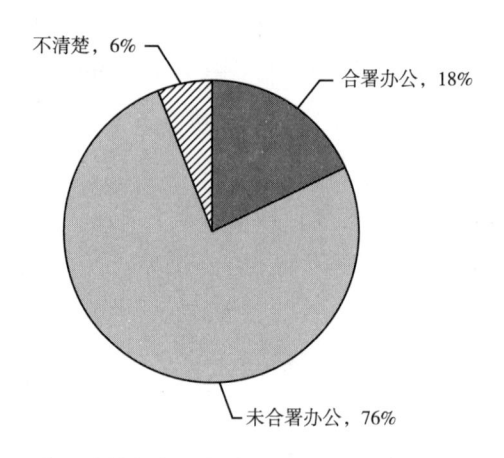

图 2.1.1 高职院校教务处与招生就业处合署办公问卷调查结果

制订、层次化教学、学分银行设置、学生学籍管理、学生综合考核等问题，它们均需要教务处与招生就业处等多部门合作解决，因此，部门之间的融合已经成为一种必然趋势。如果不能拆除多年来高校管理中所形成的部门之间的壁垒，用旧的管理体制来迎接新的教育改革，那无疑是"新瓶装旧酒"，形式大于内容，专业建设乃至院校发展依旧会因为部门间协力不够而问题层层。

同时，在关于"高职院校专业设置决策主体"的问卷调查中，所有被调查者均认为专业设置与招生就业处没有关系，承认教务处决策作用的也仅占11%，认为二级教学单位是主要决策主体的占38%（见图2.1.2），这也再次验证了校内管理部门间统筹管理不足的现实状态，虽然二级教学单位是专业

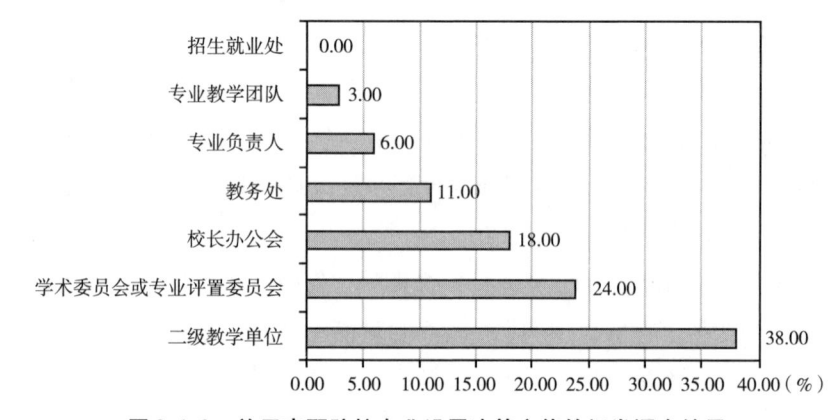

图 2.1.2 关于高职院校专业设置决策主体的问卷调查结果

运行的载体，但完全听由他们决策将会产生认知的本位主义，因为他们都会强调自身专业发展的重要性，而缺乏对学校整体专业布局的把握和考虑，也缺乏对自身专业服务效力的对比和了解，而这些管理的信息源大部分掌握在教务处和招生就业处，因此，只有各部门之间互相沟通、统筹规划，才能建构较合理的专业布局。

（三）"上马容易下马难"，专业动态调整阻力层层

专业动态调整包括宏观上的专业目录变更和微观上的高职院校专业布局调整两个方面。专业目录动态调整可以根据产业发展及国家各种战略需求进行合并、更名、撤销等，虽然作为顶层设计十分重要，但却不涉及具体院校以及教师、学生等人与事的羁绊，执行相对客观和容易。因此高职教育专业动态调整的主要难题在学校，无论是高职院校还是本科院校，大多数情况下专业都是增易减难，如2018年全国高职院校共新设专业点数为3203个，而撤销专业点数为1486个，增数约是减数的2.2倍。其原因主要包含三个方面：一是计划经济体制下长期形成的维稳思想，一旦部门或组织设立，不能轻易裁撤；二是来自二级教学单位领导的阻力，因为根据"权力管理理论"，任何管理者都希望不断增加下属，而不愿意减少下属或取消自己所管辖的部门职权，也不愿意去主动监测或裁撤自己院系内部不达标专业；三是教师、学生、退休人员、校友等利益相关者的阻力，由于专业调整滋生了教师转型、安置等纠纷，也冲击了学生等其他人员对专业的归属感，如中山大学近几年在专业调整中出现了"专业保卫运动"等一系列阻止活动，虽然在2017年原有的126个专业被调整为77个，但各种非议声至今仍未停滞，内部人员因为岗位安置、发展通道变化、甚至失业等问题所形成的心理沟壑依然存留，校本治理体系陷入了情感的窠臼。

第二节 关系领域：制衡不均与供需对接不足

如果说本体领域是生存境遇中非此即彼的母体，那么关系领域则是价值验证的广袤沃土。高职院校的专业布局与政府、产业、区域等多个社会生态位链接，并相互支撑、耦合与共生，各社会生态位对人才质量的要求就是对高职院校专业存在价值的扬弃。

一、高职院校与政府利益博弈导致专业设置部分监管缺位

（一）与"院校评估结论"挂钩的政策导向和专业同质化问题

从 2003 年起开展的教育部首轮人才培养水平评估是当时高职院校发展的风向标，其评价结论的优、良、合格、不合格的等级之分也催生了 2004 年高职高专专业管理办法中对专业设置的界定，《高职高专院校人才培养工作水平评估方案（试行）》明确规定"专业设置范围和年增专业数量等权限应与院校的评估结论挂钩"，此要求预示着高职院校要取得满意的评估结论必须提前按照指标做好相关数据。因此在"优秀"情结的诱导下，许多高职院校为了趋同和攀高，在短时间内盲从应对评估，开始了一场具有固定答案的"应试"热潮，在规划不足的情况下纷纷拓展专业领域，以满足千篇一律、事无巨细的评估指标，结果院校被"去特色化""去区域差异化"；另外，在高职教育发展初期，这种自上而下的、数量主导式的办学水平评估政策，为高职院校管理层的发展理念刻下了深深的烙印，即只有建立"大而全"的专业布局和招生规模才是学校生存发展及走向名校的根基，加之国内优质本科院校基本上都是综合类大学这一现实参照系的影响，促使许多院校纷纷快速增设专业，结果把专业结构办成了"杂货店"或"大排档"，如表 1.2.1 所示，大多数水利高职行业院校基于水利特色设置的专业并不多，各院校专业格局泛化现象严重。

（二）非国控专业备案制背景下专业设置的"公地悲剧"

在非国控专业备案制中，专业实质上只有省、学校两个管理层级，这样容易产生地方保护主义。因为在人才水平评估、国家示范（骨干）校等"竞标赛"中，地方政府多数情况下更在乎区域利益角逐及资源获得，而不会管控高职院校专业的扩容，它们将专业设置的管辖权让渡给学校，和所属学校变成了利益共同体，共同谋求"区域发展大计"（见图 2.2.1），最终酿成了专业设置中的"公地悲剧"（tragedy of the commons）。

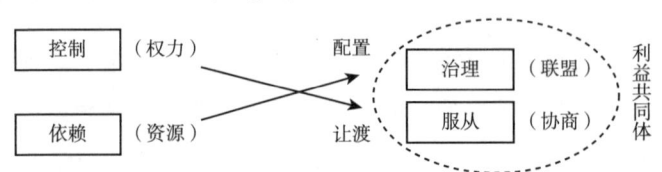

图 2.2.1　地方教育行政部门与高职院校的权力结盟逻辑

所谓专业设置中的"公地悲剧"①，是指高职教育领域如同一块公共牧地，每所高职院校宛如自由的"放牧者"，如果它们都想开设更多易办的专业，那么"公地放牧人"之间谁也没有权力来排斥他人"放牧"，最终所酿成的专业数量过度扩展和同质化恶果则由公共来承担。这种专业设置管理主体责任不清、相互博弈的根源在于缺乏决策责任制。学校设置产能过剩、规模过剩等专业无人问责，育人的社会责任无法界定；政府只履行专业申报备案的行政手续，监管责任不到位。最终不同主体间责任推诿，专业设置申报审查陷入了形式主义怪圈，专业调整成为无人监管的盲区。如2018年全国高职院校新设专业点数最多的专业前10名专业中有6个与2017年的重复（见表2.2.1中黑体字）。

表2.2.1　2017年、2018年全国高职院校新增点数前10名专业一览

序号	2017年	2018年
1	**工业机器人技术**	大数据技术与应用
2	**新能源汽车技术**	**工业机器人技术**
3	**电子商务**	**新能源汽车技术**
4	**空中乘务**	会计
5	高速铁路客运乘务	**空中乘务**
6	学前教育	**电子商务**
7	云计算技术与应用	幼儿发展与健康管理
8	**汽车检测与维修技术**	**汽车检测与维修技术**
9	无人机应用技术	机电一体化技术
10	**会计**	护理

在这些新增数量较高的专业中，如果其与当前新兴产业相对应那当然无可厚非，如"工业机器人"与"新能源汽车技术"等，然而，许多专业并非紧缺专业，甚至可以说是过剩专业，如"会计""电子商务""机电一

---

① 德国生态经济学家加勒特·哈丁（Hardin, G.）认为，每一个人对公地都有使用权，但无权阻止他人使用，因此均倾向于过度使用，最终产生了"以公共利益为代价的个体获利"，从而造成资源枯竭。［德］加勒特·哈丁，戴星翼、张真译．生活在极限之内：生态学、经济和人口禁忌［M］．上海：上海译文出版社，2007.

体化技术""汽车检测与维修技术""工业机器人技术""空中乘务"6个专业同时属于2018年全国布点数前20名的专业（见表2.2.2中的黑体字），布点严重过剩，居然依旧属于增设的热门专业，明知人才的社会容量有限，但专业设置还是有增无减，形成了一种"偏向虎山行"的怪异现象。据统计，2018年全国高职院校会计、会计信息管理专业点数达到了1790个，校均1.3个①；电子商务专业布点数为826，全国约60%的高职院校都开设了此专业，另外，在2018年全国开设数量前10名的专业中，有7个属于办学成本较低的第三产业所对应的专业，虽然"机电一体化技术"属于第二产业，但同质化也较严重，因为在2019年的"双高计划"初次申报中，全国有24所高职院校将该专业群作为优质建设专业群，位居全部申报专业群第一。

表2.2.2　　2018年全国高职院校开设最多的20个专业一览

序号	专业名称	开设院校数
1	会计	**940**
2	电子商务	**826**
3	市场营销	725
4	物流管理	718
5	**机电一体化技术**	**673**
6	旅游管理	671
7	计算机应用基础	624
8	计算机网络技术	631
9	工程造价	609
10	建筑工程技术	555
11	酒店管理	550
12	**汽车检测与维修技术**	**548**
13	电气自动化技术	513
14	软件技术	507

---

① 2019中国高等职业教育质量年度报告［M］.北京：高等教育出版社，2019：24.

续表

序号	专业名称	开设院校数
15	**工业机器人技术**	**497**
16	汽车营销与服务	464
17	数控技术	459
18	物联网应用技术	426
19	环境艺术设计	421
20	**空中乘务**	**369**

注：表中6个黑体专业名既是2017年、2018年全国新增数量前10名的专业，又是2018年全国开设数前20名的专业。

资料来源：高等职业教育专业设置备案网。

通过两组数据比对，再次验证了由于专业设置管理主体责任不清而酿成的公共损失，而这个损失直接承受者是学生，间接承受者是社会，相关管理部门目前似乎没有承担任何责任，高职院校依然具有在公地自由"放牧"的资格，专业布局恶化之势愈演愈烈。

二、部分专业在与产业对接中出现供需错位

"供给"与"需求"是一对基本矛盾，且依附生存。高职院校作为人才培养的供给侧，其主要特点是专业人才培养要紧密对接区域产业经济发展，其存在价值是由区域劳动力市场的需求侧来验证的，而劳动力需求结构又取决于产业结构或技术结构。然而，由于区域教育行政部门与发改委、人力资源管理部门、各行业组织之间没有形成联动的信息统筹及发布，高职院校专业人才培养规模规划具有盲目性，与劳动力市场需求规模之间缺乏概算性预测；专业结构设置具有封闭性，与劳动力市场人才类型结构缺乏对接；专业人才质量缺少外部监测，与劳动力市场岗位人员质量缺乏互认，导致高职教育供给侧与劳动力市场需求侧很难互为表里、协同发展。这也是高职院校在关系领域中，不能及时、准确掌握区域产业发展需求、劳动力市场人才类型结构等，导致专业设置中出现过剩专业（规模错位）、过时专业（产能错位）、缺而未设专业（需求错位）等，未能充分发挥人才供给侧的作用（见图2.2.2）。

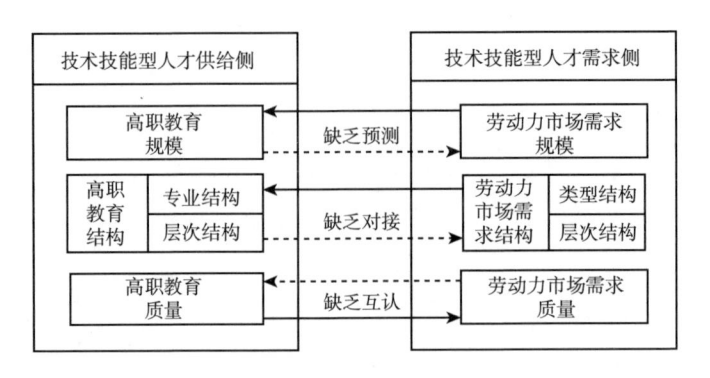

```
┌─────────────────────┐         ┌─────────────────────┐
│  技术技能型人才供给侧  │         │  技术技能型人才需求侧  │
│  ┌──────────┐       │  缺乏预测 │       ┌──────────┐  │
│  │ 高职教育  │◄─────┼─┄┄┄┄┄┄─►│ 劳动力市场需求│  │
│  │   规模    │       │         │       │   规模    │  │
│  └──────────┘       │         │       └──────────┘  │
│  高职  ┌专业结构┐   │  缺乏对接 │  劳动力 ┌类型结构┐ │
│  教育  ├──────┤◄──┼─┄┄┄┄┄┄─►│ 市场需 ├──────┤ │
│  结构  └层次结构┘   │         │  求结构 └层次结构┘ │
│  ┌──────────┐       │  缺乏互认 │       ┌──────────┐  │
│  │ 高职教育  │◄─────┼─┄┄┄┄┄┄─►│ 劳动力市场需求│  │
│  │   质量    │       │         │       │   质量    │  │
│  └──────────┘       │         │       └──────────┘  │
└─────────────────────┘         └─────────────────────┘
```

图 2.2.2　高职院校与劳动力市场供需错配要素[①]

现有区域劳动力市场上出现的一些"结构性失业"和"非公开失业"一定程度体现在高职院校专业结构与劳动力市场人才需求结构的错配上。尤其随着信息时代的到来，新兴产业已经进入了专业化取代人海战术的阶段，岗位技能要求已经由基础性、点状性知识转向分析、策划等综合能力，产业的更新换代倒逼高职院校必须快速调整专业，已达到双方有效对接。

三、部分专业在精准服务区域中存在失位

高职教育专业精准服务区域应该包括超前识变与引领、主动应变与适应两个维度。超前识变与引领就是高职院校应该提前研究和预测区域经济转型发展趋势，超前识别可能产生的新职业、新岗位，深度挖掘部分传统行业向现代新技术领域转变时可能衍生的人才新需求等，提前布局对应专业，以人力资源的超前供给填补区域发展的空白；主动应变与适应就是高职院校在所对应区域或行业产能转型升级时，积极主动调整现有专业布局，精确地为区域发展输送对位人才。然而，目前，在教育管理外部，由于行业在专业目录整体设定和具体高职院校专业设置中的缺位，导致院校超前识变与引领能力不足；在教育管理内部，由于高职教育专业设置的动态调整机制比较宏观，因地制宜、对接区域产业特点的灵活度不够，精准服务区域经济的意识及路

---

① 王全旺. 区域高职教育发展之劳动力市场适切性探究 [M]. 北京：人民日报出版社，2015：24.（注：在原图上有所改动）.

径不清；同时由于地方政府与高职院校均没有清楚地定位高职教育在区域经济中的服务职能，忽略了专业设置与当地产业的匹配度，以及专业招生规模与人力市场求人倍率的契合度等，因而影响了专业服务区域的精准性；省教育厅与教育考试院之间没有很好地对接专业发展信息，没有指引和调控规模过剩专业和紧缺专业的招生规模，教育考试院只管控每个学校的招生总数，至于学校开设什么专业、哪些专业招生、招生规模大小等任由高职院校自由分配，而高职院校由于缺乏对区域内专业人才整体供需情况的掌控，所以招生决策的盲目性高，导致部分人才无效供给、错位供给，远离了服务区域经济的宗旨。

第三节 动力领域：政策推力与智库构建不足

动力是发展与改革能量的来源。高职教育专业设置、发展及调整方面的动力首先来源于政策推力，其次来源于智库求真悦学、转学为治的魄力，只有二者兼而有之，才能打通专业设置管理的"任督二脉"，然而，目前的此方面的政策指引和研究表征均沉淀不足，动力体系的建构任重道远。

一、助推专业布局统筹管理的相关政策相形见绌

与本科教育的专业设置管理机制相比，高职教育无论是在政策调控还是教育研究方面，均相差甚远。本科在专业设置政策方面，1954年国家颁布了《高等学校专业分类设置（草案）》，把高校专业分为11大类，40小类，257种专业，接着在1963年、1987年、1993年、1998年、2012年做了5次大的调整，2012年将专业大类增至12个，专业类增至92个，设有506种专业，其中基本专业352种，特设专业154种。在教育部的宏观引导下，各本科院校也在不同时期对其学科专业进行了适时调整，尤其在"双一流"院校建设浪潮中，部分院校开始重新规划和调整专业布局。如2017年中山大学将126个本科专业调整为77个；2018年，有5所本科院校撤销了10个以上专业，如中国传媒大学、东华理工大学长江学院撤销15个专业；江西已有28所高校主动调整专业布局，合计砍掉200多个专业点；山西按照院校

专业的 15% ~ 20% 指标调整，总削减专业点 200 个以上。① 从总体趋势来看，2014 ~ 2018 年本科院校专业退出力度日益加大，势头强劲，尤其在 2018 年数量陡增，共退出了 416 个专业，是 2014 年的 6 倍之多，可见在"双一流"建设背景下，本科院校已把专业规划调整放到了院校发展的重要地位，为"双万计划"的顺利实施谋篇布局（见图 2.3.1）。

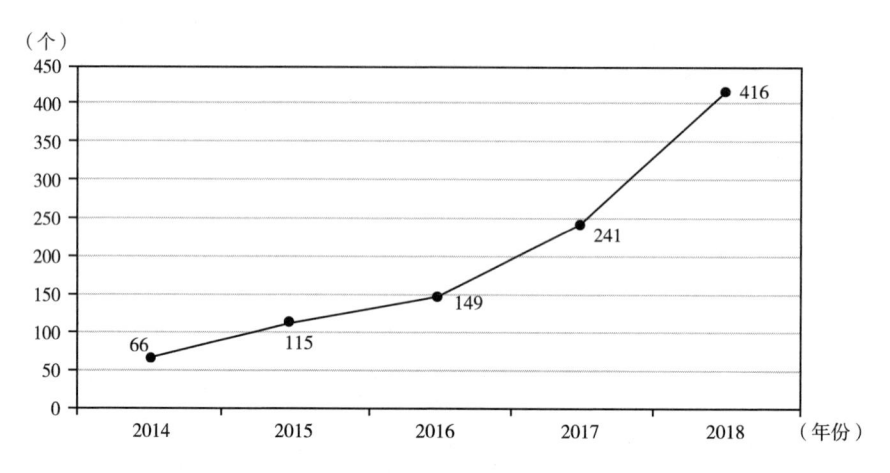

图 2.3.1　2014 ~ 2018 年本科院校专业退出总数变化

资料来源：教育部各年度《普通高等学校本科专业备案与审批结果》统计。

再对比一下高职教育专业设置的管理政策，2004 年、2015 年只颁布了两次专业目录及设置管理办法，执行细则不够明朗，专业动态调整政策还不完善，2020 年开始实施的第三轮专业目录修制还未完成；虽然自 2015 年实施的高职院校诊改，把专业诊断与改进作为其中的一部分，经过近 3 年的试点，2019 年已经有三个省份的部分试点院校完成了诊改的复核工作，但整体推动力度不足，效果不佳，争议不断，阻力层层，认可度和普及性还有待进一步提升。形成此状况的主要原因在于：第一，许多高职院校领导对诊改的现实意义还未完全认知和领会，大多数院校还未完全将其纳入学校的顶层设计之中，因此推动力不强；第二，诊改工作过分依赖现代信息技术平台，虽然现代信息技术具有易存储、可监测、便移动等优势，受到管理者的普遍青睐，

---

① 老师业余、就业一般，高校注水专业为什么还在办？[EB/OL]. http：//edu. people. com. cn/n1/2018/1204/c1053 - 30440776. html，2018 - 12 - 4/2019 - 2 - 9.

但过高的开发或购置成本导致许多高职院校捉襟见肘，加之目前市场上相关公司快速开发的诊改平台，由于缺乏教育理念指导，技术的单向度倾向明显，强行购置后也需要因校制宜进行相关模块改造；第三，从诊改的初衷分析，基于大数据技术开展学校专业、课程等诊断及动态改进，具有数据跟踪对比、发展证据留存等作用，但由于诊改平台不能与学校原有的其他数据系统融合，系统之间"信息孤岛"林立，相互间不可导入或复制，如果启用诊改数据平台，就需要重新填入许多原始资料，如专业的人才培养目标、服务面向、教师、实训场所、校企合作等各种资源，以及所对应的所有课程目标及开设信息等，因教师在填写"教育部人才培养状态数据"时已经花了很大气力，如果再次填写相类似的平台将会重复工作，严重者怨声载道，影响校园和谐。所以，许多高职院校均在权衡诊改工作的现实利弊，踌躇不前，导致专业诊断与改进等美好教育改革理想仍处于悬垂之状。

因此，高职教育的专业诊断与改进需要适宜高职院校现状的、实践操作性强的政策来推动，不能只囿于教育内部"就教育言教育"，应该协同行业协会等共同发力，引导相关院校开展科学的、有特色的专业规划与调整，如国家电网公司对其系统下的武汉电力职业技术学院、西安电力高等专科学校等院校的专业布局进行了明确规定，要求学校必须聚集所有资源开设电力等能源类专业。经过近3年的改革，截至2019年，相关院校将原来近30个专业调整为10个以下，专业设置与学校发展定位基本一致，学校不仅可以聚合所有的资源开展全日制育人，而且也承担了大量的电力系统员工培训，为学校精准服务行业和走特色化发展之路奠定了基础。

二、助推专业设置与动态调整的相关智库寥若晨星

在教育研究方面，1952年已经有了研究本科专业设置的文献，到1998年已经有437篇相关论文研究。而此时高职院校才开始建校，直到2004年高职教育专业设置的第一次指导目录颁布后，有关专业设置的相关研究才刚刚起步；2015年第二次指导目录颁布后，专业动态调整才开始受到关注，但过少的研究未能起到助力政策发展的智库作用。其主要原因有三：第一，高职教育短时期内发展过快，高职院校的管理人员忙于各种日常事务，还未能有意识地去研究专业设置政策，大多数人都秉持着遇见－浏览－遗忘的模式，

很难沉淀下来分析与研究。在问卷调查中,针对"您是否了解高职教育专业设置目录及管理办法?"一题,只有22%的参与者表示"非常了解",19%的参与者表示纯粹"不知情",剩下的41%的参与者处于好像"听说过"的迷茫状态之中;在一对一单独发放问卷的过程中,也有许多同行告知因纯粹不了解此管理办法而无法填写问卷,有12位参与者与笔者就问卷内容进行了认真沟通(包括1位校长),表示将会查阅和学习问卷中所提到的相关政策后再予以作答。这一方面表明了现有的高职教育专业设置管理政策推力弱、覆盖面小、普及率低;另一方面表明高职教育专业设置方面的研究群体薄弱,团队建设任重道远。

第二,关于高职教育专业发展方面的研究目前还没有形成专门阵营,现实语境下的探索性研究不足,细化到专业设置方面的纯粹性研究就更加凤毛麟角。从研究主体来看,第一类研究主体即基于学术抽象的"旁观者"越来越多,他们大多数是普通高校,或者教育研究机构的专门教育研究人员,具有较强的学术洞察力和研究功底,鉴于其所处平台的优越性,因此研究成果经常是政府政策决策的参考依据,但由于他们缺乏高职教育体系中的具体实践经验,部分研究成果具有理论悬浮及语义泛化之嫌;第二类研究主体是教育行政部门人员,他们了解教育决策原理,掌握高职教育发展的相关数据及资料,因此能够较为具体地从事教育研究,但由于工作环境所带来的本位主义,使得他们的研究基本上用政策解读来代替学理研究,行政指导性较强,原理及规律研究方面有所欠缺;第三类研究主体是高职教育的"原住民",即高职院校的教育研究人员与教师,他们寓于高职教育的第一线,有更多的真实体验和话语权,然而目前不是每所高职院校都设有区域教育与产业研究中心或高职研究所,即使有常设机构,人员也是东拼西凑或多点兼职,大多数人员陷入了机关行政事务的藩篱,专门从事教育研究的时间相对较少。那么,从理论上说,教师长期从事专业建设和教学等工作,应该洞悉人才培养过程中的各种问题,是研究的主力军,然而,在实践中,高职院校的教师周学时基本在12学时以上,有甚者达到近30学时,还要承担指导学生竞赛等其他任务,能保持精力开展高职教育研究的人员屈指可数。在专业设置方面,专业负责人应该是最有话语权的潜在研究者,然而许多高职院校的专业负责人额定教学工作量与普通教师一样,除此之外,他们还要从事专业调研、人才培养方案制订和实验室建设等，实践环境不允许其开展过多教育研究，另外，他们对教育理论及高职教育发展动态掌握不足也是其不能从事深入研究的短板。总之，不管研究主体是高职教育的"旁观者""原住民"还是介于两者之间的高职教育行政管理人员，均在努力探索高职教育发展规律，为其良性发展提供智力支持，但鉴于研究起步晚和被关注度不够高等多种原因，目前还没有形成稳定的、有特色的高职教育研究阵营，尤其在专业设置方面可参考的研究成果还有待进一步积累。

第三，国家级、省级专业教育教学指导委员会（简称教指委）作为研究、咨询、指导、评估的教育智库，大多数却处于松散管理状态，委员们嵌入在不同单位，很难集中在一起对所处区域的对应专业进行全面分析。在问卷调查中，只有23%的参与者认为自己所在省的省级专业教指委对所有专业运行有过指导（见图2.3.2）。

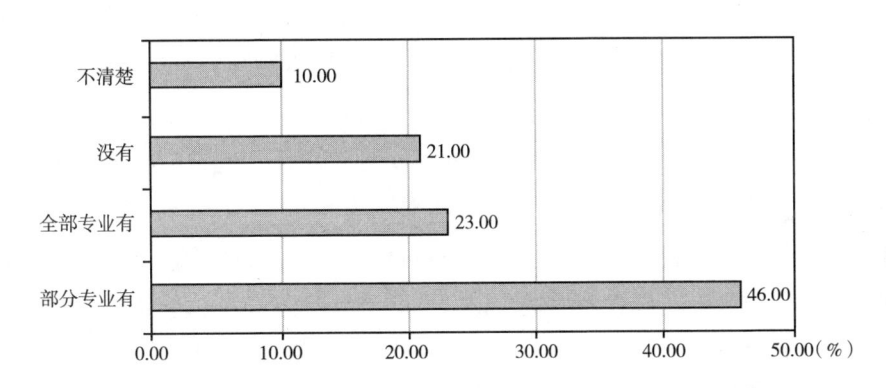

类别	百分比
不清楚	10.00
没有	21.00
全部专业有	23.00
部分专业有	46.00

图2.3.2 关于省级专业教指委指导专业发展的调查问卷结果

但笔者作为省级教指委委员，和自己所在委员会几乎没有履行过此职责；笔者所属的学校多数专业发展也未接受过省级教指委的指导或评估。许多教指委没有详细的工作计划，以年会代替具体工作任务，且会期短、实效低，委员之间合作较少，更没有将专业设置的论证、评估等作为委员会的主要工作，其智库作用发挥极其不足。当然这一方面与省级教育行政部门对教指委的管理及重视程度密不可分；另一方面，从管理学基本理论分析，教指委属于"委员会制"的组织架构形式，相对比"直线职能制""事业部制""矩阵制"等其他形式，其缺点在于权力职能弱，人员组成比较松散，责任不清，决策速度慢，决策结果容易产生折中现象等。

对比同一时期的本科教育，虽然其从1954年就开始了专业设置工作，根基深厚，铺垫扎实，但今日对专业设置问题的重视程度却只增不减。2018年，教育部首次成立了全国"高等学校专业设置与教学指导委员会"，位列111个专业教指委首席，是唯一一个综合类教指委，主任委员由教育部前副部长林蕙青担任，可见政府已将专业设置提到了教育教学的战略性地位。2019年6月教育部高教司吴岩司长在专业设置与教学教指委首次大会上提出专业设置要把握"超前识变、积极应变、主动求变"策略，要应用"四个着力、三个导向"来解决目前我国高校专业设置中所出现的问题。所谓"四个着力"是指加大气力对现有专业布局中的问题进行克服与解决，即着力解决专业设置与社会、经济和创新的脱节问题；着力解决专业育人与产教融合、校地结合不畅等问题；着力解决专业对社会经济发展支撑度不足问题；着力解决专业引领经济社会发展与改革力度不够问题。"三个导向"是对专业设置原则的预期和界定，即专业设置的社会需求导向性原则；专业建设的质量标准导向性原则；和专业调整的特色导向性原则。"四个着力、三个导向"以规约的形式将专业设置－建设－调整几个环节串联了起来，为系统化地专业布局优化发展指明了方向。至此，本科教育借着"双万计划"实施的东风，掀起了基于专业设置调整的"质量革命"热潮。高职教育也期待相类似的高端智库作为专业设置的战略参谋队、咨询队和指导队，创新教育基本理论，研习教育外部需求，指导专业发展实践，以"智慧高地"来推动高职院校专业育人质量的提升。

本章小结

本章对我国现行的高职教育专业设置管理机制所存在问题进行了缘由剖析，认为专业设置管理机制运行失当并非单纯的专业管理部门问题，它涉及高职教育本体领域、关系领域和动力领域的责任、权力、利益等深层次博弈。

首先，由于高职教育的本体承载基础与自组织力不足，导致高职院校专业发展主体意识淡薄、专业设置难以自我操持、专业动态调整事倍功半；其次，由于高职教育关系领域的制衡不均与供需对接不足，导致高职院校专业设置过程监管缺位、在与产业对接中供需错位、在精准服务区域时角色失位，甚至在非国控专业设置中出现了"公地悲剧"，造成专业布局与政府、产业、区域等多个社会生态位之间相互支撑、耦合与共生的关系尚未完全建立；最后，由于高职教育专业设置动力领域的政策推力与智库构建不足，助推专业布局优化的相关政策相形见绌，助推专业设置与调整的相关智库寥若晨星，造成政策指引和研究表征均沉淀不够，机制运行事与愿违，效果悬垂。

  总之，本部分以历史追寻、政策分析、问卷调查、文献统计、部分专业增设数量列举与对比等多种途径诠释了高职教育专业设置管理机制运行失当的原因，所采用的洞悉因果、直面现状的分析策略为本书后续建立较为周详的解决方案做好了铺垫。

| 第三章 |

融合与迁移：高职教育专业设置的经验镜鉴

学习与借鉴是来自研究焦虑的驱动，也是自我生存中博采众长之需要。康拉德·H. 雅奥施（Jarausch K. H. , 1983）也曾道："人们在对高等教育的现实问题进行争论时，往往忽略了历史和比较的思维角度。因此对历史的客观考察与他国经验的透彻比较，往往能够帮助人们更加清醒地认识到当前变革的实质，找到解决问题的思路"①。故寻求本国历史以融合古今视野、比较国际经验以迁移创新是本研究的必经之路。

第一节 中国职业教育专业设置范式的历史追踪

"以古为镜，可以知兴替。"职业教育的专业发展是一个累积的过程，研究其发展历史宛如重构一个教育乃至社会文化发展的编年史。追踪每个历史时期职业教育的发展，均能够呈现出其盛行时代的历史整体性，也能够捕捉到在历史框架中其与社会紧密结合的内在一致性，或者说适合自我发展的时代范式。从历史视阈中寻求教育的现代价值不仅是一种情怀，也是研究的一种策略。中国虽为技术"后发外生型国家"，但在文化育人方面却有着独特的坚固底色，其源头、流势及赓续基因均能够为当下中国文化式微的焦虑燃起新的希望，也可以为职业教育的体系型构过滤出古典智慧。"以史为鉴，可知兴替"，当然，对历史的考量必须强调"时间－背景"框架。建构主义认为"事实"和"价值观"是相互依存的，"事实"除非在一些价值框架

---

① Jarausch K. H. （ed.）: The Transformation of Higher Learning 1860 – 1930: Expansion Diversification, Social Opening, and Professionalization in England, Germany, Russia, and the United States [M]. Chicago: The University of Chicago Press, 1983: 7.

中，否则毫无意义。① 因此，秉持"事实"和"价值观"相互作用的认识论是对我国高职教育专业设置发展历史研究的基本态度，因为职业教育具有社会嵌入性特征，需要在一个迂回的生产体系框架内得到确认，只要一个历史时期的职业教育专业发展具备以下三个层面的特征，那么其就具有符合特定时代的运行范式。第一，专业产生或存在隐含着该时代的教育价值观、人才发展观及对公共权力捍卫的态度；第二，专业人才培养满足了该时代相关制度政策、经济发展、劳动力市场等的期望；第三，专业的成长暗含或显现了某种技术框架、程序方法或执行路线等。

中国虽为技术"后发外生型国家"，但原始社会的"设官教民"、奴隶社会的"四民分业"、封建社会的"分业定数"（南北朝）、"职业户计制度"（元朝）和"分斋教学"（清朝）等分专业育人的文化传承模式，依然可以为当代高职教育专业的体系型构过滤出古典智慧。尤其在1840年鸦片战争至1949年中华人民共和国成立的100年间，中国原有的中央集权制受到了外域政治、贸易、文化的各种挑战，西方"新学"对清代官学的冲击，促使封建知识分子发出了"经世致用""实业救国"等呼声，这种萌动的改革环境为近代职业教育的诞生与发展提供了契机和土壤。这一时期所倡导的"西学东渐""明体达用"理念指导了职业教育的专业发展，其无论在政策上还是方法上对今天的高职教育均具有较强的迁移作用。

一、原始社会的教育萌芽：职业教育专业发展的前范式时期

职业教育的萌芽和发展与人类历史的分工如影相随，法国社会学家埃米尔·涂尔干（Émile Durkheim）认为"社会容量和社会密度是分工变化的直接原因，在社会发展的过程中，分工之所以能够不断进步，是因为社会密度的恒定增加和社会容量的普遍扩大。"② 人类历史上出现的六次大分工（一次自然分工和五次社会分工）催生了新的职业及职业教育专业的诞生。

---

① ［美］埃贡·G. 古贝，伊冯娜·S. 林肯. 第四代评估［M］. 秦霖，蒋燕玲等译. 北京：中国人民大学出版社，2008：69.

② ［法］埃米尔·涂尔干. 社会分工论［M］. 渠东译. 北京：生活·读书·新知三联出版社，2000：219.

从原始社会人类的"食草木之食，鸟兽之肉，饮其血，茹其毛"（《礼记·礼运》）到海水制盐、钻木取火、石器磨制等，伴随着社会分工劳动教育开始。著名教育家杨贤江先生认为："教育的发生根植于当时当地的人民实际生活的需要，是社会所需要的劳动领域之一。"[①] 第一次社会大分工后，生产经济与攫取经济逐渐分离，原始农业及相对应的教育出现，骨器、陶器、石器、木器等各种农业工具的发明使得原始农业进入"刀耕火种"模式，口耳相传的氏族教育及教民农作的设官农师相继产生，《周易·系辞》记载："神农氏制耒耜，教民农作"，即农学专业教育开始萌芽。第二次社会大分工后，畜牧业脱离农业，猪、牛、羊等家畜驯养及狩猎捕鱼等社会劳动开始，木矛、弓箭、石球等工具相继出现，《淮南子·本经训》中述"拘兽以为畜"，《尸子》曰"伏羲之世、天下多兽，故教民以猎"，即畜牧及养殖专业教育开始萌芽。第三次社会大分工后，手工业从农业中分离，纺织、冶铜、制陶、建筑等工艺生产开始，如半坡遗址中的黑陶器、仰韶文化中的铜制品及河姆渡遗址的干栏式建筑等，即手工业专业教育开始萌芽。到了第四次分工后，脑力劳动与体力劳动分离，以从事巫术为主体的"文化人"技术教育开始，占卜、天文、历法、医学等相继出现，从事专门教育的文化公职人员诞生，《尚书·舜典》曰"命汝典乐，教胄子"，即天文等专业教育开始萌芽。第五次社会大分工后，商业、庖厨等开始成为一种专门的职业，我国历史上第一位职业厨师彭祖诞生。

纵观原始社会的职业教育，其寓于生产与生活母体中，紧随五次社会大分工，出现了职业分化，专业教育开始萌芽，同时也出现了"设官教民"等职官制度，以及成均之学、虞庠之学、明堂等专门学校，这些学校主要以乐教为主，以血缘关系的"家学"传递为主要教育途径。

二、奴隶社会的"四民分业"：职业教育专业大类初步形成

随着奴隶社会生产资料的两极分化，社会分层和职业分类的需求日益显现。此时管仲提出的"四民分业"，不仅是一次政治、经济制度的改革，同时也促进了军事、民事、手工业及商业教育的发展，是我国职业教育专业分

---

① 杨贤江教育文集 [D]. 北京：教育科学出版社，1982：413 - 414.

类的源流。所谓"四民分业",《春秋穀梁传·成公元年》中如此记载:"上古者有四民,有士民、有商民、有农民、有工民。""四民分业"首先利用"三其国而五其鄙",实施"职业为氏,行业族居"的四民定居政策,不仅解决了行政管理问题,也使同一行业人同处,切磋技术经验,营造交流合作的职业发展环境。其次,"四民分业"促使专门的职业教育初步形成,"士"包括文士和武士教育,管仲的《小匡》篇曰:"令夫士,群萃而州处。闲燕则父与父言义,子与子言孝,其事君者言敬,长者言爱,幼者言弟。"也就是文士教育主要讲道德礼法,其职业目标是专职官员。军士教育包括爱国教育和军事训练,如《幼官》篇提出军士要做到"动俱十号,明审九章,饰习九器,善习五教,谨修三官"。①"农",是指农业,是四业之本。当时随着农作物的不断丰富,农业已经进入了细化分工模式,有"兽人、鳖人、牧人、牛人、囿人"等十几种农牧业专职人员,官府层面的农官技术推广和家庭层面的世代传承是当时农业教育的主要方式。"工"是指手工业,商朝时手工业已相当发达,《尚书·康诰》曰,商有"百工",而且分工细化,"凡攻木之工七,攻金之工六,攻皮之工五,设色之工五,刮摩之工五,传值之工二"。他们通过"工商食官"政策,专职工作,官府的手工业艺徒制和"箕裘相继"的家传是当时手工业教育的主要方式。"商"是指商业,"农本商末",当时的商业发展主要以商品交换为主,也有海贝、铜贝、锡贝等流行的货币,"工商食官"政策促使行商和处贾均有专职自由人员,并有明确的分工,《司市》称"通物曰商,居卖物曰贾",也就是今天的商贸与贩卖之间的分工。

在"四民分业"专业大类划分的基础上,当时的课程体系主要以"六艺"为核心,所谓"六艺,一曰五礼,二曰六乐,三曰五射,四曰五驭,五曰六书,六曰九数"(《周礼·保氏》)。这也为后来宋代胡瑗的"胡苏教法"和清代颜元倡导六艺、主张实学奠定了基础。

纵观奴隶社会的职业教育发展,其已经有了适合时代发展的专业分工范式,从范式运行的时间-背景框架来看,当时阶级社会的等级制度及社会生产资料剩余的现状成为专业细化的社会条件;从范式运行的制度来看,"工商食官"和"技术官守"的职业管理制度保障了职业专门化发展,这种行政

---

① 刘学良. 我国古代职业教育发源考证 [J]. 时代文学, 2006 (4): 103-105.

权力掌控与统管社会行业的方式,与今天国家行政部门对各行各业的统一管理具有相似之处;从专业教育的运行模式来看,"畴官"作为掌握实用技术的职官,通过"宦学事师"和"畴官世学"技术传承模式,达到了"官私并守"的人才培养,① 与今天的官方学校教育与民间的学徒制教育具有相似之处。因此,奴隶社会的"四民分业"制度是我国职业教育专业设置制度化的开始。

三、封建社会的"明体达用":职业教育专业类属逐步细化

我国封建社会王朝更替频繁,历史阶梯漫长。这一时期中国的文化教育及部分技术基本上处于世界前列,社会的繁荣加速了职业教育的发展,反过来,职业教育的发展也促成了社会的鼎盛繁荣。这一阶段促进职业教育专业发展的主要标志事件有汉朝的鸿都门学诞生,魏晋南北朝的"九品人才论""分业定数"制度,唐朝的实科学校及宋、清时期的"分斋教学",元朝的"职业户计制度"等。

职业学校的诞生是职业教育发展的关键。东汉汉灵帝时期创立的鸿都门学是中国历史上第一所职业学校,学校主要以文学、艺术作为教学内容。这一时期虽然没有专门的专业设置,但专业性较强的教材相继出现,如医学类的《伤寒杂病论》、农业种植类的《氾胜之书》、农业养殖类的《四民月令》、商业类的《货殖列传》等。

魏晋南北朝时期,书学、算学、律学、医学、麟趾学(北周学校名,是美术教育专门学校)等专科教育兴起,职业教育专业设置朝向细化发展,同一时期傅玄的"九品人才论"及"分业定数",为专业设置中需秉承的多元人才观和职业规范奠定了基础。所谓"九品人才论",《长短经·量才》道:"凡品才有九:一曰德行,以立道本;二曰理才,以研事机;三曰政才,以经治体;四曰学才,以综典文;五曰武才,以御军旅;六曰农才,以教耕稼;七曰工才,以作器用;八曰商才,以兴国利;九曰辨才,以长讽议:此量才者也。""九品人才论"突破了汉代以来儒学选才的单一标准,推动专业教育向多元化发展,与美国心理学家加德纳(Howard Gardner)1983年提出的

---

① 路宝利. 中国古代职业教育史[M]. 北京:经济科学出版社,2011:26.

"多元智能理论"相媲美。"分业定数"对行业、人群进行了职业分类,并进行了职业规范要求。《安民》篇曰:"分其业而壹其事。业分则不相乱,事壹则各尽其力,而不相乱,则民必安矣。"

唐朝在职官体系下六学一馆,即国子学、太学、四门学、书学、算学和律学,同时设立了兽医(太仆寺)、巫师(太卜署)、音乐(太乐署)、药园、内宫技术(掖庭局)等专门实科学校,且开始制定独立的教育管理体制,国家统一颁布实科教材,开始实施学制安排、分科教学及选课制度,专门学校制度一直沿用到清末新教育运动之前。①

宋朝的"三次兴学"(庆历兴学、熙宁兴学、崇宁兴学)及官方的"三馆"设立(昭文馆、史馆、集贤馆),促进了国子监与职能局共同办学的繁荣局面,专业设置在前朝的基础上增加了武学;同时手工业的发展催生了许多专著出现,如喻皓的《木经》、李诫的《营造法式》、蒋祈的《陶记》、沈括的《梦溪笔谈》等;商业发展萌生了"牙人"职业,即撮合成交的经纪人,② 相当于今天的中介,"牙行"组织应运而生;为了满足国外商人在港口的生活,设立"蕃士",举办"蕃学",作为外商子女接受教育的专门机构。宋朝推动职业教育专业分类最著名改革的是北宋胡瑗的"分斋教学",为了"明体达用",将学校分为"经义"与"治事"两斋,与今天的人文社科、自然科学学科分类有相似之处。"经义"斋主要培养管理人员,"治事"斋分为治民、堰水、历算、讲武等。

元朝在重农、重工、重商的"三重"政策下实施"职业户计制度",按照职业将百姓分为民户、军户、站户、盐户、匠户等,职业分类日益细化,此时的"社学"作为农村的基层组织,是农桑与教化的统一体,且开始了分专业置学。

明代由于"重农抑商",小农经济发展到了顶峰,徐光启的《农政全书》、宋应星的《天工开物》推动农业和手工业职业技能精细繁丰、社学深度发展,使得府、州、县不同层次的职业教育相得益彰。武学、医学、阴阳学等专门学校人才培养制度日益完善,尤其在医学教育方面,随着李时珍的

---

① 孙培青. 中国教育史[M]. 上海:华东师范大学出版社,1992:273-277.
② 路宝利. 中国古代职业教育史[M]. 北京:经济科学出版社,2011:233.

《本草纲目》问世，太医院作为官方最高教育机构，分科专攻严谨，已经具有接骨、妇人、针灸、伤寒、大方脉等13个专业门类。为了更方便国与国之间的贸易交流，明代增加了外语专科学校（四夷馆），外语专业设置开始。随着明朝末期的西学东渐，西方历算、测量等专业开始兴起。

鸦片战争前的清朝职业教育在官学方面设置了天文历法、算学、农学、医学等专门学校，培养专门化人才；在行业教育方面，主要依托行业会馆和工匠会馆学徒制教学，商业学徒制也逐渐兴起。此时，专业设置比较完备，如颜元以"百职"专门人才为理念，主持漳南书院"六斋"（文事、武备、艺能、经史、理学、贴括），且分斋教习。与当代的学科专业分类基本相似，只是某些产业在当时历史条件下还没有产生，因此在专业门类中与今日相比有一定的数目差距而已。但"六斋"以"真学"开创的实业教育，分科设教，为今日的高职专业设置制度走向"格物致知"有一定的启发意义。漳南书院的"六斋"分法主要如下（见表3.1.1）。

表3.1.1　　　　　　　清代颜元的"六斋"教学一览[①]

序号	斋（专业大类）	科类（专业）
1	文事斋	礼，乐，书，数，天文，地理等
2	武备斋	黄帝，太公，孙、吴五子兵法，攻守、营阵、陆水诸战法，射御，技击等
3	经史斋	《十三经》，历代史，诰制，章奏，诗文等
4	艺能斋	水学，火学，工学，象数等
5	理学斋	静坐，编著，程、朱、陆、王之学
6	贴括斋	八股举业

纵观封建社会我国职业教育专业的发展历程，应用"事实"和"价值观"相互作用的认识论来评判，每个朝代的专业发展及人才培养都有自己独特的范式，都能够在当时的生产体系框架内得到确认。这一时期专业设置以"明体达用"为主要特征，在理念上做到"格物致知"，追求"形而下"的实践教育；在人才观方面，走向了"九品人才论"等多元多维观；在职业分类方面，"分业定数""职业户计制度"等制度使得行业进一步专门化。这些因素均促进了职业教育紧密嵌入社会，专门学校体制和专业设置制度也相互

---

① 颜元. 颜元集 [D]. 北京：中华书局，1987：413.

保障，专业运行范式基本以社会需求为行动纲领，具有时代的合理性。但明朝严酷的"重农抑商"国策以及政治上君权与相权统一，集权专政使得职业教育专业发展的自觉之路受到限制，我国的封建社会至此开始走向没落。通过综合与借鉴封建社会不同时期职业教育的发展，我们得出了启悟性智慧，即基于社会需求的自觉发展之路是高职教育专业设置的必然选择。

四、晚清时期的"西学东渐"：高等职业教育专业科类中西融合

中国近代高等职业教育发展始于实业教育。关于实业教育与职业教育的关系论断，著名教育家黄炎培认为"实业教育与职业教育，二者皆以解决生计问题为目的，然其范围不同。实业教育之高焉者，高等专门实业亦属之；其下焉，仅为失业预备者亦属之。"① 他认为实业教育（industries education），仅限于工业教育，是专注于农、工、商的专长教育；而职业教育（vocational education），范围较实业教育广，学成者可直接谋生。由此可解为：实业教育具有专门性、实用性特点；而职业教育具有宽泛性、实用性特点，二者皆为个人谋生奠定基础。只是实业教育更强调在某个特定时期，以谋国家之发展而带动个体之生存，具有明确的集体主义和功利主义色彩；而职业教育则是任何历史时期个体为生存所接受的、与就业相关的教育，因此，从广义上讲，实业教育包含于职业教育之中，实业教育就是职业教育。

（一）专业设置的理论基础："生利分利"

"生利分利"观点来自梁启超的维新改良主义教育思想，他认为："生计届之竞争，是今日地球上最大的问题也。各国所以亡我者在此，我国之所以争自存者亦当在此。"② 因此，发展生计教育，必须将"生利"与"分利"作为衡量民业价值的标准。所谓生利，即生产劳动；所谓分利，则包括"不劳力而分利"和"劳力而仍分利"两种。③ 根据对生利者与分利者的两种类型细分，他认为从事农、工职业之人属于直接生利者，从事商业、军事、政治和教育之类职业的人属于间接生利者；行乞、行盗及部分做官者等属于不

---

① 中华职业教育社. 黄炎培教育文选［C］. 上海：上海教育出版社，1985：58.
② 李华兴，吕嘉勋. 梁启超选集［C］. 上海：上海人民出版社，1984：243.
③ 王延涛. 论梁启超的经济思想［J］. 辽宁大学学报（哲学社科版），2001（5）：91-96.

劳力而分利之人，从事婢、妓者等属于劳力而分利之人。在此基础上，梁启超以劳动价值论对国民职业分工进行了价值评定与细化分类，认为中国当时之境况，应该多生利、少分利，应该开展制造、铁路、开矿和经商等用于兴利的实业教育及女子实业教育，这也成为近代实业教育设立的原则和专业设置的理论基础。其所编写的《教育制度表》中，将实业教育嵌入各种简易实业学校和各种高等实业学校，各学校的专业设置根据"生利"与"分利"职业价值为基本原则，重点培养生利之人，以兴国力。

（二）专业教育的价值观："三育救国"

严复认为，实业教育是专门教育，是利国的教育，其重点应放在汽电机器、铁路、兵器等工、冶技术方面。只有改造国民性才能救亡图存，标本兼治。国民性强弱标准有三："一曰血气体力之强，二曰聪明智虑之强，三曰德行仁义之强"，因此开展实业教育的基本价值在于"鼓民力""开民智""新民德"。实业教育人才的质量标准是培养"心力兼劳""学问智识""心济天下"之才，实业教育的内容应该倡导实学，废八股等选才途径，达到充"生利之民力"。严复的"三育救国"论较系统地将社会产业、实业教育结构和育人标准结合起来，推动了当时实业教育专业设置"西学东渐"框架的形成。

（三）专业设置的"西学东渐"框架

当时的专业设置框架相当于今日之专业设置目录。由于受长期以来科举制度的束缚，清末专业教育的萌芽属于"西学东渐"、创新发展类型。此时没有统一的国家制度，主要靠洋务运动与维新运动的倡导者来探索与实践。

1. 郑观应的"三学"专业细化分类

郑观应在《盛世危言》中提出西方国家"士有格致之学，工有制造之学，农有种植之学，商有商务之学，无事不学，无人不学"①。他认为西学均是实学，主要包括"天学""地学""人学"三个大类②（见表3.1.2）。郑观应认为西学实用性强，因此仿效西方用实用之学充实专业科类，但在专业框架设置上却以儒家的"三才"即天、地、人为依据，未能完全跳出中国传统文化的藩篱。一方面也许以"三才"贯名"三学"可以提高社会对西学的

---

① 郑观应. 盛世危言[M]. 郑州：中州古籍出版社，1998：297.
② 谢长法. 中国职业教育史[M]. 太原：山西教育出版社，2011：9.

普遍接受度；另一方面也许在当时的时代背景下，提出者本人由于受传统文化的影响，意识中还未树立起新的认知框架。但无论如何，"三学"专业分类框架的提出已颇具专业分类的雏形，为我国专业设置的"西学东渐"开辟了道路。

表 3.1.2　　　　　　郑观应的"三学"专业分类框架

序号	专业大类	科　　类
1	天学	天文、算法、历法、电学、光学等
2	地学	地舆、经纬、测量、车舟、种植、兵阵等
3	人学	政教、方言文学、食货、刑法、制造、工业技术、商贸等

2. 张之洞的"中学为体、西学为用"专业架构

1898 年，张之洞刊印了《劝学篇》，对洋务运动中的实业教育提出了基本方针，即"中学为体、西学为用"。他将《劝学篇》分为内外篇，其中内篇是"中学"，用途是务本、以正人心，共包括"同心"等 9 篇，所对应的专业大概有经学等 4 个。内篇主要传承中国传统文化，教化纲常、规则及品德，相当于当下的思想政治课；外篇为西学，用途是务通、以开风气，共包含"益智"等 15 篇，具体专业分为西政和西艺两类，其中西政类似于现在的社会科学，有 8 种，西艺类相当于现在的自然科学，有 8 种（见表 3.1.3）。此专业框架没有把中学与西学进行融合，认为中学是守护中国国家管理政体和纲常的根本，西学是服务国家正常运行和发展繁荣的手段，因此中学依旧相当于"中枢神经系统"，西学相当于"周围神经系统"，二者的重要性之别显而易见。

表 3.1.3　　　　　张之洞《劝学篇》中的专业分类架构

序号	专业大类	科　　类	具体专业
1	中学	同心、教忠、明纲、知类、宗经、正权、循序、守约、去毒等	经学、史学、理学、文学
2	西学	益智、游学、设学、学制、广译、阅报、变法、变科举、农工商学、兵学、矿学、铁路、会通、非弭兵、非工教等	西政：学校、地理、度支、赋税、武备、律例、劝工、通商 西艺：算、绘、矿、医、声、光、化、电

1903年，张之洞在自己创办的两湖大学堂大学预科专业设置中，再次以"中学""西学"为分类原则，设置八门"专门学"，其中四门是"中西公共之学"，四门是西学，具体分类及教学要求如下（见表3.1.4）。两湖大学堂专业设置与《劝学篇》的相同之处是依旧以中学、西学为脉络进行分类，不同之处是两湖大学堂将《劝学篇》的"西政"与中学融为一体，整合成了"中西公共之学"，删去了"教忠""明纲"等传统纲常教化类科目，重点开展中、西通识教育。这种专业框架设置较《劝学篇》有所进步，在知识传授上注重中西融通，在师资选择上注重中西结合，在学习历程上采用"1 + 3 + 1"模式，即补习普通学1年，开展专业学习3年，出国游学1年，此模式育人效果显著，培养了黄兴等一批中国近代改革先锋。

表3.1.4　　　　张之洞两湖大学堂大学预科专业设置框架

序号	"专门学"分类	具体科类	教师资格要求
1	中西公共之学	经学、中外史学、中外地理学、算术	中国专门教师
2	西学	理化学、法律学、财政学、兵事学	东、西各国专门教师

3. 夏偕复的高等实业教育专业分类（修业三年）

1901年教育活动家罗振玉在上海创办了《教育世界》期刊，开创了中国教育专业杂志的先河。《教育世界》成为当时刊载"西学"经验和实业教育发展的前沿阵地，其中刊登的夏偕复之《学校刍言》一文对日本的三年制大学专业设置进行了介绍①，建议中国仿而学之（见表3.1.5）。

表3.1.5　　　　夏偕复的三年制高等实业教育专业分类框架

序号	专业大类	科　类
1	工科	土木工学、机械工学、电气工学、建筑学、造船学、造兵学、火药学、应用化学、采矿及冶金学
2	农科	农学、林学、兽医学、农艺化学
3	人学	政教、方言文学、食货、刑法、制造、工业技术、商贸等

与国内其他教育改革家的思路不同，夏偕复仿照日本所架构的专业框架，

---

① 璩鑫圭、唐良炎. 中国近代教育史资料汇编·学制演变[M]. 上海：上海教育出版社，1991：178 - 179.

以工科、农科和人学作为大类，没有夹杂太多中国传统教育科类，也没有日本本土教育的特征，仿佛是纯粹的"西学"科类，这种实业教育专业分类架构形成的主要原因是日本自明治维新以来，倡导学习西学以达到"文明开化"，创办了许多专科实业学校，形成了初、中、高三级实业教育网，实业学校仿照西方建起了农科、工科、商科等专业体系。由于日本传统文化、政治体制等与中国相似，因此在19世纪末到20世纪初，中国掀起了向日本学习的热潮，考察团、个人前往日本学习者甚多，师范教育中的德国赫尔巴特教育思想和职业教育中科类内容设置等开始传入中国，当时，日本不仅成为我国学习西学的"中介"，也成为西学与本土文化融合发展的榜样，夏偕复所介绍的高等实业专科学校专业分类对当时的"西学东渐"及融合发展起到了里程碑的作用，为之后的《奏定学堂章程》制定提供了一定的参考依据。

4. "癸卯学制"中的高等实业学堂专业设置

1904年，"癸卯学制"颁布，中国近代第一个学制在全国开始实施。学制以《奏定学堂章程》为主要内容，相比1902年"壬寅学制"的《钦定学堂章程》，进一步提高了实业教育的地位，有关实业教育的章程达到7项之多。癸卯学制中将实业教育分为三个层次，即初等、中等和高等①，其中高等实业学堂与今天的高职院校相似，教习的专业大类有四种（见表3.1.6）。

表3.1.6   "癸卯学制"中高等实业教育专业分类框架

序号	专业大类	科　　类
1	农业	农学科、森林科、兽医科
2	工业	建筑科、应用化学科、窑业科、染色科、机织科、机器科、电器科、土木科、矿业科、造船科、漆工科、图稿绘画科
3	商业	法律、商务、会计等
4	商船	航海科、机轮科

"癸卯学制"中的高等实业教育专业设置类别虽然结构简单，但已经具备了现代大学专业目录的基本特征，农业、工业、商业布局基本上与目前的三大产业可以对接，高等实业教育开设的经世致用之学为当时的振奋国力、救亡

---

① 璩鑫圭、唐良炎. 中国近代教育史资料汇编·学制演变[M]. 上海：上海教育出版社，1991：444-465.

图存培养了一批专门人才。

综上所述,"西学东渐"框架下的专业设置体系构架具有强烈的功利主义色彩,即重"技"以达到"师夷长技以制夷"的功效。高等实业教育的时代境遇使其得到了不同阶层的高度重视,至此,实业教育的专业设置研究也进入了"热带丛林"时期,不同思想崭露头角、各抒己见,为后期的专业设置逐步走向制度化和今日我国高职教育的专业目录架构奠定了一定基础。

五、从辛亥革命到中华人民共和国成立:高等职业教育专业设置的制度化走向

自1911年辛亥革命推翻晚清帝制到1949年中华人民共和国成立,高等职业教育的专业设置以学校发展为后盾,逐步走向本土化和制度化。

(一)专业设置的理论基础:"实用主义"

自1915年起,以"民主与科学"为旗帜的新文化运动和五四运动将中国的教育推向了改革的潮头,"走出去、请进来"的文化互动模式促进了这一时期教育思潮的多元化发展。蔡元培、陶行知、胡适、蒋梦麟等大批教育界人士"走出去"到欧美等西方国家学习;同时美国的杜威(John Dewey)、孟禄(Paul Monroe)、推士(G. R. Tuiss)等应邀来华指导交流。杜威的足迹遍布11个省,演讲87次;孟禄走访9个省,演讲66次;推士游离11个省,演讲276次……,[①]他们系统地讲述了美国教育发展改革经验,尤其传播了实用主义教育思想的功用。胡适倡导在北京大学开设《杜威著作选读课》、北京晨报社出版并10次印刷《杜威五大演讲》,使得中国掀起了实用主义教育思潮。随之诞生了陶行知的"生活教育"理论、陈鹤琴的"活教育"理论等,实用主义思想在中国教育改革中开始落地生根。实用主义的"学校即社会"促进了职业学校与社会联络日益紧密;"教育即生活""从做中学"促成了"劳工神圣""双手万能"等职业教育价值观的形成;以实践教育为基础的思想推动了职业教育专业设置方针和学生实习制度的建立等。

(二)专业设置的目标:教—产沟通,谋生之技与知识素质培养并举

此阶段的职业教育研究以实用为基础,通过分析实业教育"不实"之原

---

① 杨文海. 壬戌学制研究[D]. 南京:南京大学,2011:64-65.

因，开辟了批判-建构之研究路径。蒋梦麟、陆费逵等人认为"毕业生途塞"的主要原因是职业教育界与实业界沟通不畅，"求人者与求事者无沟通机关，则求人者终不得相当之人，求事者终不得相当之事。"①，故造成人才培养规格与社会产业结构脱节；另外一原因在于职业教育脱离实践，学生习得的科学知识不能系统实习，不能成为谋生的专门技能，实效性低下。为此，黄炎培提出了职业教育专业分类的目标，即"一方为人计，曰以供青年谋生之所急；一方又为事计，曰以供社会分业之所需也。"② 因此，这一时期的职业教育注重与社会岗位相匹配的实习、实践，强调"手脑并用""教学做合一"等专业教学及相关的职业指导，将专业人才培养规格与产业实际需求对接了起来。

（三）专业设置的制度化框架

1. 1922 年"壬戌学制"灵活化的专业设置形式

在教育家群体、全国教育会联合会等共同促进下，1915~1922 年召开了八届围绕"学制"改革的会议，前五届（1915~1919 年）是议案提出及商讨阶段，后三届（1920~1922 年）是学制方案主导权博弈及协调阶段。第二、第三、第四、第五届会议分别对职业教育进行了讨论。1922 年 11 月 1 日，经反复讨论而形成的《学校系统改革案》在全国推广实施，时称"壬戌学制"。"壬戌学制"以"六三三"制为主体，以七个基本原则为指导方针，既渗透了实用主义的教育观，也规制了职业教育专业及课程的设置，其七个基本原则为："（1）发挥平民教育精神；（2）适应社会进化之需要；（3）谋个性之发展；（4）注意国民经济力；（5）注意生活教育；（6）使教育易于普及；（7）多留各地方伸缩余地。"③ 该学制设置了初级职业学校和高级职业学校，修业年限根据各地的需求和实际经济情况斟酌决定，不做全国性统一规定。职业学校设置农、工、商、家事等四大类专业，各地根据自身特点制定当地学制草案，职业学校根据服务地方经济需求选择专业，如当时有《奉天学制草案》《安徽学制草案》等。弹性、灵活的设置形式适应了中国区域经

---

① 蒋梦麟. 过渡时代之思想与教育 [M]. 上海：上海商务印书馆，1933：119-120.
② 吴洪成. 中国近代职业教育制度史研究 [M]. 北京：知识产权出版社，2012：119.
③ 杨文海. 壬戌学制研究 [D]. 南京：南京大学，2011：95.

济发展不平衡及互补性等基本国情。1923 年，中华职业教育社拟制了职业科课程标准，进一步推进了"壬戌学制"制度化的实施。

这一阶段高级职业学校专业设置的功用比"西学东渐"时期的国家功利主义有所拓展，主要表现在以下方面：第一，职业教育不仅是为了促进社会发展，也是为了提升个人生存能力，整合了个人主义与集体主义两种教育目的观；第二，强调在现有生产力和经济状况下开展民众教育，推进职业教育的普及，使得学习技能、应用技能成为民众的一种生活常态；第三，专业及课程设置要根据不同地方的资源与特点，实行弹性伸缩政策，这对于幅员辽阔的中国无疑注入了一针"强心剂"。

2. 1925~1949 年的"全国+地方"式专业设置形式

1925 年教育部门出版的《新学制职业科课程标准》开始对专业、课程进行细化规定，包括"农业科课程"两种、"工业科课程"十种、"商业科课程"三种、"家事科课程"一种。① 1929 年颁布的《专科学校规程》逐步建成了专科职业技术教育制度，并于 1932 年颁布了《职业学校法》对高等职业专业设置进行了规定（见表 3.1.7）。此规定将专业大类分为 4 + X 种，即全国层面的农业、工业、商业、家事专业大类 + 地方自设，在科类方面也实施各省按需设科，各省市按照区域经济发展需求有侧重点的开展专业设置。

表 3.1.7　1932 年《职业学校法》中的高等职业学校专业设置框架

序号	专业大类	科　　类
1	农业	农业、森林、畜牧、园艺、蚕桑、水产等
2	工业	机械、电机、应用化学、土木、建筑、测量、丝织、染织、棉织、毛织等
3	商业	银行簿记、会计、保险、速记、汇兑等
4	家事	缝纫、刺绣、看护、助产等
5	其他	视地方需要酌设

1933 年教育部门再次颁布了《职业学校各科教学科目及时数概要》，对每个专业群进行了规范和要求；1935 年公布了《各省市县推行职业教育程

---

① 谢长法. 中国职业教育史［M］. 太原：山西教育出版社，2011：158.

序》，指出"在设置科目种类方面，应注意（一）改良当地旧有手工业；（二）利用当地已有之企业或原料发展新工业"。[①] 这一阶段的职业教育发展制度与地方经济、资源紧密相结合，灵活的专业设置政策，既节省了资源，避免了专业设置全国统一下的人才同质化问题，也培养了适合地方发展的人才。1939～1940年，教育部门颁布了《高、初级农业职业学校各科教学科目及每周教学时数表》，对八大专业制订了41种课程标准，形成了专业群、专业、课程制度一体化的职业教育管理规范。

综上所述，职业教育专业设置制度化时期具备了以下特点，首先，专业育人已经从工具主义向本质主义过渡，使得职业教育不再是某种运动的附属品，而是社会发展和民众生存的理性需求，这也警醒我们对现有高职教育发展里路进行反思，对未来发展之路的铺设进行考量；其次，基于农、工、商三大产业大类的专业设置框架基本形成，"家事"专业类的设置很具先进性，它不仅为女子提供了职业技能训育的机会，同时也彰显了当时已经对家政服务职业的专业化进程十分重视。最后，专业设置要与区域经济发展需求等相结合，鼓励地方开设X种特色专业，真正做到高等职业学校精准为地方服务。

纵观不同历史时期我国高职教育的专业发展轨迹，大致可概括为三种类型：第一种，适应社会分工和产业发展的自然演进型。不同时期生产力的发展及社会的不同历史域境，促进了生活母体的变化，进而推动了在其历史框架下社会专业大类的形成及演进发展。第二种，特定历史时期，为了救国图存，社会人士或教育家倾力主持的自主创新型。比如民国时期的黄炎培先生走访了国际、国内多所学校，并在中华职业学校设立了木工、铁工两大紧缺专业，在细分的专业科类中，与工厂零对接设置了纽扣科和珐琅科等，其"手脑并用""使无业者有业、使有业者乐业"等思想对现代职业教育中的"教学做合一""校企合作""工匠精神"培养影响深远。第三种，有规划、有制度的政府主导型。如民国时期，政府以社会实际需求为主倡导及规范职业教育，尤其是政府与教育社团合作针对专业群、专业、特别是课程制定统一规范的标准。

---

① 宋恩荣，张咸选. 中华民国教育法规选编 [M]. 南京：江苏教育出版社，2005：503.

第二节 国外高职教育专业设置管理机制的横向对比

走进 21 世纪,国家发展过程中的价值性排斥或独善其身已成为旧世界框架中的尘埃,合纵连横、跨文化互鉴与融合才是繁荣发展之道。在教育领域中,"博洛尼亚进程(Bologna Process)""萨洛尼卡会议(Thessaloniki Conference)""华盛顿协议(Washington Accord)""悉尼协议(Sydney Accord)""都柏林协议(Dublin Accord)"等均是多边融合发展的见证。在此背景下,我国高等职业教育要真正实现"中国特色、世界水准"的发展目标,同样需要走跨界—全纳—定格之道。但是,纵观我国近 20 年来对国外高职教育的研究,以案例列举、新概念引介、法律政策宣读等原型介绍居多,以内涵推演、规律掌控及挖掘应用等比较研究较少,导致我国在跨文化高职教育经验借鉴上产生大面积的"习得性失效",应急性移植与水土不服矛盾屡见不鲜。因此今日的比较教育之道,应该走出依附性的复制,在迁移中创新,在创新中建构,最终建成具有中国特色的高职教育生存范式。

《荀子·君道》曰:"与之举措迁移,而观其能应变也。"对国际高等职业教育专业设置管理经验的借鉴实质上是一个学习迁移的过程,迁移的效果受标杆国家选择合理性及本国对他国经验内化能力的影响。如果标杆选择合理,将会产生积极促进性的正迁移;如果选择失当,将会产生相互干扰的负迁移;如果本国对于标杆国家的经验习得和融合能力强,就会形成具有包容新旧经验的顺应性迁移,这是比较教育研究最好的效果;如果融合失效,就会产生具体要素大调整式重组性迁移,这对于渐性教育改革是不适合的。因此在寻求标杆国家时应遵循"优势明显、点面对标、习得有效"原则。第一,学习的国家所处的洲在经济发展方面必须优于或者与亚洲持平,因此,首先锁定欧洲、澳洲、亚洲三个经济相对发展的洲际。第二,所选择的国家必须是所在洲教育或经济的领头羊,瑞士是世界上经济实体最稳定的国家之一,并且国际竞争力总排名居于全球榜首,是欧洲国家繁荣的缩影;澳大利亚是全球人类发展指数最高、平均受教育年限最长的国家之一,也是澳洲经济实力最强的国家;新加坡是世界上四大国际金融中心之一。第三,所参照的国家必须具有与我国高等职业教育相似的层次及运作方式大致接近的相关院校。对标杆国家高职教育办学优势的迁移,是借他山之石,为我国高职院校专业设置管理提供借鉴依据。

一、瑞士:高等专业学院专业设置紧随职业迁徙

瑞士联邦作为"欧洲屋脊",在仅有的41284平方公里国土上,高原、山地林立,矿产资源、生活资源匮乏,但却有着"四强两低"的标志性发展战绩。所谓"四强两低",即瑞士是世界上竞争力最强、经济体系稳定性最强、创新力最强、购买能力最强,但却是财政赤字最低、失业率最低的国家之一。并且国内有13个世界500强企业,有世界贸易组织(WTO)、世界知识产权组织(WIPO)等众多国际组织,瑞士坚挺的国家实力与其战略性的教育布局和大力发展人力资源密不可分。

与政治上保有的中立立场不同,瑞士在教育方面,积极参与区域或世界组织,为人力资源走向国际化寻求标准。1999年,瑞士加入"博洛尼亚进程宣言",成为第一批加入的29个国家之一,为教育资源整合、学历互认等教育体制打通奠定了基础;2007年,加入欧盟"科学研究框架项目",为科技创新、提升国际竞争力铺路;2010年加入"欧盟教育项目",为教育交流、学生知识视野的开拓及教育质量提升打开了通道。瑞士不仅重视国内教育与经济结构、劳动力市场之间的契合度,同时也面向全世界输出高端的制造业和精致的服务业,在创造国家竞争力的过程中,实践导向化的职业教育体系为瑞士的发展战略提供了有力的支撑。

(一)瑞士高等职业教育发展概况

瑞士是一个十分注重技术技能养成的国家,其职业教育体系前后学程有序,设置合理,分为四个主要部分,即职业准备教育、中等职业教育、高等职业教育和职业继续教育。其中,高等职业教育是在1995年颁布的《高等职业教育学院法》基础上,开展院校合并,最终在1996年建成了瑞士中部应用科学大学、苏黎世应用科学大学等7所公立、2所私立的联邦高等专业学院。① 根据国际教育分类(ISCED97/ISED2011)标准,瑞士的高等职业教育

---

① 中华人民共和国驻瑞士大使馆教育处[EB/OL]. http://www.cnedu-ch.org,2011-6-20/2018-11-7.

即第三阶段 B 类教育，与我国的高职教育相似，学制为 2~3 年，个人毕业年限根据全日制或在职学习的具体情况而定，高等专业学院由联邦职业教育与技术署（BBT）管理。瑞士高等职业教育体系有如下特点："（1）突显教育体系的多样性与丰富性；（2）强调办学规模的经济性与适度性；（3）坚持双元性与开放性；（4）强化教育教学的实践性与需求性；（5）实现教育功能的融通性与灵活性。"① 其特点表明瑞士的高等职业教育与普通高等教育二元并重发展，高等职业院校的办学规模以适应区域需求而适度发展，办学宗旨是教育迁徙紧随职业迁徙，开放、灵活地服务区域。

（二）高等职业教育专业设置的基本价值导向

专业是瑞士高等职业教育的基本单位，其专业建设以经济结构的变化与劳动力市场的转移为依据。瑞士的三次产业结构布局分化明显，2015 年第三产业占比 73.60%，第二产业占比 25.70%，第一产业仅为 0.70%。其优势产业主要集中在医药化工、机电金属、钟表制作、金融业、旅游业等方面（见图 3.2.1），因此，高等专业学院的专业人才培养主要对接以上产业，并随着产业转型升级不断开展教育迁移，以达到教育与社会需求、甚至国际需求的紧密结合。

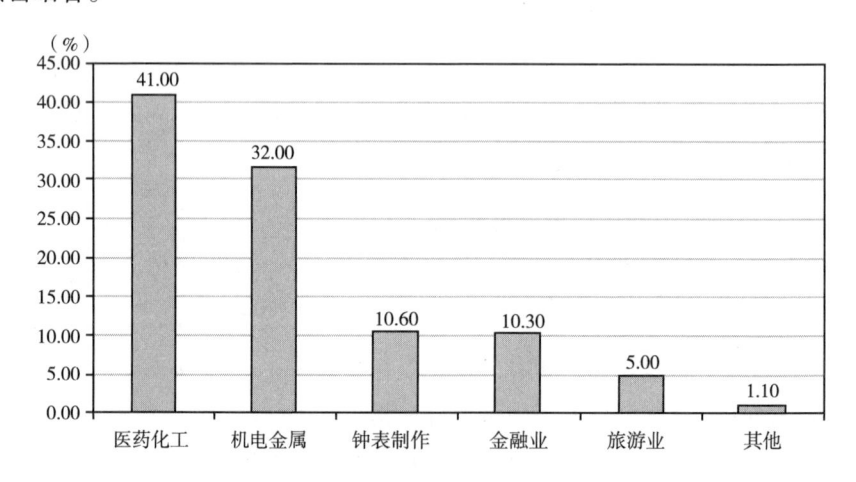

图 3.2.1　2015 瑞士主要出口产品占比情况

资料来源：中国驻瑞士联邦大使馆经济商务参赞处官网。

---

① 江大源. 当代世界职业教育发展趋势研究［M］. 北京：电子工业出版社，2012：388.

在专业教育的开放性方面，瑞士高职教育剔除学校"一元制"办学的弊病，在德国"二元制"基础上，建构"三元制"，即"学校+企业+行业协会"的合作主体模式；在专业人才观导向方面，高度重视职业教育，全国约2/3 的人接受过职业教育，学生具有"良好的职业价值观和成就实现精神"[①]；在政府的评价导向方面，联邦政府认为高等职业教育是高效率的教育供给，与其他高等教育形式相比，其国家教育利润率、社会教育利润率和个人教育利润率三项指标综合指数最高，毕业生学习投资回报快，是瑞士工业品与服务业两大国际王牌竞争力的人才支柱；在专业人才培养规格导向方面，以实践为依据，以应用科学理论为基础，培养智能型的技术员或工程师等高级应用型人才，以服务国内、国际生产生活或经济活动（见图3.2.2）。因此，瑞士的学校不热衷排名，学生上学择校主要锁定专业，寻求具有本专业优势的学校。[②]

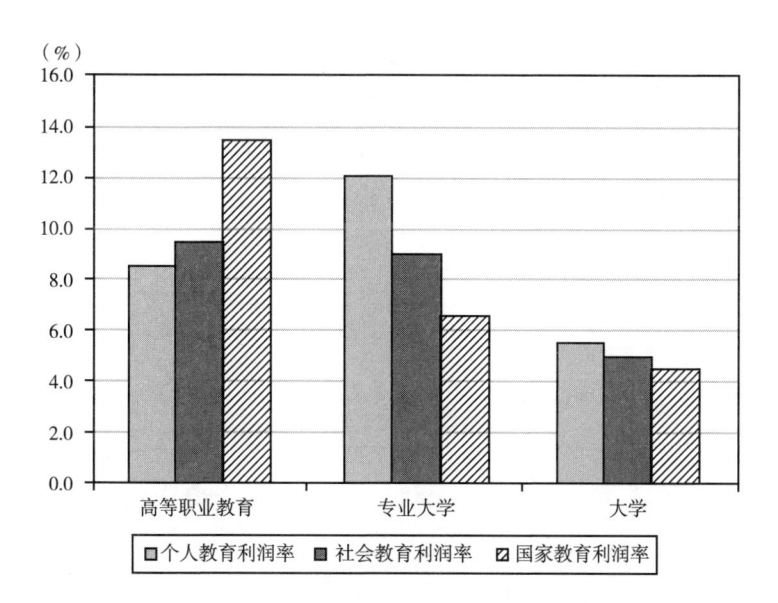

图 3.2.2　瑞士高等职业教育与其他高等教育形式的利润率比较

资料来源：江大源. 当代世界职业教育发展趋势研究［M］. 北京：电子工业出版社，2012：394.

---

① 张敏强、黄锡炳、陈秋梅. 技术师范学院大学生职业价值观调查分析［J］. 职业技术教育，2009（7）：67-69.

② 范威廉. 瑞士顶尖学校2011［M］. 北京：中国经济出版社，2010：27.

（三）高等职业教育专业设置的管理机制

瑞士高等职业教育专业设置是一种协商合作模式，其框架教学计划（专业目录）的确定不是直接由教育行政管理部门制定，而是经过多个利益相关者协作、分两个阶段完成的（见图 3.2.3）。两个阶段分别如下：第一阶段，由办学者、行业协会和职业协会三元主体合作研究专业培养框架并提出设置方案和具体目录，然后由联邦职业教育与技术署评审并核定，审核实质上是对专业培养框架进行整体合理性评价；第二阶段，审核批准后，下达至高等专业学院开展人才招生及培养，学校框架教学计划实施过程接受瑞士联邦高等学院专业委员会评估，委员会的组成成员有职业协会、行业协会、高等专业学院和州政府和联邦政府人员，他们定期对框架教学计划实施的实用性、与区域经济发展的契合度等进行诊断，并且依据产业结构转移状况，确定职业迁徙走向，要求框架教学计划也随之迁徙。由于瑞士联邦 26 个州产业结构各具特色，目标不同，人才需求规格呈差异化之状，因此，在州管理层面具有很大的灵活性，所在州的高等专业学院根据本州人才需求特点设置入学标准和学制，并组织学生考取相对应行业的"联邦高等职业教育证书"（分为普通证书与高级证书），以对专业学习知识进行认证与检验，同时也是对学生学业的一种评价。

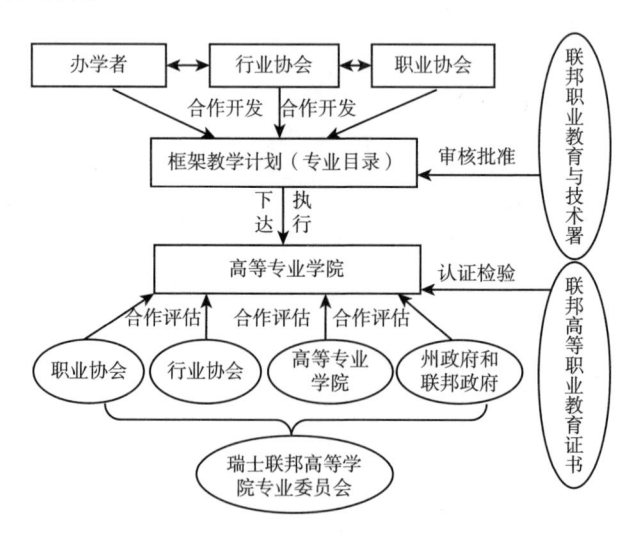

图 3.2.3　瑞士高等职业教育专业设置的管理机制

(四) 高等专业院校专业管理及育人特点

1. 以技术型人才培养为目标来设置专业大类

由于瑞士的高等专业学院主要为地方经济服务,因此重点培养专业人才的技术能力。在专业大类设置上大致包括酒店管理和旅游、健康和护理、新闻媒体及通信和信息、行政管理和商业、工艺美术、社会工作等,目前共有 52 个不同专业领域的 400 多种专业。

2. 与行业合作开办产业学院及特色专业

瑞士的专业链直接对接行业的岗位工作技能链,行业举办的产业学院不仅以工作链技能需求来定制专业课程,而且联合国际同类行业完成实践教学。例如瑞士酒店管理专业闻名国际社会,其专业化程度高的主要原因有二:第一,许多酒店管理学院的前身是四星级以上酒店,行业背景深厚;第二,酒店管理学院由瑞士酒店管理学会(ASEH)统筹管理,ASEH 旗下目前有洛桑、理诺士、格里昂等 12 家酒店管理学院,这些学院隶属于高等专业学院或公立大学,学会每四年对学院进行重新审核。其专业课程包含了酒店管理、餐饮管理、国际商务等宽口径岗位知识,以及客房管理、食品卫生、餐饮及宴会运作、财务管理、市场营销、综合管理等系统化的职业技能,学生可在本国或迪拜、澳洲等海外著名酒店实习。

3. 专业、课、证一体

由于瑞士的社会岗位对任职资格极其重视,因此,学生专业学习伴随着任职资格的获得。接受高等职业教育的学生可以获得联邦政府认定的非学术性大学毕业文凭,也可以考取专业任职资格证书,该证书由行业与联邦政府合作组织,目前有 400 多种行业资格证书,94% 以上的在校生通过参加考试获得各类资格证书[①],每一种证书对应相关课程和专业,形成了专业、课、证一体化的互促与验证体系,社会人员也可以参与资格证书考试,为其从事相关技术工作奠定基础。

二、新加坡:理工学院专业适应和引领产业发展

新加坡共和国作为一个仅有 700 多平方公里的岛国,不仅曾是轰动世界

---

① 邓志良. 借鉴瑞士高职教育经验 提升院校社会服务能力 [J]. 中国高等教育,2010 (6): 43-44.

的"亚洲四小龙"、亚洲金融中心,而且在 2014 年、2018 年连续稳坐国际金融中心前 4 名,经济竞争力全球排名第 2。作为一个自然资源匮乏且命运多舛的国家,在脱离了英国、日本殖民统治之后,从 1965 年国家独立开始,约每 5~10 年经济转型一次,近 60 年来大致经历了劳动密集型—技能密集型—资本密集型—技术密集型—知识密集型—"智慧国"型经济等阶段,在每次的经济成功转型中教育都功不可没,尤其是高等职业教育奉献极大,它不仅是连通人力市场的重要通道,也是国民普遍工作技能提升的培养场所。

(一)新加坡高职教育发展概况

1979 年,新加坡为了重组经济结构,启动了"第二次工业革命",重点发展高等职业技术教育。① 高等职业技术教育属于高等教育范畴,学制为 3 年,目前有新加坡理工学院、南洋理工学院等 5 所公立高职院校。由于高职教育与普通高等教育等各层次之间可以相互衔接,因此具有发展的上升力和吸引力,全国 10 年级学生(中学)、工艺学院毕业生(中职)或社会人员接受高职教育的人数占所有受教育人口的 62%。②

(二)理工学院专业设置及调整的基本价值导向

新加坡高职教育的专业设置与调整始终秉承着"教育要适应经济、社会发展需要"的理念和使命感,因此专业发展紧跟产业结构变革。新加坡属于城邦国家,行政管理主要以社区为范围展开,因此专业设置紧跟市场技术及人才需求,精细化对接的程度较高。新加坡目前产业主要集中在批发与零售业(含贸易服务业)和制造业两大类(见图 3.2.4)。因此其理工学院的专业设置以"适应"和"引领"产业为主旨,以错位发展、特色优先为各院校专业设置的基本导向,以"职业无货架寿命,专业与课程有寿命"③ 为专业动态调整的基本立论。

---

① 贺国庆、朱文富. 外国职业教育通史(下)[M]. 北京:人民教育出版社,2014:363 - 364.

② 张等菊. 综合与寻隙:对新加坡高职教育发展路径的思量[J]. 职业教育研究,2013(4):176 - 178.

③ 来自笔者 2011 年访学时南洋理工学院院长林靖东先生的讲话稿。

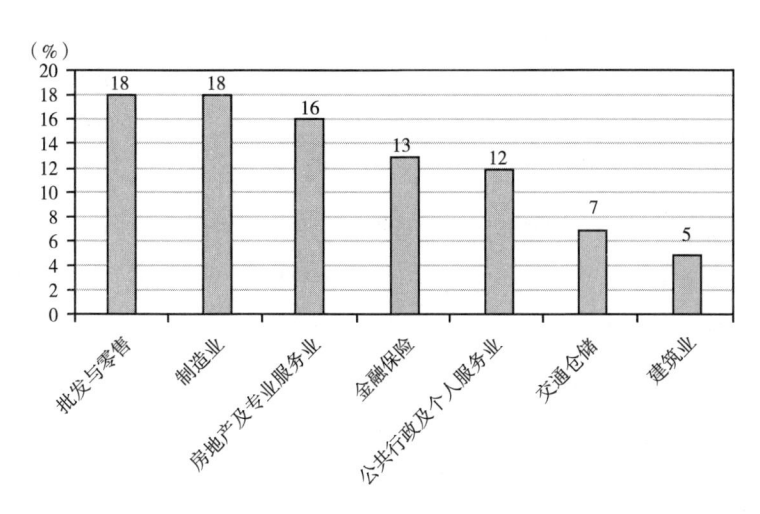

第三章 融合与迁移：高职教育专业设置的经验镜鉴

图 3.2.4　2015 年新加坡主要产业布局情况

资料来源：董学耕．开放、法治、勤奋铸就城市国家辉煌－新加坡产业发展路径对海南的启示[J]．新东方，2018（6）：7－11．

（三）专业设置的管理机制

新加坡的理工学院专业开发采用学校自下而上的申请与政府指导相结合的方式，新专业设置以产业发展的实际需求为基准，一般情况下一个新专业从设计到开发需要 2 年左右的时间，由国家相关部门、行业、企业、学生、家长等多个利益相关者共同协助学校开展，而专业结构优化及调整则在内、外部质量保障促进下完成（见图 3.2.5）。

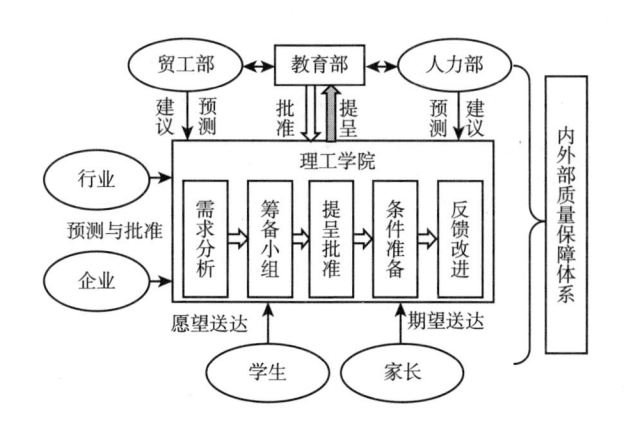

图 3.2.5　新加坡高等职业教育专业设置的管理机制

1. 新专业开发及设置

由于新加坡国土面积小、理工学院规模小，因此，教育部直接承担了各理工学院的教育规划者角色。在专业设置方面，教育部每年联合人力部、贸工部等对产业新形势、人才市场变化及新需求等进行预测，并在10年级（中学）学校听取学生对未来职业志向的表达、家长对孩子职业成长的期望等，共同研判国家未来人才发展规格、专业发展类型及规模等战略性布局，并将各种信息与数据下发给理工学院，以供参考。

理工学院是增设新专业或开展专业调整的主要决策者。其开发新专业主要开展以下五个步骤的工作[①]：第一步，由系组织市场调研，了解人才市场需求分析；第二步，由系主任、专业带头经理（相当于专业带头人）、专业老师等组成筹备小组，撰写专业开发论证材料；第三步，完成三级提呈，即自下而上由系专业咨询委员会呈送学校教学管理委员会，由学校教学管理委员再呈送至教育部；第四步，按照教育部的建议书开展新专业命名、能力标准开发、培养目标制定及相关教学条件的建设工作；第五步，学校同行之间、与企业界之间交流，进一步修订专业人才培养方案、课程等。

2. 基于质量保障体系的专业评估与调整

新加坡的专业结构调整主要在质量保障体系促进下完成。质量保障体系包括内部质量保障体系和外部质量保障体系。内部质量保障以教学质量评价系统为指标，由校内质量保障机构开展评估。专业评估每两年进行一次，主要对专业录取情况、毕业率等5个指标[②]进行量化分析（见表3.2.1），并接受同行、雇主、毕业生等评议及反馈，对专业适应市场的情况、课程的实用性等进行评估。内部质量保障体系建构的目的有二：第一，对专业办学的资源条件、运行状态、育人水平进行评核，以促进内部有效协调与改进；第二，以评促建，反馈改进，为迎接外部质量保障评估打好基础。

[①] 滕勇. 新加坡高职专业设置开发的流程、特征及启示［J］. 延安职业技术学院学报，2016（12）：75-78.

[②] 戴冬秀. 浅谈新加坡高职教育保障体系［J］. 武汉职业技术学院学报，2010（4）：94-98.

表 3.2.1 理工学院内部专业评估项目一览

序号	评估项目	备注
1	专业录取最高分数	
2	专业第一志愿选择率	
3	学生问卷调查结果	针对二年级和三年级上半学期学生开展的科目问卷调查
4	毕业率	
5	GPA 绩点	grade point average 指平均学分绩点

专业结构的调整优化主要动力来自外部质量保障体系，外部质量保障工作组主要由政府部门、第三方机构和企业人员组成，政府部门含教育部、贸工部等，第三方机构含高等教育认证委员会、职业教育与资格鉴定委员会等，评估每三年进行一次，主要依据 PQAF（polytechnic quality accreditation finding）标准①，根据预设好的关键绩效指标，对理工学院进行全面现场检查，对专业学生的就业、岗位、年薪进行统计结果，给予限期整改和专业调整优化意见，理工学院会在现有框架下更新、合并或停办部分专业。

（四）理工学院专业管理及育人特点

1. 专业紧随产业转型周期变换发展

各理工学院专业紧跟国家产业发展需求更新换代，并定期开展新专业设置与原有专业调整工作。目前全国大致有 11 个专业大类含 81 个专业。5 所理工学院根据批发与零售业、制造业、房地产服务、个人服务等支柱性产业占比较高的情况，重点在经济与管理类、工程类、健康科学类布局专业，总招生数占所有专业的 80%②。对于落后于产业高端的专业，教育部与学校联合对其开展逐步调整，以适应社会发展的步伐，如 2016 年义安理工学院提出根据社会需求压缩信息通信与网络工程、移动和网络服务、数字取证等专业招生规模，并逐年停止招生。③

---

① 王颖颖. 基于系统论的新加坡高职教育质量保障体系研究［J］. 高等职业教育－天津职业大学学报，2016（12）：17－20.
② Ministry of Education Singapore. 2011 Education Statistics Digest：41 ［ER/OL］. http：//www. moe. gov. sg/education/education-Statistics-digest/files/esd－2014. pdf，2015－4－28/2019－1－6.
③ Temasek Polytechnic. Full-Time Course. ［ER/OL］. http：//www. tp. edu. sg/courses/full-time-courses，2016－11－5/2019－1－12.

2. 专业管理及育人的"无界化"

理工学院的专业设置与调整均由许多利益相关者共同完成。首先，在新专业开发和设置上，行业、企业人员承担了全国专业布局的预测工作；在专业设置提呈阶段承担了学校教学管理委员会的参谋工作以及教育部审核批准时的认定工作；其次，在专业动态调整中，行业及企业作为质量保障主体组成部分，提供了充分的反馈和改进意见，驱动理工学院开展专业调整优化。

在专业育人过程中，以"教学工厂"等开放的方式促使教学与市场脉动结合。"教学工厂"不仅包含企业虚拟仿真项目，也有企业真实环境教学、三品（作品、产品和商品）链接教学等；在教学成果导向评价阶段，学生的学期项目与毕业项目均是围绕企业问题展开，尤其是毕业项目，以"企业创新项目"和"科研创新项目"为主，产教融合，真题真做，学校与企业指导老师共同实施考核与评价，不仅开发了学生的创新能力与团队合作精神，也促进了校企"无界化"融合。

三、澳大利亚：TAFE学院培训包分层对接行业需求

澳大利亚联邦地域辽阔，资源丰富，在769.2万平方公里的国土上拥有铅、镍、锌等多种稀有矿产资源和农业资源，因此主要以工业、农牧业、服务业、旅游业等作为国家支柱产业。虽然经历了两个世纪的西方殖民统治，但澳大利亚异军突起，自1992年以来连续26年经济保持正增长，成为全球前15名的经济实体和南半球最富裕的国家。据瑞士信贷2018年度财富报告，澳大利亚目前成为全球第二富有国家（瑞士排名第一）[①]。能取得如此傲人的国际地位，除了其丰富的自然资源与持续发展的经济外，人力资源发展功不可没。面对本国只有2500万人口的数量劣势，联邦政府首先执行了多元化的移民政策，目前平均每天超1000人移入澳洲，海外移民净增率为62%[②]；其次拓展了职业与终身教育体系，充分挖掘人力资源潜力。通过卓有成效的人

---

① 澳大利亚成为全球第二富有国家，仅次于瑞士，中国新闻网 [EB/OL]. https://baijiahao.baidu.com/sid=1614745273739567906/2018－10－19/2018－12/24.

② 澳大利亚人口数量将于今晚突破2500万，人民网－澳大利亚频道 [EB/OL]. http://australia.people.com.cn/n1/2018/0807/c408038－30214771.html, 2018－8－7/2019－1－9.

力资源政策，澳大利亚成为全球平均受教育年限最长、人类发展指数最高的国家。

（一）澳大利亚高职教育的基本概况

职业教育是澳大利亚快速崛起的主要支柱，也是享誉国际的教育品牌。1964～1965年，澳大利亚"未来高等教育委员会"主席莱斯利·马丁（Leslie Martin）根据国力和需求，向联邦政府呈交了两份《马丁报告》，提出建立应用性较强、学制灵活的高等教育学院①；1974年，联邦政府在"技术与继续教育委员会"所开展的终身教育培训体系的基础上，发布了《坎甘报告》，正式将技术与继续教育（technical and further education，TAFE）作为高等教育的一部分②。TAFE学制为2～3年，设置了全日制、半日制和部分时间制等不同培养模式，全国六州两区有90多所TAFE总校和1100所分校，学生可就近入学，由于TAFE文凭可以与大学相互沟通，具有较强的吸引力，因此就读TAFE的学生是普通高校的1.7倍。目前，TAFE已成长为澳大利亚本土化的国际教育品牌，成为其教育输出的主要项目，2016年《澳大利亚国际战略2025》提出："建立世界一流的教育、培训和研究系统，发挥全球引领者的作用。"③ 目前，澳大利亚是中国高职院校对外交流及合作办学项目最多的国家，其灵活的教育管理制度及高效的接纳能力不断提升了TAFE办学的国际声誉。

（二）TAFE学院专业（培训包）设置的价值导向

TAFE学院以培训包（training packages）作为专业人才培养方案，培训包设置灵活多样，具有以下特点：（1）以行业人才需求为导向。TAFE机构设立或培训设置包均以行业需求为依据，行业参与培训包的设置与修订，或者直接提供课程给学院，以达到人才精准反哺行业。（2）多种组合，因材施教，能力为本。由于TAFE学院面向全日制学生及社会各种人员开放，因此，

---

① Alan Barcan. A History of Australian Education [M]. Wellington：Oxford University Press，1980：339

② Kan gan Report. Technical and Further Education in Australia [R]. Vol. 11 Canberra The Government Print of Australia，1974. 49.

③ National Strategy for International Education 2025 [EB/OL]. https：//nsie. education. gov. au/sites/nsie/files/docs/national strategy for international education2025. 2018 – 9 – 1/2019 – 2 – 6.

培训包根据不同消费者的特点设计了不同的组合规则，多元的组合规则构成了多个能力单元，每个能力单元又对应相关的证书与文凭，最后形成了丰富的"课程超市"，以满足能力为本的育人目标。(3) 倡导终身教育。TAFE 学院将职前教育与职后教育相结合，将全日制教育与非全日制教育相结合，将学校课程与学徒制课程相结合，将网络授课与学校面授相结合，建成了紧跟产业升级转换的终身教育体系。

（三）专业（培训包）开发、设置及修订调整机制

澳大利亚高等教育实施职业资格证书与学历文凭合二为一制度，证书共分为 10 级，职业教育可提供 I – IV 级证书、文凭与高级文凭共 6 个等级①，证书按照国家资格认可标准（培训包）颁发。培训包与中国的专业大类人才培养方案相似，主要包括培训包基本资料（preliminary information）、开发概况（overview）、证书体系（qualifications framework）、从业技能（employability skills）、行业就业能力要求（industry requirements for employability skills）、考核指南（assessment guidelines）、能力标准（competency standards）、课程模块（units）等。② 每一级别的证书对应一个等级的培训包，培训包每三年根据行业发展的状态及劳动力市场职业的变化动态修订一次。TAFE 教育的培训包实施全国统一标准，其开发与实施机制如图 3.2.6 所示。第一步，由"行业培训顾问委员会"按照行业需求及就业市场情况，分析未来职业面向、规模等，"能力标准委员会"根据职业岗位能力要求，分析人才培养规格，并确定国家能力标准和等级，最后合作制定培训包，培训包包含国家资格规定的"能力体系、核心能力单元与选修能力单元"③ 等。第二步，培训包经政府教育与培训部批准后，下达至各州教育服务处，并提供课程开发资金。第三步，州教育服务处的课程开发委员会分析国家资格规定中能力单元所对应的教学领域，并分解成为模块课程，编写教学大纲和教学计划；州课

---

① 纪夏楠. 澳大利亚 TAFE 学院办学模式研究及对我国高职教育的启示 [D]. 江西科技师范大学，2014：26.

② Australian Government Department of Education and Training. [EB/OL]. https：//training. gov. au/2017 – 2 – 6/2019 – 2 – 18.

③ 姜洪涛. 他山之石，可以攻玉 – 从澳大利亚 TAFE 学院的课程设置看中国高职院校的教学改革 [J]. 职业，2010 (6)：138 – 139.

程认定机构进行审核与认可，最后形成统一的课程名称、编号、学时、能力标准、考核标准等。第四步，州教育服务处下发教学大纲等所有教学文件到 TAFE 学院或相关培训机构，学院教师编写讲义和周教学计划等，开始课程教学。培训包的修订与调整依然采用由上而下的机制，由行业培训顾问委员会牵头根据行业发展及产业转移情况修订能力体系与考核标准，逐层下达并实施。

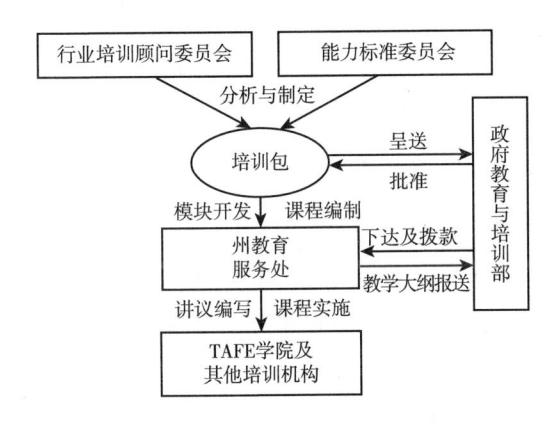

图 3.2.6　澳大利亚 TAFE 教育培训包设置的管理机制

（四）TAFE 学院专业管理及育人特点

1. 行业参与专业育人的全过程

行业全程深度参与 TAFE 教育是澳大利亚人才能够精准服务市场需求的主要原因。在国家层面，有 21 个行业培训顾问委员会与政府合作，从行业发展的全局出发，开展职业预测、就业需求分析，并制定职业能力标准；在州层面，多个行业培训咨询组织为课程开发提供行业参考依据，州教育服务处课程开发委员会许多成员由行业资深人士组成，因此课程开发基本上是基于岗位能力需求来设置的；在 TAFE 学院层面，设有行业、企业人员咨询委员会，董事会部分成员也由行业人员构成，他们参与教学指导、教学评价、实训室共建等学院各项管理工作。

2. 进阶式的能力标准与证书等级

澳大利亚经济的持续发展与其人力资源的合理配置有着直接关系，国家资格框架下进阶式的能力标准与证书等级制度正是这一局面的有力推动者。

培训包将同一专业分成不同层级的能力单元，能力单元拥有相对应的课程结构与证书等级，受教育者取得 I 证书后，可根据个人需求继续接受 II 证书培训或直接就业，就业一段时间后也可以辞职回校继续接受高一级证书培训，以此类推。这种弹性的、进阶式的证书制度不仅为受教育者提供了循序渐进的知识学习流程，而且能准确地定位个人的技能级别，较合理地找到对应的工作岗位，提高了人才与社会需求的匹配度，一定程度上消解了结构性失业等教育浪费及供需错配问题。

纵观"三洲三点"标杆国家的高职教育发展之路，其之所以能在本土乃至世界上具有很高的认同度，主要原因是其专业设置有力地支撑着社会经济发展。三个国家的高职教育专业设置概括起来具有以下共同特征：第一，多元主体参与专业设置。教育管理部门与行业、企业以及其他利益相关者共同参谋、制定或评核专业增设与运行状况。在瑞士和新加坡，专业目录及管理办法的设定由教育部门与行业、企业等联合开展，而在澳大利亚，培训包的能力单元制定牵头部门是行业和第三方机构，教育行政部门只负责批准与下达，行业决策地位的重要性显而易见。第二，专业设置与职业资格证书配套实施，重视能本教育，用资格证书与岗位能力的契合度来验证专业与课程设置的合理性，彰显了高职教育"以就业为导向"的办学宗旨，尤其是澳大利亚的"课程超市"与进阶式证书制度，使得专业设置不再是固定时间内的单一选择对象，而是弹性时间下的多个选择目标，极大地促进了不同类型受教育者求学的便利性。第三，专业设置接受多方评估与制衡，实施动态调整机制。三个国家的高职教育专业能紧跟产业需求而实施，这与其质量保障体系建设是分不开的。瑞士注重以州的经济发展为参照，定期对框架教学计划实施的实用性、与区域经济发展的契合度等进行诊断，并且依据产业结构转移状况，确定职业迁徙走向；新加坡注重以产业升级为参照，定期开展专业的内、外部评估，用关键绩效指标促进专业改进与调整；澳大利亚注重以行业需求为参照，定期修订和调整培训包与资格证书能力单元，使得不同能级的受教育者可以较合理地找到与自己匹配的工作岗位，增加了社会职业与人才培养间的契合度，避免了各种结构性的人才浪费和过度教育等问题，为澳大利亚的人力资源开发了一片蓝海。

第三章 融合与迁移：高职教育专业设置的经验镜鉴

本章小结

为了防止高职教育专业设置管理机制改革中出现自娱自乐、坐井观天之弊病，本章以镜鉴的方式，从我国历史中寻求古今共享之智慧，从国际经验中探寻迁移创新之路径，以达到博采众长、古为今用、洋为中用。

在对我国高职教育专业设置的历史追踪中，原始社会的五次社会大分工促成职业分化，为职业教育的专业化发展奠定基础；奴隶社会的"四民分业"促进职业教育专业大类逐步形成；封建社会的"分业定数"（南北朝）、"职业户计制度"（元朝）和"分斋教学"（清朝）等分专业育人的文化传承模式，成就了职业教育专业类属逐步细化发展。晚清时期专业构成的"西学东渐"主要以"生利分利"作为专业设置的理论基础，以"三育救国"作为专业育人的价值观，此时的改革派以救国图存为鹄的，集思广益，跃跃欲试，先后涌现出了郑观应的"天学、地学、人学"、张之洞的"西学、中学"、夏偕复的"工科、农科、人学""癸卯学制"中的"工业、农业、商业、商船"等专业设置架构，百花齐放式的改革举措将职业教育专业设置研究带入了"热带丛林"时期；辛亥革命到壬戌学制颁布之前职业教育专业设置逐步走向了制度化，这一阶段主要以"实用主义"作为专业设置的理论基础，以基于教—产沟通的谋生之技养成作为专业育人的目标，以"壬戌学制"作为制度化的改革标志，强调专业设置时"多留各地方伸缩余地"；1923~1949年继续沿用了这一弹性的专业设置政策，倡导"全国+地方"式的专业设置机制，并建构了"农业、工业、商业、家事"与"其它"的4+X专业架构策略，X可视地方需要酌设专业，灵活多样，弹性有序，贴近实际，同时也制定了全国性的专业标准和课程标准，形成了专业群、专业、课程一体化的高等职业教育管理规范，值得今日大力借鉴。

在对国外高职教育专业设置的管理机制的横向对比中，以"优势明显、点面对标、习得有效"为原则，以"三洲三点"为轨迹，选取了世界上经济实体最稳定的瑞士、世界四大国际金融中心之一的新加坡和全球平均受教育年限最长的澳大利亚作为标杆国家。瑞士的高等专业学院建构了"学校+企业+行业协会"的三元制专业治理机制，专业设置紧随职业迁徙而变化，在具体运作中以社会需求目标来确定专业大类的设置方向，以产业学院的需求来弹性设置特色专业，并形成了专业、课、证一体的人才培养体系，其实践导向化的高职专业育人机制为瑞士的国家发展战略提供了有力的支撑。新加坡的理工学院专业设置以"适应"和"引领"产业为主旨，以特色优先、错位发展为具体院校专业设置的基本导向，以"职业无货架寿命，专业与课程有寿命"为专业动态调整的基本立论，基于利益相关者介入的专业开发及内外部评估制度驱动着专业动态优化调整工作螺旋式开展，其专业紧随产业转型周期变换的策略以及"无界化"的育人模式，促使专业教学与市场脉动相结合，支撑教育实现其"服务社会经济发展"的神圣使命。澳大利亚 TAFE 学院以终身教育为理念，以行业人才需求为导向，实施基于不同能力单元的多种培训包（专业）组合策略和多元化的"课程超市"，形成了"行业培训顾问委员会"与"能力标准委员会"牵头开发培训包、教育行政部门审核并逐层下达的运行机制，其行业参与专业育人全过程的合作机制及进阶式的能力标准与证书等级制度，提高了人才与社会需求的匹配度，构成了紧跟产业升级转换的、育训结合的终身教育体系。

第四章
高职教育专业设置的管理机制重构

  建构是对问题解决的表征,也是一切研究的最终目的。高职教育专业设置管理机制的重构是在剖析原有机制运行困境的基础上,所开展的一种博采众长的实践行动。福柯(Foucault)认为,真正的管理,就是以现存事物及相关历史为视觉,开展"在地践行"(localized practices)①。我国高职教育专业设置的管理机制重构也就是基于现存要求的标准度,融通古今中外,在体制转轨及高职教育发展转型时,对原有的偏离度进行纠正,对不同利益相关者的作用边界和社会责任分担边界再次界定,通过重构的专业设置管理机制,服务实践,提升高职院校专业结构的内适度与外适度。这与不仅在目标上与"双高计划"的宏伟蓝图相吻合,即在政策、制度、标准上建设"样板",在细节上也与"打造高水平专业群"的任务路向相同,即健全对接产业、动态调整、自我完善的专业群建设发展机制,实现人才培养供给侧和产业需求侧结构要素全方位融合。

第一节 高职教育专业设置管理机制重构的基本原则

  《孟子·离娄上》曰:"离娄之明,公输子之巧,不以规矩,不能成方圆。"所谓原则,是指以多个同类事件运行规律为依据的行事准则,即原理与规矩、规律与准则的统一。专业设置管理的原则是专业布局建构的指挥坐标,参照三个标杆国家的优势经验和我国高职教育的历史积累,其原则可以从逻辑、战略、战术三个层面来表征。

一、多元制衡、共同治理(逻辑)

  高职教育是一个公共领域,2018年11月国务院发布了《关于同意建立

---

① [美] 华勒斯坦. 学科·知识·权力[M]. 刘健芝等译. 北京:三联书店 1999:130-150.

国务院职业教育工作部际联席会议制度的批复》，确定由教育部、发展改革委、工业和信息化部、财政部、人力资源社会保障部、农业农村部、国资委、国家税务总局、扶贫办9个部门和单位组成部际联席会议制度，为高职教育的发展共同制定相关配套政策措施或提出政策建议，2019年颁布的《国家职业教育改革实施方案》中再次强调了部际联席会议制度的作用。因此，高职教育专业设置也是一个公共领域，我们必须从"权力属于谁？"的管理思路中解放出来，建立多元制衡、共同治理的行动逻辑。

（一）多元制衡的尺度掌控

多元制衡剔除各种一元决策逻辑，将高职教育视为社会系统中的一个生态位，其生存必须依赖生态网络中诸种因子的"养分"，同时又"反哺"于其他生态位。因此，不同历史环境下所形成的权力逻辑、知识逻辑和市场逻辑等一元决策方式均不符合专业设置管理的逻辑框架。首先，权力逻辑以"自上而下"为程序，以"不得不""必须""服从"等为传送词，以各种利益角逐为目标，凌驾于知识习得与社会服务之上，虽有"高瞻远瞩"之名，但完全依赖权力逻辑，会使专业结构失去区域的适切性与校本的特色性。其次，知识逻辑注重"学科知识的系统性与理论研究的纯粹性"[①]，美国教育学家赫钦斯（Robert. M. Hutchins）认为"一个专业学科必须要有理智方面的内容"[②]，故专业设置时需要遵从知识的系统化规律和学科谱系的亲和性，但如果完全依赖于知识逻辑，高职院校的专业育人将会陷入精英教育时期的"象牙塔"窠臼，产生"花盆效应"。最后，市场逻辑是以市场人才结构与规模需求作为专业设置的依据，是目前倡导的最"主流"观点，但完全依赖市场逻辑，容易出现专业布局的短视性和盲目性，因此，专业设置的管理工作需要破除一元决策逻辑，走多元制衡之路。

1. "三 E"和"三 D"兼顾并行

要建立多元制衡的专业设置决策逻辑，必须兼顾高职教育的外部服务性特征与内部的创生性特征两个维度，将权力、知识、市场各种决策元的诉求放在同一平面上进行弥合，根据非营利性组织评估策略中"三 E"（经济、

---

① 于慧. 高校本科专业设置标准研究 [M]. 广州：广东高等教育出版社，2015：67.
② [美] 赫钦斯. 美国高等教育 [M]. 汪利兵译. 杭州：浙江教育出版社，2005：31.

效率、效能）和"三D"（诊断、设计、发展）之间的张力，确定专业设置目标及动态调整方向。"三E"主要是指高职教育作为人才供给侧对需求侧服务所带来的综合绩效。这里的经济（economy）是指专业设置以较低成本运作，为社会供应对位人才，涉及的"成本"一词与经济学中所蕴含的经费或资源耗费含义有所区别，"低成本"是指结算时的最终成本，而非预算时的基础成本或者设置低成本专业，主要是指因专业人才培养与市场需求对位，进而降低了结构性失业率，减少了教育资源浪费，节约了高职教育的综合成本；效率（efficiency）是指专业设置在快速服务高等教育普及化，以及快速提升高水平专业群建设中的作用力；效能（effectiveness）是指专业设置在工具主义与本质主义两个场域中所到达的综合效果，工具主义是指专业设置紧随产业转型与国家战略动态调整，精准为服务社会，本质主义是指专业设置关照个体能力提升规律，为受教育者的综合素质及岗位技能养成提供载体。总之，"三E"属于高职教育在关系领域中的绩效评核策略，强调专业设置的务实性、服务性特征，体现了高职教育的社会生态位，蕴含了专业设置的"市场"决策逻辑，当然也有"知识"决策逻辑的微小份额，这是从传统意义上考量教育外部功用所依赖的最主要的评价体系，含有很强的功利主义色彩，在促进高效、高能的现代高职教育体系及专业布局构建方面具有时代合理性，但缺少对高职教育体系本身的关照。因此，如果说"三E"是对高职教育专业设置的外部支撑力之度量的话，那么"三D"就是对高职教育本体和专业设置管理机制内部的监测、自省与改进，是"质量意识"所激发的内生意识和行为自觉。因为高职教育作为人才培养的供给侧，不仅要保持为需求侧有效服务，同时也要保障供给侧本体的新陈代谢及健康循环。这里的诊断（diagnosis）是指专业设置运作主体能够正确认识高职人才培养所面临的新问题，能够识变不同利益相关者的诉求，能够体悟专业设置运行及管理机制自身所存在的隐患；设计（design）是指针对诊断出来的各种有关专业设置问题，设计出恰当的动态调整机制或相对应的解决方案；发展（development）是指对设计出来的专业设置动态调整机制或策略实施，并依据前期的成功经验与问题短板，不断提质与创新，形成专业设置的持续改进机制。总之，"三D"是高职教育在中国高等教育推行"质量革命"背景下从外延发展向软实力提升的必由之路，也是高职教育"2.0"时期以专业调整来提升内生力的重要路径，其蕴含了专业设置的"权力"决策逻辑，当然也潜隐着"知识"与"市场"决策逻辑。

2. 依据实用理性"以势定理""以理节情"

多元制衡并非多个"一元"的叠加，而是它们的有机组合，那么，如何把握"三 E"与"三 D"之间的张力，合理权衡知识、权力、市场各种决策元在专业设置中的份额呢？"实用理性"可以作为其掌握的尺度原理。李泽厚认为"实用理性强调'实用'、'实际'和'实行'，但要以理节情，既要乐观进取又要清醒冷静"。[①] 实用理性借助于其历史本体论的支撑，与康德的"实践理性"以及杜威、詹姆斯等人的"实用主义"具有明显的区别。康德的实践理性认为理性是"先验性"的、是绝对的，如同本体与现象不相干一样，理性与认识、因果与时空是完全割裂的，理性就是一种"绝对命令和义务"。而实用理性则承认理性与认识的统一性，认可人类生存的工具性能，但不以其作为客观对象或实体，而是依附于历史，重视历史的积累，在历史本体论基础上对"经验合理性"进行概括与提升，即"理"必然取决于"势"。虽然实用理性注重经验，但却有别于实用主义，因为实用主义过分强调经验，过多地关注人的操作层面，从而忽视了人的文化心理存在层面，不具备认识论体系的特征和属性。而实用理性则不以纯粹的"有用与否"作为真理标准，它强调"体用一源""体用无间"等操作建构的形式规范，以及"和""中""巧""调"的尺度原理。既秉持了"急用先学"的务实变通生存之道，又强调"以势定理""以理节情"，形成避免极端、分寸合适的尺度掌控原则。实用理性尺度原理在专业设置多元决策制衡中的方略是实用先行，即以市场需求导向作为专业设置的首要决策逻辑，因为它可以凭借满足市场人才动态需求的方式来支撑高职院校专业基本生存。但是市场决策逻辑并非一种松散式管理，它必须"以势定理"，这里的"势"包含了历史积累、国家战略、管理体制和知识体系等，也就是说专业设置的市场决策走向要秉持"事实"和"价值观"相互作用的认识论，以国家发展的"势"来确定专业设置的管理办法及运行机制，而管理办法又对专业设置的方向进行监测与指导，即"以理节情"，最后形成"势—理—情"之间动态循环的"和""中"

---

① 李泽厚. 中国现代思想史论 [M]. 天津：天津社会科学院出版社，2003：317.

"巧""调"相处之道。因此，在高职教育专业设置的多元制衡逻辑中，市场是首要决策逻辑，知识与权力是牵制市场需求导向的"闸口"，三者之间的地位可以根据不同历史时期国家发展的需求相互合宜或动态变换。

（二）共同治理的实践主体

共同治理是对多元制衡理论构想的实践运行，是利益相关者（stakeholder）对专业设置及规划的共同治理。所谓利益相关者，是指"影响组织目标实现的个体或群体"。弗里曼（Freeman）[①] 认为利益相关者可分为三个层次：第一层是组织所有权的掌控者，如学校；第二层是依赖于组织生存或发展者，如学生、教师、雇主、社区等；第三层是社会利益相关者，如政府机关、媒体等。这是对营利性组织的利益相关者之区分，高职院校作为一种非营利组织和政府管控的事业单位，与营利性组织不同之处在于政府机关的主导性。因此，确定高职院校专业设置的利益相关者可从以下三个角度思考：第一，高职教育发展的投入者，大致包括政府、学校和部分企业；第二，高职教育的依赖或合作者，包括学生、教师、家长、企业、行业等；第三，高职教育的社会风险承担者，一般包括政府与纳税人等。通过不同角度的组合与筛选，最终确定高职教育专业设置的主要利益相关者大致包括政府、高职院校、劳动力市场（行业、企业）、学生等，他们代表着教育主体与客体、供给侧与需求侧等各方利益，在专业布局中任何一方单向决策均不符合专业设置的共同治理逻辑，只有多元决策才能平衡各主体的利益，形成专业运行的"管、办、评"分离制衡机制，使得专业设置从过去的"深层管理结构"逐步走向"扁平治理结构"。

1. 政府：有限权利下的调控者

政府在高职教育专业设置管理中应该担任"调控者"角色，调控者主要履行规则制定、智库组建、信息提供、反馈与调控等职责：第一，规则制定。国家级教育行政部门主要职责是联合国家发改委、人社部、工信部等"职业教育部际联席会"成员修订专业目录、调整专业设置管理办法，并且组织各行业、本科、高职院校相关专家对国控专业进行审核；省级教育行政部门主

[①] Freeman RE. Strategic Management：A Stakeholder Approach [M]. Boston MA：Pitman，1984：231.

要联合人社厅、省级发改委等部门,根据区域产业、人力市场及发展战略制定非国控专业区域设置门槛和退出机制,拟定属于区域特色的地方专业目录,全面审核或统筹区域内非国控专业的布局状况。第二,组建智库。2019年颁布的《国家职业教育改革实施方案》中提出由政、行、企专家及教育专家、教育团体等共同组建"国家职业教育指导咨询委员会",专业作为高职院校办学的"腰",组建全国性、区域性专业设置研究智库也成为一种必然需求,智库可以从宏观视角对高职教育专业的理念导向、执行主体、运行机制等进行研究;从中观视角对区域内专业设置的状态、人力市场需求情况,以及某一专业类的设置标准、市场容量和增设与退出的必要性进行研究,定期提供系列研究成果给政府或向社会公开,为各种专业发展方案的制订建言献策。第三,信息提供。信息提供主要面向有两个:一是基于大数据建立高职教育专业数据库,向教育系统提供高职院校专业设置的布局、规模、就业率,以及区域人力资源市场的求人倍率等信息;二是面向全社会,提供高职教育专业名称、各专业简要培养目标,近三年新生报到率、就业率、起薪率、就业稳定性等信息,为高中毕业生及家长填报志愿提供参考。第四,反馈与调控。向高职院校提供国家战略规划布局急需的专业和新兴产业布局急需的专业信息,如2019年国家对养老服务、学前教育、护理、家政服务等专业提出了增设的反馈信息,促使学校高度重视并快速履行设置职责;对规模过剩和技术过时的专业进行反馈与调控;对专业面过窄、与产业需求错位的专业进行动态合并和取消,为专业结构能精准服务产业结构与国家战略布局统筹运作。

2. 高职院校:程序自由下的责任人

专业的最终承办和所属权在学校,因此,高职院校是专业设置的直接责任人,这里的责任人蕴含着教育管理层与教师两个群体。由于我国高职教育还未建立起完整的专业标准和专业认证体系,所以高职院校在自由申请专业设置的同时,必须受到上级部门的专业设置管理办法、《学校章程》和《学校专业设置管理规定》等文件制约,即在一定程序规约下开展专业设置工作。同时,高职院校不应只简单地固守应对或盲从应对上级管理部门任务,仅为专业上升发展殚精竭虑,如评选品牌专业、优质专业等,也要动态地对整个专业布局的合理发展履职尽责,因此高职院校的具体责任是建立内部专业设置机制、建立利益相关者参与的质量保障机构。第一,建立内部专业设置管理机制，包括专业设置原则、专业设置条件、专业设置权限、专业设置程序及评议机构等，机制规约的内容有：落实责任主体及规范原则，杜绝各种盲目性、逐利性专业增设；规范专业设置程序，将专业设置调研、现有资源条件分析、建设计划制定与可行性分析等作为专业增设的核查材料，并实际进行现场考察；建立包括校领导、职能部门负责人、专业带头人等多元参与的专业设置评议机构，由评议机构结合学校的专业布局以及各专业的内适度与外适度实行专业设置的集体决策，避免单维决策而带来的偏颇。第二，建立利益相关者参与的质量保障机构。为了避免专业设置与人才培养出现"闭门造车"现象，高职院校要吸纳行业、企业、教育研究人员等利益相关者组建质量保障机构，定期对学校的专业布局及人才培养各个环节进行诊断，促进专业动态调整和持续改进，以确保专业育人在规模、结构、质量等多方面与社会紧密对接。

3. 劳动力市场：融入协同中的参谋者

劳动力市场代表着社会上的行业、企业及非标准化就业的工作岗位等，其对教育的介入是高职教育良性发展必不可少的元素。在专业设置方面，劳动力市场的主体不仅要介入，而且要融入与协同，共同为高职院校的专业发展谋划布局。其参谋作用主要有信息提供与反馈、接纳教师企业行动研究、参与学校专业建设相关咨询组织、共建产业学院或开展学徒制育人。第一，信息提供与反馈。协助行业政府或组织提供行业发展动态、岗位核心能力、人才需求信息等，以促进就业市场人才需求数据库的构建；协助学校完成雇主满意度、人才质量反馈等调查，以促进高职院校对教育质量的掌握。第二，接纳教师企业行动研究。接纳教师下企业锻炼或调研，为专业建设规划及专业调整提供"田野工作"场所，增强教师对岗位能力的认知度，促使教师开展行动研究。第三，参与学校专业建设相关咨询组织。企业或行业人员通过参与高职院校专业教学指导委员会或者质量保障组织，输入外部信息，提供有益建议，帮助专业发展调整方向等。第四，共建产业学院或开展学徒制育人。企业与高职院校共建产业学院，根据产业发展设置特色专业，一方面促进了专业育人与企业真实岗位紧密对接；另一方面，可以培育企业逐渐成长为"产教融合型企业"。另外随着现代学徒制的铺开，高职院校可以与企业协同设计灵活的专业人才培养方案，形成"双主体双导师分段对接"

人才培养模式，提前培养企业所需的技术技能人才，达到双向共赢，协同发展。

4. 学生：直接利益的诉求者

学生作为专业设置真正的消费者却一直被忽略，因为在中国传统文化的纲常中，严苛的"弟子规"要求学生必须"敬听"和"顺承"，他们不能抗拒师命，只能充当"被安排者"的角色，所以直到今天我们依然把学生的诉求放在较低的层面。然而在20世纪60年代，"西方部分国家的大学生试图用自己对大学的不满而强迫学校改革"[①]。在此浪潮中，法国、联邦德国、英国等国家相继把学生的权益纳入了学校管理体制中，如法国出台了《高等教育方向指导法》，将专业设置的一部分协商权授予了学生。因此，重视学生对专业设置的诉求不仅符合市场经济条件下生产者与消费者之间的关系逻辑，也是促进专业育人质量提升的新式"撒手锏"，正如海尔公司的管理文化所述，"用户的抱怨是我们最好的礼物"，抱怨就是改革的突破口和发展的创新点。学生作为专业设置的利益相关者主要具有以下诉求和职责。第一，转专业与选专业诉求。转专业是学生进入高职院校就读时已经按专业确定了学籍所属院系，其经过一学年适应与学习后，根据自身的体验申请变换专业，这是有条件的、针对少数人开放的一种便利选择；选专业是指部分高职院校实施完全学分制，按专业大类招生，学生进校时没有分配到具体专业中，在院系或特色书院学习一年专业基础课后，根据自身对专业的了解和兴趣选择所喜欢的专业，这是一种自由度大、面对所有学生开放的、较科学化的选择方式。无论是转专业还是选专业，均是学生对专业的一种倾向性评价，侧面反映了相关专业的存在价值和发展前景。第二，参与毕业生信息反馈工作。学生对教育教学质量的反馈有主、客观两种渠道，主观渠道是参与所就读院系的毕业生座谈会，与教师面对面对就业时专业在人才市场上的求职成功率、课程对岗位工作的支撑度等进行反馈，并通过工作实践，对专业的就业面向、课程设置合理性、教师教学方法、学校教育管理等提出建设性的意见与建议。毕业生作为专业教学的消费者和专业与职业链接的中介，其对专业教学的反馈比任何外部专家更贴切，同时由于情感归属原因，学生的建议也

---

① Johnson, Paul. 1968: The New Spectre Haunting Europe [J]. New Statesman, 1999 (12): 6.

充满了主人翁的责任感,因此每年召开毕业生座谈会是促进专业设置与课程建设效能最高的选择。客观渠道是指学生接受学校远程跟踪调查,包括就业稳定性、就业满意度、专业与就业相关度、薪酬、对教学的满意度等指标,以此来反映该专业育人的整体效果,同时也可以反映本专业人才在劳动力市场需求侧的大致趋势,为专业调整、改进或招生规模厘定提供有力的参考依据。

二、预测、预警、开设与调整四结合(战略)

我国大多数高职院校专业布局所呈现的"杂货店"现状和部分专业人才滞胀现象,其背后的主要原因在于之前的大部分院校闭门造车,故步自封,专业布局只以"增设"为主,退出的极少,增易减难,专业规划缺乏较合理、科学的论证;而作为专业审核与管理的区域教育行政部门也没有提供相应的参考信息与指导意见,导致应该全面规划、深思熟虑的专业设置工作变成了见缝插针、屈就逢迎式的短视模式。因此,重新建构的高职教育专业设置管理机制,应该弥补以往的短板,实行利益相关者为主体的预测、预警、开设与调整四结合原则。预测和预警属于事前控制环节,开设属于事中控制环节,调整属于事后控制或反馈控制环节。

(一)预测

预测是对市场的外部环境、政策的顶层设计及组织的内部条件等进行综合分析后,所开展的预计与测量,目的是提前识别机遇与挑战,准确把握现状与趋势,清晰掌握条件与环境,以为合理的目标制定奠定基础。其所依赖的主要方法有信息搜集法、观察法、分析法等。专业设置的预测在顶层设计方面是指"职业教育部际联席会"根据三次产业的转移趋势、职业发展变化及国家特定发展战略等动态调整专业目录;在实践执行层面,是指地方教育行政部门与高职院校根据区域产业需求预测劳动力市场人员的需求结构、规格与规模,以及对紧缺专业、潜在紧缺专业的探测,为院校专业设置与持续改进寻找方向。世界上最早对产业趋势开展预测的当属"配第—克拉克定律"(petty-clark Law),1940年英国经济学家柯林·克拉克(Colin Grant Clark)在威廉·配第(William Petty)1690年提出的关于"产业结构与职业结构相对应"的理论基础上,认为产业结构变化具有规律性,即

"劳动力首先由第一次产业向第二次产业转移,当人均国民收入水平进一步提高时,劳动力便向第三次产业转移"①,也就是说,产业结构不断调整与转移推动着就业市场的容量与结构变化,也影响着高职院校的专业结构布局规划,因此针对产业结构调整开展专业设置预测是准确对接劳动力市场的重要环节。

另外,专业设置预测还包含着对一些产业演进中的新职业、一些非标准化就业市场可能产生的职业等进行预测。预测的大致范围包含四个方面:(1)对产业从标准化向精益化自然演进时即将可能衍生出来的新职业进行预测,如"数字化管理师""无人机驾驶员"等职业。(2)对民众社会生活方式及精神生活需求变化可能衍生出来的非规则性职业进行预测,如"网红""职业粉丝""电竞陪练及演示员""宠物护理员"等职业。(3)对国家某一时期政策推进下保障人民生活需要可能衍生的职业进行预测,如"二孩"生育政策实施后急需的"月子中心"管理人员、护理师、营养师等一系列分工明确的专业人员;对国家即将进入老年化社会所急需的"养老"项目规划等专业人员进行预测。(4)对一些去雇主化、非标准化就业的职业变化进行预测,如微商、网店等管理与经营人员、"SOHO一族"、在线教育策划者及咨询师、经纪人等,此类职业的诞生也标志着民众的社会生活由工业时期的集体化、标准化向信息时代精益化、私人订制式转变。因此专业设置的预测不仅要考察已具规模的产业发展趋势,也要考量社会发展中衍生的不成规模的、甚至特殊的或单一的职业,预先设置相关专业,促进相关职业向专业化迈进。

最后,专业设置预测还包含着对国家发展战略以及个别区域发展新策略所需人才的分析。如经济发展方面的"中国制造2025""一带一路"倡议等;社会发展方面的"乡村振兴战略"、环境污染治理等;文化建设方面的中华文化研究、保护等"文化自信"传承项目;区域发展方面的自贸区建设、粤港澳大湾区建设、雄安新区建设,以及原有的西部大开发、东北老工业基地振兴等。在支撑国家发展战略上,专业设置预测的执行主体为教育部牵头的

---

① 乔晓楠、张欣. 美国产业结构变迁及启示——反思配第一克拉克定律[J]. 高校理论战线,2012(12):32-42.

"部际联席会",其通过分析国家新时期整体发展战略,为全国性的新专业目录开发或旧目录修订提供参考,如"一带一路"倡议、"乡村振兴战略"目前还没有所对应的专业,民族文化类专业只有 7 个,还需要进一步增加;在支撑区域发展策略方面,专业设置预测的执行主体是教育厅牵头的"厅际联席会"和高职院校,"厅际联席会"根据区域发展战略新需求自上而下拟定部分新专业下达给高职院校,高职院校根据自身基础与区域战略的对接程度自下而上申请部分新专业,最终形成全国专业目录+区域专业目录相结合的高职专业设置新格局。

(二)预警

预警是对专业外适度与内适度两个层面的不良状态所做出的提前警示。外适度的不良状态是指专业在对接劳动力市场时,因所对应的产能过时或者专业人才培养规模出现过剩而产生的错位;内适度不良状态是指专业与学校的发展定位不契合、办学资源不足、人才培养质量不佳等情况。专业设置预警的目的是调整部分过时、错位的专业,缩小部分人才过剩专业的布点数与招生规模,促进高职院校专业布局与学校品牌战略耦合,最终提升专业外适度与内适度。

首先,在专业的外适度不良状态预警方面,通过对全国或区域产能过时的行业进行分析,对专业目录进行调整,指导高职院校对现有相关专业进行预警或裁撤。如目前我国过剩的产业现状为:钢铁、电解铝、石化长期产能过剩;煤炭损面已高达 80% 左右;平板玻璃、水泥、船舶库存膨胀;光伏、风电大肆举债经营,产业面临崩溃等。面对这种状况,应该只允许行业类专门高职院校设置相关专业,如"包头钢铁职业技术学院""兰州石化职业技术学院""武汉船舶职业技术学院"等,其他院校的相关专业可逐步撤并。另外,对全国,尤其是区域规模过剩的专业进行区辨,指导高职院校不重复设置或者调整此类专业,其目的是避免教育浪费和结构性失业(structural unemployment)。所谓结构性失业,是新古典综合派(new-classical synthesis)对凯恩斯(John Maynard Keynes)总量就业理论的补充,[①] 是指由于劳动者与劳动力市场结构不相适应而造成的失业,表现为失业和空位并存。其形成的主

---

① 黄安余. 就业失业论 [M]. 北京:中央编译出版社,2015:55.

要原因是产业兴衰转移或产品结构变化造成了劳动力供给结构与需求结构不吻合。结构性失业主要包括以下维度：第一，技术结构性失业，指从业者的专业技术结构与岗位需求技术结构错位；第二，区域结构性失业，指从业者所在区域相似技术人才过于集中，形成区域相对过剩性失业；第三；摩擦性失业（frictional unemployment），是指因局部、暂时的劳动力市场功能失调而引起的短期失业，这是由于劳动力供求信息不畅通、市场组织不完备等原因所致，[①] 这属于信息结构性失业，也称为搜寻性失业和等待性失业。因此，开展专业预警是降低专业育人成本的事前控制，是纠错或防患于未然的必然路径。其次，在专业的内适度不良状态预警方面，高职院校应该在前行中不断省思，定期整合第三方评价组织、雇主、毕业生等利益相关者，对专业布局进行全面诊断。主要包括专业发展定位与学校整体方向的契合度诊断；专业办学的师资、实验实训设备等资源的评核；人才培养效果方面的校内横向对比分析，以就业率、就业稳定率、起薪额、教学满意度等作为指标，用雷达图对比某专业与全校专业平均指标之间的差距，对于偏离学校发展定位的专业、教学条件低又不能共享融通的专业进行裁撤；对于三个以上指标低于全校平均数的专业进行重点分析和预警，指导该专业进行改进。

（三）开设

开设包括专业的常规开设、特色开设和超前开设。常规开设是高职院校指按照教育部的专业目录对非国控专业实行省级备案报送，对国控专业向教育部申报等过程。特色开设是指学校与企业联合建立的产业学院中的专业开设，或者是根据社会新需求开展的专业开设。如湖北江汉艺术职业学院以潜江的小龙虾特色成立"龙虾学院"（又称饮食文化学院），根据小龙虾产业链的技能要求设置了"小龙虾"专业及三个方向；锡林郭勒职业学院根据电子竞技市场热设置了"电竞"专业；武汉商贸职业学院设置了"国际管家"专业等，以特色填补市场空白。超前开设不仅包括开设未来有可能产生的新职业所对应的专业，如随着振兴乡村战略计划的实施，传统农业开始向现代农业转换而需求的"农业经理人"的培养，随着建筑行

---

① 胡学勤、李肖夫. 劳动经济学 [M]. 北京：中国经济出版社，2001：287.

业数字信息的应用,"建筑信息模型技术员"(BIM)的培养等;也包括对专业目录中已有的、未来人才规模需求量大的专业进行布点,如人口政策与国情变化下的"学前教育""家政服务""养老服务与管理"专业的扩招等。当然,以上三种专业开设方式是高职院校以高中毕业生为生源实行的惯性策略,因为高中毕业生前序知识比较系统性,他们接受专业学习的难度较小,而随着新扩招政策的实施,高职院校生源构成将呈多元化之状,农民工、退伍军人等受教育者对课程的认知水平与接受程度不同,因此原来普通意义上的泛在式专业开设方式已经很难应对特殊生源的学习需求,需要根据不同受教育者进行专门定制,专业开设的方式及教学组织形式等将会发生新的转变。

(四) 调整

调整属于反馈控制,是对专业预测、预警、开设活动结果的匡正,是一种参照外部信息而实施的内部控制活动,具有动态性特点。这里的调整有两个维度,一个维度是"职业教育部际联席会"根据产业转型、职业发展、国家战略等对高职教育专业进行合并、更名、保留、取消等,使得专业目录能够更贴近社会发展,能够强有力地指导高职院校专业设置。当然专业目录的调整只是一个导向性的指引,专业开设及调整的选择权最终在高职院校,高职院校的专业布局调整才是预测、预警等一系列工作的最终目的。专业布局调整是控制理论在教育管理中的实践应用,可以参照以内部约束为主的全面质量管理理论、PDCA循环理论以及美国COSO报告中的内控制度等。调整的目的是对专业的营运效果等进行反馈、纠正和优化,对不适应产业需求的、规模过剩的、不符合学校定位的专业进行合并与撤销,并形成自我监督、自我改进的动态调整机制。

高职院校专业布局调整是一个很难的内部治理问题,必须有较科学的分析方法和令人信服的决策方案,可以从专业的外适度与内适度两个维度展开研判,以比较求势为主、比较优势为辅设置权重。专业外适度研判包括专业与政策导向的契合度、与区域劳动力市场人才需求规格与数量的对接度、与区域内同类院校间的竞争力等;专业内适度研判包括发展现状、师资力量和教学条件等的具体数据分析。最后权衡研判结果,对专业布局进行优化调整,为了降低控制成本,达到资源有效利用,调整的策略以整合建群为主、撤销退出为辅。如根据"双高计划"特色专业群建设的导向,把行业业务相近、职业岗位相关、课程内容相通的专业组成"雁阵"①,以达到资源共享、聚合发展;把不能入群的零散专业撤销,根据专业链上、中、下游发展需要将部分即将撤销专业有用的师资或课程并入,最后对既不能入"群"也不能入"链"的专业实施彻底退出决策。

《教育部关于推动高校形成就业与招生计划人才培养联动机制的指导意见》指出要建立"专业人才需求预测、预警系统、就业监测反馈系统,以健全专业调整机制",这就要求在信息化时代,必须建立相关大数据系统与分析研究机构,打通各种信息壁垒,使得专业预测、预警、开设与调整互为参考,系统运作。

三、定力与张力结合(战术)

定力与张力是发展的两维战术,是变与不变、有所为与有所不为的两力博弈。高职教育专业设置从宏观的管理办法、目录制订到高职院校具体的专业布局都应该遵循此原则,尤其在动态调整中要把握好定力与张力之间的度,不固步自封也不矫枉过正。首先,在专业设置管理机制的整体导向方面,要处理好本质主义与功利主义之间的关系,要把知识传授、提升学习者综合素能的目的和服务产业转型发展的目的结合起来,也就是说在专业目录的合并、取消中既要考虑到学科知识之间的内在联系性,又要考虑专业与产业的对接性。有的学者认为,高职院校的专业教育只要教给学生"如何做"的技能就行,没有必要去传授"为什么这么做"的背后原理,这是典型的工具主义,把学生视为单纯的劳动力,忽略了他们后续成长的需求,专业教育过度功利主义,容易形成"单向度"的人,因为技术高超但素质侏儒同样属于一种教育失误。同时,要把本土高职教育的"势"与"情"和国外先进经验结合起来,专业设置既要考虑中国传统管理文化与现有行政体制架构,又要借鉴国外利益相关者共同治理的扁平化决策模式,避免抱残守缺,也避免空中楼阁、水土不服,要在消化吸收中逐步迁移融合国外先进专业设置管理机制,达到

---

① Kojima K. The "Flying Geese" Model of Asian Economic Development:Orgin, Theoretical Extensions, and Regional Policy Implications [J]. Journal of Asian Economics, 2000, 11 (4):375 – 401.

以势定理，理性抉择。

在具体的高职院校专业布局中实施定力与张力结合原则实质上就是要处理好专业结构、规模、质量、效益四个维度的关系，不因效益或规模而背离结构与质量。因此，定力是核心，张力是创新弹性。定力是指坚持学校品牌专业及专业群发展的清醒定位能力和意志力，也就是在专业开设上不要盲目跟跑，始终保持"品牌制胜意识"和"质量立校意识"，稳固学校专业特色和"原实力"；在专业布局调整上，要围绕专业与学校发展定位的契合度进行周详的研判，不因既得利益而轻易改变基本专业格局，也不因情感等各种羁绊而放弃对不合理专业的调整，始终把支撑学校发展定位作为专业布局调整的基本方向。张力是一种以定力为基础的智慧活力，它与定力之间有一定的内在牵引力和制约性，张弛有道，并非随意或随性地扩张。高职院校专业结构优化的张力在于以学校品牌专业为基础，以适应和引领地方新产业为依据，在学科基础同质或近质、教学资源可共享、课程可互通的前提下，稳步拓展专业群范围，在结构合理、效益提升的情况下，达到优势叠加，以增强学校发展的战略弹性和创新力，打造固本强基的核心竞争力，达到守正出奇之功效。

第二节 高职教育专业设置管理的新机制构建

高职教育专业设置的机制重构，是在前序困境分析与学习借鉴的基础上、在逻辑、战略、战术三维原则的指引下所开展的"三破四立"[①] 活动。"三破"是指破除原有机制运行中专业统筹管理的各层级脱节现象、破除专业设置及审核管理中的偏颇现象、破除专业目录制订与产业对接中的滞后现象；"四立"是指根据高职教育 2.0 时期的时代境遇，重新建立专业设置的原则、建立专业设置管理的机制框架、建立专业设置的利益相关者融合组织、建立责任明晰的专业设置统筹管理体系。通过"破"与"立"的经典创新与建构范式，不断弥合高职教育专业设置主体之间的沟壑，规范各运行环

---

① "三破"是指破偏颇、破脱节、破滞后；"四立"是指立框架、立原理、立融合、立体系。贾康、苏景春．供给简明读本侧改革——新供给［M］．北京：中信出版社，2016：66-68．

节的程序，界定各利益相关者的权力边界，提升专业设置管理新机制的价值品性。

一、"三对接"的政策依据

2019 年，《国家职业教育改革实施方案》（以下简称《方案》）提出了专业与产业、课程与职业、教学与生产的"三对接"，勾勒出了产业、专业、职业及其辅助要素之间的网状图谱，这不仅拓展了高职教育的社会分担边界，也将专业设置与标准化育人相链接，因此高职教育依据产业与职业变化开展专业结构优化及配套机制建设势在必行。当然管理机制重构并非偏安一隅的凭空想象，而是参考国际标杆经验和国内丰富历史积累，包括瑞士行业协会、职业协会、高等专业学院、政府相结合的专业设置机制，新加坡贸工部、人力部、教育部与行业、企业、理工学院等共同参与专业结构设计的机制，澳大利亚行业培训委员会、能力标准委员会与州教育服务处等协同定制培训包的机制，以及我国 1922 年《学校系统改革案》中的"多留各地方伸缩余地"和 1932 年《职业学校法》中的"视地方需要酌设"。根据经验迁移和现状分析，我国高职教育专业设置的管理机制重构除了宏观的全国性专业目录调整与产业更加契合外，主要重心在于区域行政部门的统筹管理机制与校本动态调整机制构建上，即《方案》中所聚焦的"强化地方引导本区域职业院校优化专业设置的职责"。也就是说"三对接"的契合度、精准度的掌控权主要在区域与高职院校，区域行政部门要引导高职院校合理规划专业布局，使其与区域产业精准对接，对于与产业人才结构错位、规模错位的专业有职责责成高职院校进行调整；同时，由于高职院校招生来源超的 90% 以上来自院校所在区域，学生毕业后接受继续教育的比例较低，流动性弱，直接就业的超 96% 以上，直接服务本区域的在 93% 以上，因此，高职院校要把握区域生产生活特性，注重课程与职业、教学与生产的衔接情况，因地制宜、因需设课，如同样是"水利工程"专业教学，黄河流域与长江、珠江流域因为水资源、河沙、地质、气候等不同，课程与实训等一系列设计必须有所差异，以确保专业的培养目标与质量生成之间有较高的达成度。所以，"三对接"政策最终形成的管理机制是专业外部与内部六要素的"双联动"，即处于外部的"专业结构—就业结构—产业结构"与处于内部的"招生状况—培养状况—

就业状况"之间的互动反馈①,"双联动"的目的是化解复杂劳动力市场上的不确定性,提升高职教育服务区域的贡献度。

二、"两条基线、四层管理"的机制框架

新建构的高职教育专业设置管理机制以全国性专业目录为引导,以"两条基线、四层管理"为框架。两条基线是指"国控专业"与"非国控专业"的设置路线,四层管理是指"部际联席会、教育部、省级厅际联席会、高职院校"四层实体间相互推动与制约的关系(见图4.2.1)。

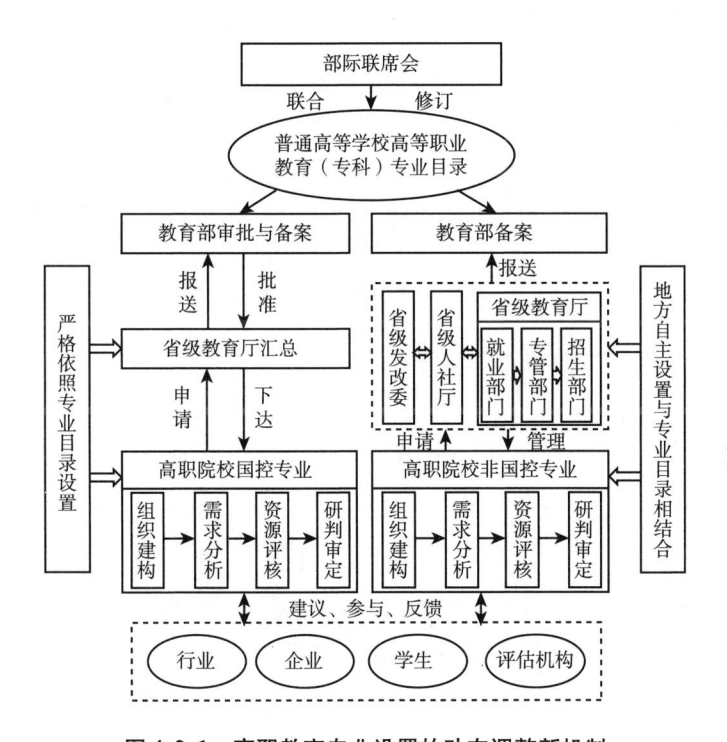

图 4.2.1 高职教育专业设置的动态调整新机制

新机制与原有机制的不同之处是在管理层级上注重了利益相关者的共同介入,即专业目录调整主体由过去的教育部转变为部际联席会、省级专业设置的统筹管理主体由过去的教育厅转变为地方厅际联席会,同时改进了区域

---

① 张栋科. 高职院校专业群建设的行动逻辑反思与重构[J]. 教育发展研究, 2019 (1): 17-24.

专业设置统筹管理机制和校本专业调整优化机制实施程序，明晰了各主体的责任边界和具体运行步骤，在专业育人效果反馈方面增加了由行业、企业、学生和评估机构组成等非行政主体的利益相关者参与，以聚焦—协商的方式为高职院校专业发展建言献策。同时，新建构的机制"以势定理"，既考虑到我国现行的科层管理式行政体制之不可撼动性，又借鉴了国外"有机团体"共同治理高职教育的先进经验；既考虑到高职教育发展不可或缺的整体导向性，又重点关注区域教育发展的特殊性；既考虑高职院校专业开设及动态调整的自主性，又强调"程序自由"下的严谨性与规范性。总之新机制除了全国性高职教育专业目录动态调整工作与占专业总数约8%的国控专业由部际联席会和教育部等进行全局统筹管理外，占专业总数约92%的非国控专业设置管理工作基本由区域厅际联席会和高职院校协作完成。因此新建的高职教育专业设置管理机制主要着力点在区域专业设置管理及高职院校校本专业调整上，只要把握好这两个关节点就可以基本优化高职教育的专业布局。

三、"部际联席会"联合调整高职教育专业目录

专业目录是高职教育办学的指导纲领，它表征着不同时期国家对人才需求的标准与走向。如19世纪末到20世纪中期，我国高等实业学校或高等专业学校的专业目录主要以西学为内容，以实用主义为导向，目的是"鼓民力"，以救亡图存；到了新中国成立后，为了摒弃西方教育理念，1952年起全面学习苏联的学科分类方法，专业目录设置重点围绕知识体系开展；1988年随着我国参照国际"经济活动标准产业分类"后，高等教育的专业目录也逐步与产业接轨，按产业大类开始设置，以促进专业教育对产业的对口服务。目前，随着信息技术的融入，新一代产业转型与科技革命兴起，各种新职业相继诞生，高职教育的专业目录调整所参考的领域越来越广，仅凭教育部单方面力量已很难修订较为完善的专业目录，因此，参照《国家职业教育改革实施方案》中的组织架构，由"国务院职业教育工作部际联席会"共同开展专业目录调整，部际联席会主体由九个以上部委组成，包含了专管教育、人力资源、社会发展、工业发展、农业发展的规划部门，以及专管财政、国资、税务、扶贫等保障部门，联席会作为一个"有机团体"共同规划高职教育发展、协调制定配套政策，调整专业目录，从纲领上为专业—产业—职业的对

接勾画图谱。

高职教育专业目录修订必须具有"适应、支撑、引领"三种意识，因此需要部际联席会从三个方面寻求相关参考资料，即查阅已有资料、挖掘现有资料和分析未来路向，然后将教育教学规律与行业、产业、国家规划等背景相融合。具体做法如下：第一，参考2017年颁布的《国民经济行业分类》，对比其在2011年版基础上分解、更名、新增、变更后的530个调整点，并寻找现有专业目录中所对应的专业对其进行调整。第二，参考2018年关于《三次产业划分规定》修订的内容，对比其在2012年版基础上调整的10处内容，寻找产业划分与行业分类之间调整变动的内在关联性，对应修订高职教育专业目录，以增强其对产业结构调整的适应力。第三，由人社部在2015年版基础上开展新一轮《职业分类大典》修订，将因产业、国家政策、信息技术等变换而促成的新职业和因产能、技术过时而淘汰或即将淘汰的职业进行公布，为专业设置的职业岗位基础及就业面向提供参考。第四，由工信部提供和探测未来新兴产业的发展格局，预先设置相关专业以引领产业与信息技术发展。第五，由发改委、农业农村部、扶贫办联合挖掘振兴乡村战略所需要的职业岗位及其核心能力，为高职教育支撑国家战略、精准扶贫做好专业布局。第六，将教育系统内部的中职和本科专业目录加以对比，在专业目录在设置上要提前做好三个体系之间的衔接递进，为畅通培养渠道做好准备。尤其要打通与中职教育专业目录之间的衔接渠道，因为随着高职教育扩招100万人任务的推开，中职学生将会成为高职院校的招生来源之一，同时，由于"高职本科"的实施及"3+2"沟通培养的拓展，专业目录制订也要为高职—本科衔接育人体系构建提前做好铺垫。

全国性专业目录每1年修订一次，每3年整体调整一次，以快速适应或引领瞬息万变的产业转型与信息革命。当然，全国性专业目录只是一个导向性的指引，除了国控专业外，区域可以根据地方产业及资源特色，制订区域专业目录，高职院校也可以自下而上申请自己所拟定的新的非国控专业。最终的专业设置自主权属于高职院校，选择全国的、区域的和自我拟定的三种目录中任何专业来开设，其开设国控专业的审批权归口教育部，开设非国控专业审批权归口省级厅际联席会。

四、利益相关者介入的弹性专业设置与常态监测运行机理

新机制在宏观管理上依旧保持科层管理的特点,在具体运行中按照国控专业与非国控专业两条基线,重点加强国控专业的校级设置程序与反馈系统,以及非国控专业的区域、学校两层统筹管理、设置及反馈系统,具体运行机理如下。

(一)国控专业

新机制规范了国控专业校本开设与动态调整机制,其他程序未做变动。因为根据2016~2019年国控专业的发展状况,国控专业并非"控"而不增,而是增设数量发展迅速,退出数量较少,四年来全国高职院校共增设国控专业861个布点数,年均215个,年平均审批通过率为56.15%。因此,为了避免高职院校在国控专业申请设置时的盲目性,在校本设置的可行性论证中,必须与行业、企业、学生(毕业生与在校生)、第三方评估机构等利益相关者相互沟通,开展四步工作:第一,根据专业结构优化调整的需求,组建"专业研判委员会""信息反馈部门"等组织。第二,开展人才需求分析工作,主要通过对行业政策分析、企业需求调研等,了解所设置专业的劳动力市场状况。第三,"专业研判委员会"对专业的内部资源和外部条件进行判别,在内部资源方面,参考教育行政部门的相关指标,确立专业开设的师资、实训实验、图书、场地等硬性标准,并根据行业工作标准与企业岗位要求,结合毕业生对所学课程的反馈情况,对学校专业开设或运行的条件进行研判;在外部条件方面,对专业所在区域的布点数、规模、发展前景及发展周期长度等进行研究、判断及论证,最后做出综合结论。第四,由学校的学术委员会对研判结论进行审定,对所申报的专业进行可行性论证,包括新增的专业是否属于学校发展布局之列,所调整(合并或退出)的专业是否程序合规和可行等,审定通过后再责成教务部门报送上级管理部门参与评审。

国控专业除了加强校本专业设置环节可行性论证外,专业名称继续沿用全国专业目录中的称谓,不因区域而变化;另外,由于国控专业设置由教育部和医学、公安与司法等行业根据全国战略需求统筹管理,严格审批,目前只有65个专业,涉及面小,还未完全出现因诸多利益博弈而带来的专业同质

化等问题,因此原有的审批机制继续存留不变。

(二)非国控专业

新机制对非国控专业的校本设置机制与区域统筹管理机制均进行了新的规范。因为2016~2019年全国高职院校非国控专业因受教育部总专业目录影响,紧跟产业升级和区域特色增设不足,4年来从708个增加到744个,只增加了36个专业;但专业布点数增加较快,4年共增加了7573个专业布点数,年均增加1893个,部分专业同质化严重。因此,非国控专业校本设置机制与区域统筹管理机制重构如下:

1. 建成利益相关者介入的四步骤校本专业设置管理机制

与国控专业校本开设和调整机制一样,非国控专业在学校层面上同样采用基于利益相关者介入的四步骤运作方式,即在与行业、企业、学生及第三方评估机构沟通与反馈的基础上,开展"组织建构—需求分析—资源核评—研判审定"四步骤。与国控专业的服务面向不同,非国控专业与行业动能转换、区域产业升级紧密相连,因此,在校本设置层面,不仅要考虑专业与行业、产业的关联性,而且要考虑专业与学校的办学定位的契合度。所以,学校应该将专业设置视为学校全局发展的大事,而非院系生存发展的小事;应该将专业设置、评估与改进视为学校的常规运行管理,而非短暂的应时之事。要将专业设置及管理工作列入《学校章程》,建成规范的专业设置评议组织,形成严格的审核程序,不再以单纯申请文本为审核依据,而是要开展基于PESTLE[①]的研判,即将政治(political)作为专业设置及发展需贯彻落实的总方向;将经济(economic)作为专业对接产业发展的外部目标;将社会(social)发展作为专业人才培养结构对接职业结构的参照目标;将技术(technology)作为专业动态调整的辅助因素,将法律或规范(legal)作为专业设置的支持或制约依据;将环境(environmental)作为考量专业校内地位与区域需求度的关键点,多角度、多方面实施综合分析。尤其要加强校内实地考察工作,要剔除专业设置就是"一致对外、合力应付上级审核"等固有观念,避免在专业增设中出现"借船出海"现象,同时也避免在专业调整中

---

① Karen Holems and Corinne Leech. 个人与团队管理(下册)[M]. 北京:中央广播电视学院出版社,2003:81.

出现"资源联合"式规避现象,把专业开设及调整工作作为学校内部质量保证体系建设的重要环节,将专业的内适度提升及持续改进作为高职院校诊改工作的工作重心。

2. 地方管理部门由教育厅转为基于"厅际联席会"的多部门联动

《国家职业教育改革实施方案》强调以教育部、发改委、人社部等组成"部际联席会议",以"国家队"的身份共同推动高职教育走向人力资源开发的蓝海。同样在不同的区域,产业发展方向、人力资源需求等对高职院校专业结构布局尤为重要,因此,在重构的高职教育专业设置管理机制中,地方发展改革委员会、人力资源与社会保障厅将与教育厅建立"厅际联席会议"制,共同协商区域人才培养规格、结构与规模,打通产业信息平台、人才需求信息平台与院校学生培养信息平台之间的壁垒,将专业预测、预警、开设与调整全方位结合起来,形成全新的"网络治理(network government)"模式。"网络治理"是指"一种多元主体广泛参与并提供公共服务的治理模式"[①],它弥补了科层制中单一主体"碎片化局部治理"的不足,倡导合作者根据环境变化分享公共权力、动态配置资源、共同管理公共事务,系统化地解决区域内民意所聚焦的问题。

"厅际联席会议"要秉持"网络治理"理念,各主体明确责任,共同治理区域内高职教育专业规划布局工作。发改委负责提供区域三次产业的布局、调整状况及未来转型规划等,并对新兴产业、过剩产业等进行界定,列举出专业所对应的产业类属,即"鼓励类"(集中度及优化升级的产业)、"限制类"(工艺技术落后、不利于优化升级的产业)和"淘汰类"(浪费资源、环境污染、不安全的产业),尤其对于"限制类"和"淘汰类"产业进行详细的指标或参数规定。人社厅提供区域内三次产业的就业状况,以及紧缺人才及失业人员结构状况,对每个特定行业人才的区域容量或过剩总量进行预测,同时对区域内现有的职业及拟出现的新职业进行统计与公布。教育厅依然是高职院校专业管理的主要责任主体,但必须也打破内部原有的沟通不畅局面,实施三部门联动配合机制,即就业管理部门每年发布区域内中职、高

---

① Steven, Goldsmith & William D. Eggers. Governing by Network: The New Shape of the Public Sector [M]. New York: Brookings Institution Press, 2004: 3-5.

职、本科、研究生各种类型毕业生就业质量报告，进行总结分析并面向社会公众发布，着重将就业率低、就业稳定性差和专业对口率低的专业报送专业管理部门，由专业管理部门结合"厅际联席会议"内容，确定鼓励类专业、限制类专业、裁撤类专业以及相关专业的招生规模，并转给招生管理部门（教育考试院），由教育考试院结合往年报考率，按照就业部门与专业管理部门提供的各类信息，确定相关专业的招生指标并分配给各高职院校。教育考试院的专业招生指标分配是省级行政部门调控专业布局最关键、也是最有力的"闸口"，它不仅能够反映区域内专业人才需求的结构，也能反映不同高职院校专业在区域中的办学质量。教育考试院对于人才结构需求旺盛的专业可以增加区域内招生规模，根据开办该专业的高职院校人才培养质量优劣情况，按比例给予分配招生指标，反之亦然，这样可以从宏观上控制区域内专业的人才培养数量，防止过剩与不足，也可间接促进高职院校进行专业调整工作。然而，在以往的招生工作中，教育考试院并没有扮演调控角色，它只分配总指标给高职院校，确定普通高考招生、自主招生与学考的权重比例，并没有对具体专业的招生规模进行指导。学校招生管理部门接到招生额定指标后，由于部门之间的行政设置隔阂，也没有与教务处协商是否按照专业人才培养效果来分配招生指标，而是直接将数额下放到各二级教学单位，最后的结果是各专业基本平均分配了招生指标。这种招生过程看似具有一定的程序性，但实质上处于混沌状态，没有任何理念指导和行政规约，专业设置的外部信息（产业、职业）与学校的内部信息（招生、培养、就业）均没有联动起来，导致专业设置或教学内容出现闭门造车、服务错位等现象。

关于成立专业设置的"厅际联席会议"制度，个别省份已经开始探索，如在2020年初，江西省就发布了《高等职业教育（专科）专业设置管理实施细则》，明确提出在省级层面设立由行业、企业、教育等方面专家组成的高职专业设置指导委员会，委员会不仅对专业设置进行审查，也要建立专业评价机制，根据产业需求动态调整专业。该《细则》对高职院校的专业设置数量实行总量控制，对每个专业的招生数量也进行了控制，即"平均每专业在校生数不低于180人（农林牧渔、艺术类院校平均每专业在校生数不低于90人)"①，目的是避免盲目设置，集中资源办好专业。

因此，"厅际联席会议"不仅要聚焦区域发展需要来研判专业设置的路向，而且要建立区域内行业、劳动力市场及高等职业教育信息互通的数据平台，以整体、全面、动态的方式为高职院校提供专业设置、持续改进与动态调整的参考依据。例如，2019年多个部门关于家政专业的联动鼓励与开设取得了一定的成效，首先在国务院办公厅印发了《关于促进家政服务业提质扩容的意见》后，教育部根据2018年家政服务业的27.9%的增速和有效供给不足等现状，提出每个省份原则上至少有一所本科和多所职业院校开设家政服务相关专业，经过各省（区市）努力布局，最终，在2019年有72所高职院校开设了家政相关专业，部分本科院校也参与其中，促进了专业设置很好地与人力市场对接。

3. 实施地方自主设置与全国专业目录相结合策略

由于当前各类研究的时滞性和全国专业目录修订周期的较缓性（五年），导致部分区域产业的特殊性未能及时体现到对应的专业目录中，新产业衍生的新职业未能及时出现在专业目录中，阻碍了高职院校精准、快速服务区域的通道。追踪我国职教发展历史，依据区域产业特殊性开办特色专业最著名的例子是1898年的"杭州蚕学馆"，学馆以杭州的气候、土壤适宜性为根本，全力建造蚕房、学堂设备、教材、聘请日本籍教师等，蚕学馆的人才培养不仅支持了杭州经济，也辐射带动了全国蚕学馆教育，更有成效的是培养出了著名蚕丝教育家郑疆辟先生，可谓"就浙省而言，为切要中切要"。② 依据新兴职业开办专业最著名的例子是黄炎培先生于1918年在"中华职业学校"开设木工、铁工两大紧缺专业，并设立了相对应的师范木工科、师范铁工科教员养成体系，弥补了这两个行业当时市场人才紧缺的状况。③ 鉴历史，明未来，我国地大物博，各区域气候、资源、产业等差异化突出，因此应该在国家级专业目录总指导下，出台地方性专业目录，扎根区域办高职教育，这样既考虑了区域的特殊性，又兼顾了全国的普遍性。拟定区域专业目录的

---

① 江西：高职（专科）专业设置管理实施细则发布［EB/OL］. https：//www.tech.net.cn/news/show-90501.html/2020-2-28/2020-5-5.
② 吴洪成. 中国近代职业教育制度史研究［M］. 北京：知识产权出版社，2012：40-46.
③ 谢长法. 中国职业教育史［M］. 太原：山西教育出版社，2011：260-261.

程序有两种，一种是教育厅根据"厅际联席会议"决议，自上而下确定有条件的学校开设某个目录外的专业；另一种是学校自下而上申请，由"厅际联席会议"审定同意后开设。各高职院校根据学校的办学定位和区域新兴产业发展需要，弹性新增或调整现有专业，聚集力量，打造特色专业及专业群，如中山职业技术学院紧盯区域发展特色，建立"一镇一品一专业"专业结构布局，以每个镇的产业为中心，合力建成5个专业镇产业学院，专业设置真正做到了根据区域特点"量身定做""量需育才"。

4. 实行全专业常态监控及定期评估机制

现有的专业评估主要集中在地方教育厅对新专业的"门槛类评价"和对重点专业的"上升性评价"上，其根本目的是评优扶特，不能全面评估各专业与产业、职业的对接情况。新建的专业设置管理机制，打通了各职能部门的现代信息平台，把所有专业纳入常态监控中，通过专业的报考率、就业率、对口率、需求率等数据，反映其发展状态，同时加强利益相关者共同评价，参照《悉尼协议》专业认证范式，以成果导向为手段来验证专业人才培养目标的达成度，对于数据较低的专业进行分析论证，并采取优化或退出等调整措施。

五、对社会扩招生的专业设置实行"目录＋院校＋教学点"结合策略

2019年国务院提出了高职院校扩招100万人的宏伟构想，扩招的对象为退役军人、下岗失业人员、农民工、高素质农民、在职职工及应（往）届毕业生等；扩招的目的是稳定就业，提高全民的就业素养；扩招的人才培养学制是弹性学制，最长学习时限不超过6年，学习的总学时不低于2500，其中集中学习时间不得低于总学时的40%；扩招生培养的组织形式是高职院校、企业、其他院校、校外培训机构等合作培养；扩招生的人才培养方案制订基础是根据学情分析，设计有针对性的培养策略，以生源的特长潜质，实施扬长教育，同时补齐短板；扩招生的人才培养质量标准是"质量型扩招"，高职院校要确保"教好""学好""管好"，实现高质量就业。

面对各种生源在学习基础、从业经历、认知特点、发展愿景等方面的差异性，2019年，教育部等六部门印发了《高职扩招专项工作实施方案》、教

育部办公厅印发了《做好扩招后高职教育教学管理工作的指导意见》，目的是因材施教、按需施教，多元而灵活培养，因此原有的以学科基础为分类逻辑的专业设置与人才培养定位已经很难适应新时期扩招的人才培养需求。在这种新形势下，省级专业设置统筹管理部门必须主动求变，鼓励高职院校进行社会扩招人员专业设置的探索与研讨工作，并充分给予自主决策权。高职院校作为扩招主体必须在专业设置上积极应变：第一，在教育部现有专业目录下设置专业，但必须对现有专业人才培养方案进行改革，根据扩招生的特征实行专门定制。第二，与扩招的各个教学点合作，根据教学点的办学基础、优势等设置招生专业，比如和中等职业学校合作培养时，以办学点的现有专业，尤其是优势专业为基础（师资条件和实训资源丰富），开设相近的高职专业；和企业合作培养时，以企业现有的实训资源和培训优势开设相关专业，并实行导师制、师徒制等个性化教育，同时也可以实行在岗即学习、学习即工作的学分认定、积累和转换制度。

总之，对社会扩招生实行"目录+院校+教学点"的专业设置策略将是高职教育改革的新挑战，其实施机理如下：专业设置的主体是高职院校和扩招办学点；专业设置的选择依据是教育部高职教育专业目录，或者高职院校目前已经开设的专业，或者根据办学点的资源条件设置新的专业；专业设置的管理机制是高职院校以自下而上的方式提出专业设置方案和具体名称，报省教育厅专业设置统筹管理部门，统筹管理部门汇总后发起专业设置的"厅际联席会议"，联席会议根据区域内产业发展、人才需求等综合因素来决策扩招的专业设置名称，如果通过，将由专业设置统筹管理部门备案，并下发各高职院校执行。如河北省招生专业按照"社会急需、适合培养、易于就业"的原则，优先考虑养老、护理、家政、健康服务、现代服务业等就业市场需求量大的专业。同时，也要对这些新设置的专业实行全专业常态监控及定期评估机制，为专业优化或退出做好研判工作。

虽然本书设计了针对社会扩招生培养开展专业设置的策略，但这只是一种小范围内的例外原则和权变管理之策，因为扩招100万人对个体来说是一种人生发展机遇，但就高职教育的整体而言，其数量在人才培养规模中却占比较小，假设全国高职院校每年都能完成100万人社会扩招计划（2019年招生116万人），那么全国1430所高职院校每校平均招生只有700人，而根据

2019年招生的实际情况，许多高职院校由于条件限制无法承接社会扩招生，例如作为全国高职院校最多的江苏省，通过两轮扩招后依然没有完成招生计划，就目前的招生主体来看，基本上是22所优质高职院校，许多省份也大致如此。因此，针对社会扩招生培养的专业设置涉及面较小，应该采用因地制宜的方式，重点考虑设置那些扩招生容易学习，并且是区域经济建设急需、社会民生领域紧缺和就业率高的专业。

本章小结

建构是对问题解决的表征，也是一切研究的最终目的。本章在前序困境分析与学习借鉴的基础上，从逻辑、战略、战术三方面出发，确立了高职教育专业设置的基本原则，并以三个原则为内在准绳，建构了新的专业设置管理机制。

在原则确立中，以三个标杆国家的优势经验和我国高职教育的历史积累为参照，原理与实践相依，规律与境域结合。首先在逻辑起点上，高职教育专业设置管理必须遵循"多元制衡、共同治理"原则，摒弃以往权力逻辑、知识逻辑或市场逻辑等一元决策模式，兼顾"三E"（经济、效率、效能）和"三D"（诊断、设计、发展），对外做到以势定理、对内做到以理节情，实施利益相关者共同介入的"管、办、评"分离制衡机制；其次在战略设计上，高职教育专业管理必须坚持预测、预警、开设与调整四结合原则，打通四种功能间信息沟通壁垒，各环节互动支撑、系统运作，破除高职院校专业服务区域时的错位、缺位或失位等状况，形成专业自我监督、自我匡正的动态调整机制；最后在战术应用上，高职教育专业设置要坚持定力与张力相结合原则，要有所为也有所不为，即专业设置时不盲目跟跑，专业调整时不轻率破局，重点处理好专业结构、规模、质量、效益四维关系，在稳固学校专业特色和"原实力"的基础上，稳步拓展专业群范围，达到优势叠加，以增强学校发展的战略弹性和创新力。

在机制重构上，实行"三破四立"策略，破除高职教育专业设置中的各种脱节、偏颇和滞后现象，纠正现有高职教育专业设置管理机制的偏离度，重新建立专业设置的原则、专业设置管理的机制框架、专业设置的利益相关者融合组织、和责任明晰的专业设置统筹管理体系。首先以专业与产业、课程与职业、教学与生产的"三对接"为政策依据,以"国控专业"与"非国控专业"为主体建构"两条基线、四层管理"的机制框架;然后围绕重构的机制框架,建成"部际联席会"调整高职教育专业目录的联动管理机制、"厅际联席会"统筹区域专业设置的管理机制,以及利益相关者介入的、四步运行的校本专业动态调整机制;最后实施地方自主设置与全国专业目录相结合策略,以及全专业常态监控及定期评估策略,多管齐下,责任共担,建成"网络治理"模式,破解非国控专业备案制背景下所酿成的专业布局之"公地悲剧",使高职院校的专业对外能"适应、支撑、引领"行业动能转换和区域产业升级,对内能支持学校的办学定位,提升学校的特色与效益。在研究常态、泛在专业设置管理机制的同时,也对 2019 年以来高职扩招的社会生专业设置管理机制进行了探索,根据"质量型扩招"的一系列政策,提出对社会扩招生实行"目录+院校+教学点"专业设置策略,目的是根据学情和教学条件,实行因材施教和按需施教相结合的多元而灵活培养模式,为稳定就业、提高全民素养出力献策。

| 第五章 |

高职教育专业设置管理新机制的应用研究

新构建的高职教育专业设置管理机制以增强高职院校专业的内适度与外适度为策略，其最终目标是优化院校专业结构布局，服务区域经济发展，发挥人力资本价值，以产生"对位效益"①，即"有效需求与供给"。对位剔除错位、失位与缺位，讲求实际效用，因此走向实践将是检验新建机制合理性的关键。当然合理性具有构成上的多元性、解释上的多元性及量级序列的多元性等特点，潘懋元先生认为"研究探索高等教育的合理结构时，只有相对满意的标准而不可能有最佳的尺度"②，所以，追求实践中专业人才与社会需求对位效益的量级提升就是对新机制现实合理性的验证。

与原有机制相比，新机制的创新之处主要体现在区域专业设置的统筹管理和校本专业布局调整优化两个着力点上。因此对新机制的实践验证以非国控专业（占专业目录总数的92%）为对象，以个案研究为方法，在区域统筹管理机制上以广东省高职院校会计专业设置审批为例；在校本动态调整机制上以"双高计划"的专业群建设理念为导向，以S校专业布局优化为例，对运行机制进行全面梳理，为高职教育专业设置管理、高水平专业群组建和校本专业自我诊改提供参考范式。

第一节 区域专业设置的统筹管理机制实施
——以广东高职院校会计专业为例

"非知之难，行之惟难。"面对我国高职院校专业目前已经形成的"公地悲剧"和管理行为惯性，新建构的机制对非国控专业布局中的区域统筹管理

---

① 施国宝. 知本论 [M]. 广州：广东经济出版社，2015：46.
② 潘懋元. 多学科观点的高等教育研究 [M]. 上海：上海教育出版社，2001：229.

边界进行了重新划归，即在专业设置方面，区域专业设置统筹管理部门要克服以申报文本为基准的单一审批模式，需要对新申报设置的专业开展基于 PESTLE 的科学研判，界定专业在区域中的类型与地位，以实施不同的管理策略；并定期颁布专业培养规模、劳动力市场的求人倍率等信息给高职院校以做预警，来指导高职院校有效地实施专业调整工作。

一、行业整体性和区域差异性结合的实施思路

区域专业设置统筹管理以行业整体性导向和区域差异性导向为双坐标，寻求两者发展的平衡区。在专业设置结构方面，以区域行业、产业等的政策布局与发展目标为依据，既要设置保证行业发展的基础专业，又要根据区域内产业发展的特征与需求，以势定理，设置特色或前沿性专业；在专业设置统筹管理原则方面，先看专业在区域内的比较求势，再看专业在行业内的比较优势，争取专业与社会需求之间的最高对位效益。

二、基于"供需关系理论"的理念指导

供需关系理论是区域行政部门审核专业设置的主要理论依据。在经济学领域，供给与需求是一对相互依存、相互作用的矛盾体，两者总呈现钟摆式周期性波动。需求管理以政府为主导，以投资、消费、出口作为拉动经济增长的主要方式，最早的"凯恩斯主义（Keynesianism）"强调以有效需求来促进社会发展，这是需求管理理论的开端，需求管理理论指导实践最卓见成效的案例是 1933 年的美国"罗斯福新政"。但利用政府对宏观经济的干预来刺激经济发展并不是一种长效手段，因此需求管理在国际社会经济发展的曲折迂回中几经没落，直到 20 世纪 90 年代，"凯恩斯主义复辟（Post Keynesian Economics）"再次主张"需求侧管理"，并在亚洲金融危机恢复中得以应用。供给管理理论认为只要供给增加就可以刺激需求，其经历了"萨伊定律（Say's Law）""供给学派（Supply-side Economics）""供给管理（Supply Management）"等几个阶段，至今在许多经济体系的发展中依然保持着生命力。从需求管理与供给管理在社会发展中的周期性波动及相应成效分析，单一地强调需求管理有可能出现"无效需求"而导致资源浪费；同样单一地强调供给管理，则可能出现短期或长期供给过剩，短期供给过剩可以通过调节机制

使得总供给与需求趋向均衡,但如果出现长期严重过剩,则会导致"增长型衰退"①。因此,单一依靠供给管理或需求管理都会产生偏颇,只有通过结构性改革,把二者结合起来,使得供给与需求总趋势趋于平衡才能形成常态发展。习近平总书记曾经指出"在适度扩大总需求的同时,着力加强供给侧结构性改革。"②这是具有中国特色的,具有"三破四立"等特点,"新供给经济学"从结构上调整了供给与需求的占比,以此来解决宏观经济中"供给萎缩、需求扩张"等劣势格局,解决各种"滞胀"问题,因此"新供给经济学"是一种调整供需错配的动力机制。

高职教育作为人才培养的供给侧,其主要特点是专业人才培养要紧密对接区域产业经济发展,其存在价值是由区域劳动力市场的需求侧来验证。在"新供给经济学"指导下地方厅际联席会的主要改革重心在于降低"制度性成本",引导高职院校优化专业设置,实现专业与产业经济对接,人才供给与人才需求的对接,克服专业设置中的盲目跟风、闭门造车、重复设置等问题,补短板、调结构,解决因专业同质而引起的人才滞胀问题,以及"结构性失业""结构性浪费"等供需错配问题,进而保持劳动力供需间的良性互动和动态平衡,因此供需关系理论是区域审核专业设置的重要理论基础之一。

三、区域专业设置统筹管理机制的实施基线

现以专业设置的多元制衡、共同治理为逻辑,以广东省厅际联席会审核某高职院校申请新增会计专业为例,管理机制分为4+3步,"区域产业状况分析—专业宏观布局研究—行业区域人力需求研究—专业发展类别界定"四步为研判路径,"开办条件审查—常态监测—适时调整"三步为审查及管理路径。实施基线的运作分为两种情况,第一,如果经过供需对接分析,本专业的发展类别属于规模过剩或产能过时专业,不适合新增,就只执行前四步策略;第二,如果经过判别,本专业属于可新增类别,再执行后三步流程

---

① 刘辛元,刘秀光. 供给管理与需求管理的理论演进与政策分析 [J]. 西部论坛, 2016 (5): 1-8.

② 全面贯彻党的十八届五中全会精神落实发展理念推进经济结构性改革 [N]. 人民日报, 2015-11-11 (001).

(见图 5.1.1)。

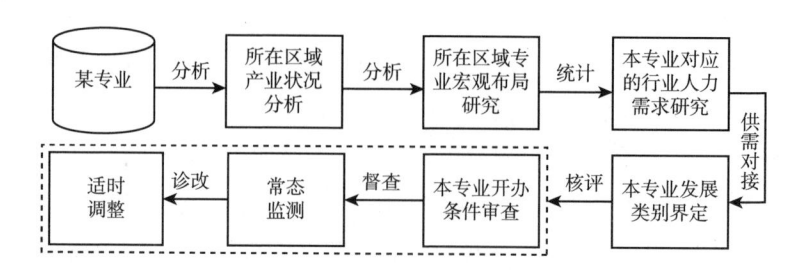

图 5.1.1 区域专业设置的统筹管理机制实施基线

四、广东高职院校会计专业设置管理机制的实施策略

依照区域专业设置统筹管理机制实施基线，首先对需求侧即广东产业概况进行分析，其次对供给侧即全省高职院校的类型、专业概况进行分析；最后从供需两侧交汇中分析会计专业的招生布点数、招生规模，市场求人倍率、需求规格等。从宏观到微观逐步细化，确定会计专业在全省的发展类别和设置的可行性。

(一) 广东产业状况及新兴产业目标

广东是经济发展大省，连续29年稳坐地区生产总值全国第一名，2018年地区生产总值中第一产业占比4.00%，第二产业占比41.80%，第三产业占比54.20% (见图5.1.2)。但由于地形地貌与历史原因，区域发展不平衡，

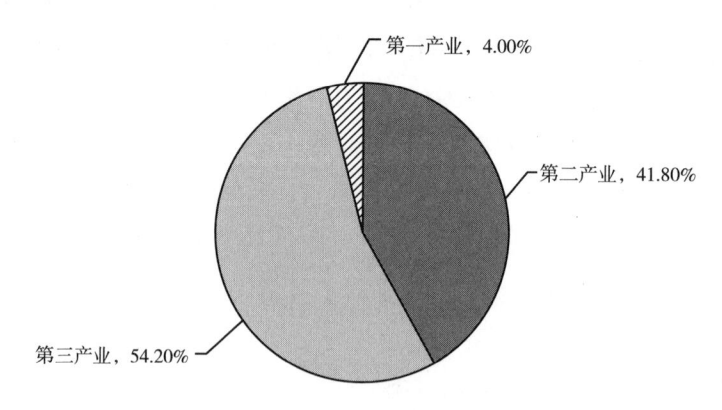

图 5.1.2 2018年广东第一、第二、第三产业在地方生产总值中的占比

珠三角的经济发展小圈层产值与圈层外的东西两翼、山区之间存在着很大差异①，导致区域内地区生产总值出现失衡之状，进而也影响了教育发展的均衡性（见图5.1.3）。

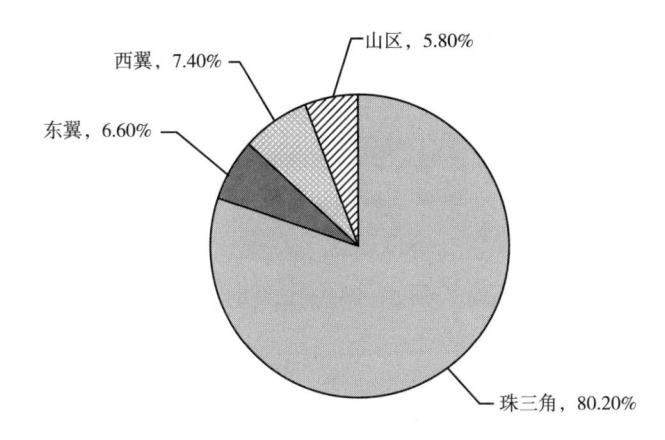

图5.1.3　2018年广东区域内地方生产总值分布

资料来源：《2018年广东国民经济和社会发展统计公报》。

然而，随着粤港澳大湾区布局的构建，区域间协作带动日益加强，"西线塌陷"之势将会得到弥补，泛珠江三角洲的"飞地经济"将逐步形成。"十三五"期间，广东的战略新兴产业领域主要有"新一代信息技术、生物技术、高端装备与新材料、绿色低碳、数字创意"②等，与粤港澳大湾区规划的"人文湾、休闲湾、健康湾"③之文化、休闲及养生服务产业相结合，成为未来区域经济和文化发展的主要面向。

（二）广东高职院校与专业整体布局状况

2018年全省共有高职院校87所，规模仅次于江苏省，位列全国第二；其中综合类院校占比52%，理工类次之为24%，其他类型合计占比24%（见图5.1.4）。

---

① 珠三角地区指广州、深圳、珠海、佛山、惠州、东莞、中山、江门和肇庆；东翼指汕头、汕尾、潮州和揭阳四个市；西翼指阳江、湛江和茂名三个市；山区指韶关、河源、梅州、清远和云浮五个市。

② 广东省人民政府关于印发广东省战略性新兴产业发展"十三五"规划的通知［EB/OL］. http://zwgk.gd.gov.cn/2017-9-6/2019-3-1.

③ 中共中央国务院印发《粤港澳大湾区发展规划纲要》［EB/OL］. http://www.gov.cn/zhengce/，2019-2-18/2019-3-4.

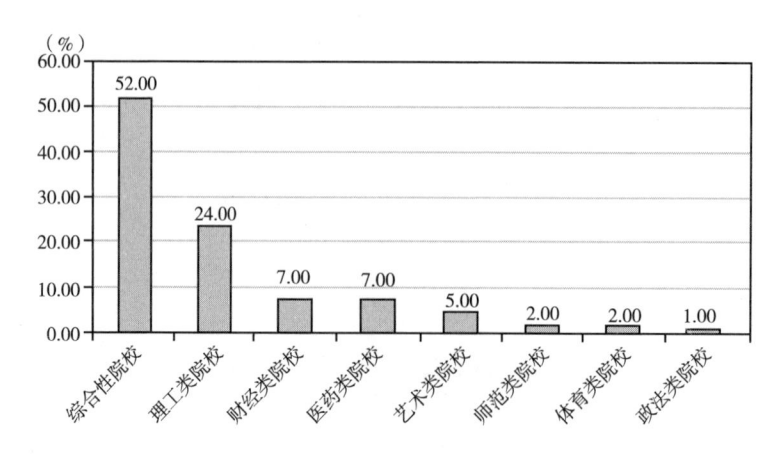

```
     (%)
60.00 ┐
     │ 52.00
50.00 ┤
40.00 ┤
30.00 ┤
     │      24.00
20.00 ┤
10.00 ┤           7.00  7.00
     │                       5.00
     │                            2.00  2.00  1.00
 0.00 ┴──────────────────────────────────────────
     综合性 理工类 财经类 医药类 艺术类 师范类 体育类 政法类
     院校   院校   院校   院校   院校   院校   院校   院校
```

图 5.1.4　2018 年广东高职院校类型结构

2018 年广东高职院校专业设置涵盖了教育部专业目录中 19 个专业大类的全部，共开设了 441 个专业。在 19 个专业大类的布点中，设置点数超过 10% 的有 5 类，分别为财经商贸类 19.83%、电子信息类 15.43%、教育与体育类 12.24%、装备制造类 11.2%、文化艺术类 11.01%（见图 5.1.5）。

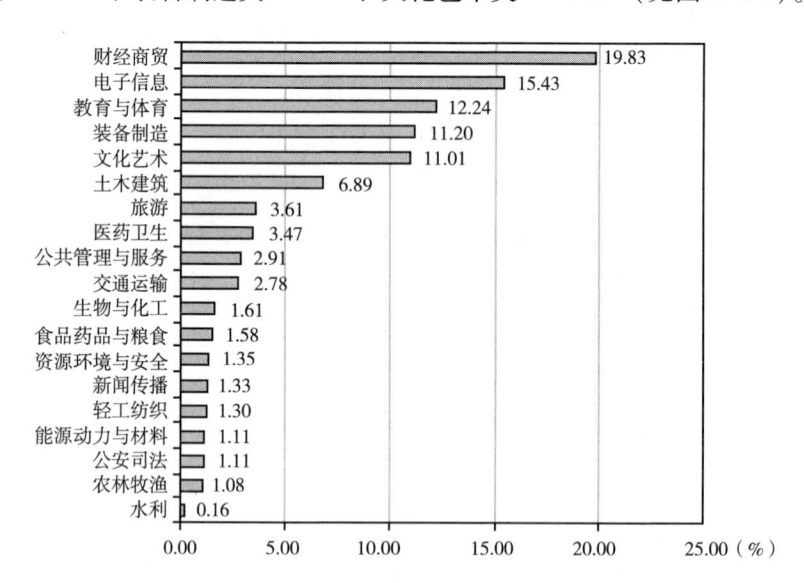

```
财经商贸        ████████████████████ 19.83
电子信息        ████████████████ 15.43
教育与体育      ████████████ 12.24
装备制造        ███████████ 11.20
文化艺术        ███████████ 11.01
土木建筑        ███████ 6.89
旅游            ████ 3.61
医药卫生        ███ 3.47
公共管理与服务  ███ 2.91
交通运输        ███ 2.78
生物与化工      ██ 1.61
食品药品与粮食  ██ 1.58
资源环境与安全  █ 1.35
新闻传播        █ 1.33
轻工纺织        █ 1.30
能源动力与材料  █ 1.11
公安司法        █ 1.11
农林牧渔        █ 1.08
水利            │ 0.16
              0.00   5.00   10.00  15.00  20.00  25.00 (%)
```

图 5.1.5　2018 年广东高职院校专业大类布点占比

资料来源：高等职业教育专业设置备案结果数据库。

对比三次产业中专业设置比例与地方生产总值占比，可以大致掌握专业与产业在区域内的对位程度。通过分析，广东高职院校专业设置与产业对接存在着一定程度的错位,其中第一产业中的差距为 -2.92%,第二产业为 -7.60%,第三产业为 10.52%(见表 5.1.1)。当然,由于传统生产力转型程度及现代技术介入等原因,专业设置与产业完全对接是不可能的,但第三产业专业设置比产业的地方生产总值占比高出了 10% 以上,这显然是不合理的。

表 5.1.1 　　2018 年广东高职院校专业设置与产业对接程度对比

项　目	第一产业	第二产业	第三产业
地方生产总值占比	4.00%	41.8%	54.20%
高职院校专业设置占比	1.08%	34.2%	64.72%
专业与产业对接程度	-2.92%	-7.60%	10.52%

同时,高职高专类学生就业的专业相关度 2017 年为 63.11%,2018 年为 72.85%,均低于同年全省各学历层次的平均数 67.75% 和 73.98%(见图 5.1.6),这也从另一方面反映了高职院校专业与产业、课程与职业等对接存在一定的偏差问题,专业布局存在一定的不合理性。

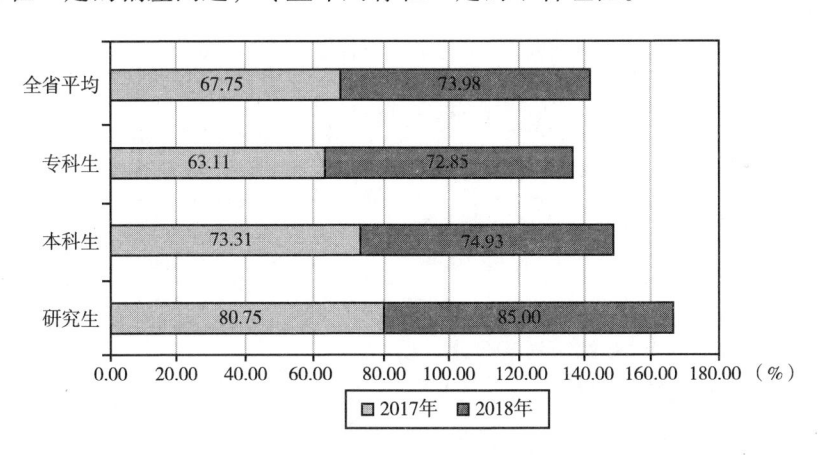

图 5.1.6 　2017~2018 年广东各学历层次的专业相关度比率

资料来源:2017 年、2018 年《广东省毕业生就业质量年报》。

(三)广东高职院校会计专业布局现状分析

分析高职院校会计专业在广东全省的布局情况,需要对其专业布点数、招生规模、就业状况等进行全面分析,即对院校设置点、学生的入口—培养—出口的全过程进行监测。同时,由于本科生与专科生在就业市场上存在着"替代性"关系和临近性竞争,因此对本科会计专业的培养状况统计,便于分析区域内会计专业的容量与求人倍率。

1. 专科会计专业布点数

2016~2018 年,广东三年制会计专业(部分本科院校也有设置)布点数较高,均属于同年全省高职专业布点数的前三名。其中 2016 年布点数为 105 所,2017 年为 103 所,2018 年随着个别本科院校停止招收三年制会计专业布点数降为 95 所。目前,全省 90% 以上的高职院校基本上都设置了会计专业。

2. 本、专科会计专业人才存量与增量分析

2016 年、2017 年、2018 年广东本科会计专业毕业人数分别为 14816 人、14625 人、15130 人,培养规模是同年所有专业的第一名(见表 5.1.2),高职高专每年也超过万人毕业(见表 5.1.3);同时,与会计专业相似的高职"会计电算化"专业 2016~2018 分年输送人才 10815 人、10601 人、9587 人,平均培养规模也处于全省所有专业的前 5 名。因此,会计专业人才存量与增量均过大,导致该专业本、专科毕业生月薪连续 3 年均低于所有专业的平均水平。

表 5.1.2　　　　2016~2018 年广东本科会计专业情况一览

年份	会计毕业生人数(人)	会计专业在所有专业中的规模排名	会计专业就业率(%)	所有专业平均就业率(%)	会计毕业生月薪(元)	所有专业平均月薪(元)
2016	14816	1	↑96.08	94.80	↓3329	3726
2017	14625	1	↓94.74	94.99	↓3611	4074
2018	15130	1	↑93.96	93.84	↓4522	3982

注:↓表示低于平均数,↑表示高于平均数。

资料来源:《广东省毕业生就业质量年报》。

表 5.1.3　　　　2016~2018 年广东专科会计专业情况一览

年份	会计毕业生人数(人)	会计专业在所有专业中的规模排名	会计专业就业率(%)	所有专业平均就业率(%)	会计毕业生月薪(元)	所有专业平均月薪(元)
2016	10340	3	↓94.80	95.75	↓2621	2849
2017	11504	1	↓94.77	95.40	↓2773	3075
2018	10954	1	↑95.04	94.56	↓3126	3362

注:↓表示低于平均数,↑表示高于平均数。

资料来源:《广东省毕业生就业质量年报》。

（四）广东会计行业人力资源需求研究

对区域内会计人员的人力需求分析主要从"两侧三维"展开，"两侧"即需求侧与供给侧，"三维"即规模、结构、质量三个维度，通过两侧三维对比，剖析会计专业的需求状况。

1. 供需规模分析

在需求侧方面，第一步，对广东省三次产业所对应的人力资源市场进行整体分析。2018年第一产业就业人员占比21.40%；第二产业就业人员占比40.10%；第三产业就业人员占比38.50%。会计行业属于第三产业，虽然当年第三产业的地区生产总值占比为54.20%，但就业人员却仅为38.50%，这与广东省未来发展规划主要以高端装备与新材料、生物技术等为核心有直接关系，同时由于第三产业信息化程度日益提升，地方生产总值占比高并不意味着需要更多的劳动力，所以第三产业的劳动力需求迫切性适中。对于高职会计专业学生来说，除了少数从事专门财经工作外，大部分服务于企事业单位的财务部门，主要工作面向为中小微企业，所以有必要对全省企事业单位的数量与性质进行分析。故第二步对企事业单位财务部门岗位进行分析。根据《广东省统计年鉴》对广东2015~2017年单位设置的统计，国有单位、集体单位、外商投资和港澳台投资单位共减少2万个，新增加的单位主要集中在有限责任公司、股份有限公司、私营企业和个体经济，增加数为2.1万个，联营单位和股份合作单位数没有变化，因此三年内共增加约0.1万个单位。新增加的企业大部分为中小型企业，是高职院校会计专业学生的主要就业面向。按照每个公司平均需求1.5个会计人员概算，2018年大致需要3万个会计岗位，除去2万个被裁撤掉企业的会计人员、外来人员竞争（集体单位会计岗位人员较多），概算后大致有1.5万~2万个岗位需要会计人员。

在供给侧方面，2016~2018年，广东省本、专科院校每年为社会输送约2.5万会计专业人员，除此之外，2014年以前广东还有185万人（取得会计从业资格证）专门人员，超过全国持证人员的十分之一[①]（见表5.1.4），2015年后取消了该资格证书，会计上岗人员没有详细的统计。通过供给—需

---

① 广东省财政厅会计处2014年工作总结［EB/OL］. http：//czt.gd.gov.cn/gkmlpt/content/0/185/post_185588.html. 2015-3-30/2019-2-10.

求分析，会计人员在广东地区存在人才规模过剩现象。

表 5.1.4　　广东（深圳除外）持有会计从业资格证人数统计

年份	持证人数（人）	增加人数（人）	增加率（%）
2007	979922	—	—
2008	1144267	164345	16.77
2009	1313377	169110	14.77
2010	1393125	79748	6.07
2011	1483678	90553	6.49
2012	1600023	116345	7.84
2013	1779306	179283	11.2
2014	1855381	76075	4.27

资料来源：郑恒娜. 广东省会计从业资格管理模式优化研究［D］. 兰州大学，2015：21.

2. 结构分析

结构分析包括地区供给结构分析和培养规格结构分析两个方面。在供给结构方面，广东省高职院校会计专业设置存在着地区不平衡性问题，2018年，珠三角地区设置会计专业占比 83.16%，东翼占比 7.37%，西翼占比 5.26%，山区占比 4.21%，布局极度不均衡，当然这也折射出了院校布局的不合理性。

在培养规格结构方面，出现了"低端会计过剩与注册会计师等高端会计紧缺的矛盾"[①]。另外由于本科院校会计培养规模连续几年位处所有专业第一，导致部分学生就业岗位下移，摊薄了高职学生机会，压迫部分高职学生占有中职学生的岗位，甚至无法找到对口工作，结构性教育浪费严重，这也是广东会计专业本、专科学生连续 3 年薪酬低于所有专业平均水平的主要原因之一。

3. 人才质量分析

对毕业生进行定性和定量跟踪调查是分析专业人才培养质量的基本手段。定量分析是通过相关数据对整体形势的宏观把握，定性分析是通过与学生互

---

① 孔娟. 高职院校会计专业的就业方向及前景分析［J］. 经贸实践，2017（10）：316-318.

动交流来探究个体对学习获得感的体验。因此，质量分析必须选定具体研究院校和访谈对象方可顺利开展。

在定量分析方面，笔者对广东S校的2017届会计专业毕业生相关数据进行跟踪调查，得出本专业存在"四低一高"现象。"四低"即毕业生就业率低，在全校排名42名（共46个专业）；就业满意度低，当年为63%，低于全校平均数68%；职业期待吻合度低，当年为42%，远低于全校平均数67%；月薪低，当年为3588元，低于全校平均数3884元。"一高"是指毕业生离职率高，当年为57%，远远高于全校平均数44%。

在定性分析方面，笔者通过每年的毕业生座谈会，对S校2017届、2018届会计专业的30名毕业生代表进行了访谈，访谈的内容大致包括"就业状况、工作状态、对学校课程设置和老师的建议"等，毕业生的观点虽然呈多元化发散状态，但隐含着一定的倾向，即专业对口率不高，学非所用等，具体如下：

我感觉人生很挫折，实习期间在一个会计师事务所工作，有一次去上级部门办事，做的表连续三次被打回来（大哭……），办事人员质问我是不是会计专业出身，我当时一脸茫然（学生–1）。

我们宿舍只有一人从事会计专业岗位工作，我没有从事本专业工作，目前在一个企业担任行政秘书，我觉得应该增加商务礼仪课程，这方面知识很重要（学生–2）。

我在中山市企业从事会计工作，工作任务很重，但我能完成任务（学生–3）。

我没有找到合适的会计工作，目前在做营销，我觉得应该增加商务谈判课程（学生–4）。

我是班长，我们班应该只有一半人从事本专业工作，我在一个公司从事会计工作，但公司的软件系统和学校学的完全不一样，我只好从头学起（学生–5）。

我目前在广州一家公司从事行政助理工作，我觉得计算机课程应该增加，尤其是Excel内容，工作了感觉这些知识不够用（学生–6）。

我们宿舍只有2人从事会计工作，我感觉老师没有讲解完整的办税流程，课程设置衔接不紧，工作后才体验到学的专业知识很难应用到实践中

（学生-7）。

我现在从事公共关系工作，会计专业知识基本用不上，建议增加数字媒体制作课程，比如信息推送、广告制作等（学生-8）。

我在一家小企业做秘书工作，就是所谓的"万金油"，文书、档案、会计、公关和后勤就一个岗位，建议增加计算机课程内容，比如高级办公软件的操作等（学生-9）。

建议老师多增加一些财务报表教学内容，还有完整的办税流程和做账内容（学生-10）。

陈老师有企业工作经验，讲的内容我工作后可以用上，其他的老师上课太理论了，许多用不上（学生-11）。

我去保险公司做营销了，建议学校增加礼仪课程、谈判课程，还有演讲与口才课程（学生-12）。

我们宿舍只有我一人从事本专业工作，我感觉我们学习的课程很多，但很难用到实践工作中去，我感觉心理压力很大（学生-13）。

我现在从事推销工作，会计专业知识基本用不上，刚开始我在街上发传单，几个月后才跟着团队跑推销，感觉很辛苦、很迷茫（学生-14）。

我们公司只有十几个人，我负责文秘、公关和会计工作，只有一部分要应用到会计知识，建议增加Excel在财务管理中的应用知识（学生-15）。

我在一家会计师事务所实习，一个上市公司需要整理账目，结果因为我是专科学历不被信任，团队其他人员参与了，建议学校多购买一些做账模拟软件，提高同学的实操能力（学生-16）。

建议学校邀请有企业工作经验的老师来讲课，我现在在一家小企业从事会计工作，但我的上手能力不如几个没有上过大学的同事，比较尴尬（学生-17）。

我去一家饲料公司做营销工作了，完全与本专业不相干，我认为学校应该加强学生的沟通协作方面教育（学生-18）。

感谢老师长期的指导和支持！我毕业后创办了自己的公司，主要从事大学后勤信息化服务方面，目前有6个员工，公司资金和发展规划全部由我来做，初步运营良好，建议加强谈判课程和管理心理学课程教学内容（学生-19）。

当初我从市场营销专业转到会计专业经历了很多波折，我以为选对了，结果毕业后我还是从事营销工作了，我们宿舍只有2人做会计，因为小公司的会计都是老板自己家人做，我们实在不好找工作（学生-20）。

我去美团公司工作，任务是与饭店接洽，为食物拍照，品尝美食，然后上线推广，会计专业知识基本用不上，建议学校增加摄影技术、数字媒体设计等方面的课程（学生-21）。

我从事本专业工作，目前主要从事公司的工资管理与发放工作，在公司还比较受重视，建议学校购买"小蜜蜂"工资系统让同学模拟一下，同时增加Excel在财务管理中的应用知识（学生-22）。

我在保险公司工作，主要任务是保险推销，但也要应用到部分财会方面的知识，感谢学校的培养，我感觉工作比较顺利（学生-23）。

学校的实训设备比较落后，目前和我一起工作的同事也是刚入职的，但他们在学校接受了"金蝶""用友"等各种模拟培训，建议后期加强（学生-24）。

感觉学了很多课程，每周的课排得很满，但工作后发现基本用不上，学校能否按照会计工作的模块来教学，这样知识就不会太零散（学生-25）。

我专插本到××学院了，继续读书，感觉人生很浪费，还不如高三当时复读，我对学校的教学质量比较满意（学生-26）。

找工作的时候，我才发现会计专业用人岗位并不多，许多单位要求本科以上学历，所以我只能从事文秘工作，建议增多计算机应用方面的课程教学（学生-27）。

在学校的时候感觉自己很能干，工作后落差很大，我已经跳槽3次了，目前打算去惠州市一个医院做收费员，建议学校加强就业指导课教学（学生-28）。

我在一家私人食品加工企业做跟单员和会计工作，很辛苦，建议学校增加统计软件课程（学生-29）。

我在单位处于夹缝中，研究生、本科生比我学历高，高中毕业的老员工比我工作操作能力强，我基本上是打杂的，部分工作涉及会计专业知识，建议学校增加一些操作性强的特色课程，为同学们提供一技之长（学生-30）。

通过定量与定性分析，S校会计专业学生对专业学习获得感不高，对自己岗位能力认同感不高，同时由于人力市场上的同类岗位容量不足，因此学生的职业吻合度不高，存在"学非所用"现象；另外由于课程设置不够系统，导致知识"习得性失效"，出现"用非所学"现象，整体人才培养质量不高。

五、研判结论及广东省高职院校会计专业发展类别界定

在供给侧方面，2018年全国高职院校会计、会计信息管理专业点数达到了1790个，校均1.3个[1]，区域间人才互补的必要性不强；广东省2018年高职院校会计专业所类属的财经商贸大类在全省的设置率为19.83%，位列所有专业大类的第一名；2016~2018年全省高职与本科院校会计毕业生数量连续3年处于所有专业的前3名（高职2次第1、1次第3，本科3年均为第1），毕业生规模年均在2.5万人以上，区域内会计人才的存量和增量长期保持过剩状态，毕业生的月薪、职业稳定性及获得感等较低。在需求侧方面，随着粤港澳大湾区建设全面展开，会计专业的高端人才，如高级会计师、注册会计师等经济业务运作人员紧缺，而低端的基础会计人员市场容量较小，供大于求。因此，广东高职院校的会计专业可界定为"规模过剩专业"，不建议再新增设。

六、广东高职院校会计专业"三维度、五批次"动态调整规划

鉴于会计专业在广东地区人才培养过剩的现状，广东省教育厅必须统筹管理，以2019年教育部颁布的《高职院校会计专业教学标准》为依据，以区域内人才增量、存量和容量为参考，组织省财经教指委以专业"外适、内适、个适"三个方面作为考量维度，以5年为周期，对区域内高职院校的会计专业进行动态调整（见表5.1.5）。

---

[1] 2019中国高等职业教育质量年度报告[M].北京：高等教育出版社，2019：24.

表 5.1.5　　广东省高职院校会计专业布点调整规划一览

考量维度	批次	调整标准	标准具体说明	退出年份	效果预测
个适度（生存力）	第一批	在本专业大类中布点专业数不足4个者	在财经商贸大类所属的9个专业类共47个专业中布点相近专业不足4个者	2019	退出8个布点
	第二批	在临近3个专业类中布点专业数不足4个者	在财政税务、金融、财务会计专业类共17个专业中布点相近专业不足4个者	2020	退出15个布点
	第三批	1. 师生比高于25∶1（专任教师）；2. 校内4个基本实训室建设不足者	2019年《高职院校会计专业教学标准》规定的4个实训室为：会计技能实训室、会计岗位实训室、ERP沙盘实训室、会计综合实训室	2021	退出10个布点
内适度（发展力）	第四批	不属于学校发展定位前5个专业大类者	与学校办学定位不契合、不属于学校重点支持的前5个专业大类之一者	2022	退出15个布点
外适度（竞争力）	第五批	培养效果的6个指标连续三年中有两次属于区域后10名者	人才培养效果6个指标为：就业率、月收入、就业满意度、就业稳定性、教学满意度、校友满意度	2023	退出6个布点
总计：在2018年95个会计专业布点数基础上，5年退出54个，剩余41个					

个适度的考量主要是对专业本身生存力的验证，其依据是同质与近质专业间的学科耦合性与资源共享性，如果一所高职院校会计专业缺乏相近专业的互补与支撑，将很难聚合力量组群发展。内适度的考量主要是对专业在校内发展力的验证，其依据是"专业立校"与专业布局向"精品店""专卖店"改革的趋势，处于学校办学边缘、与学校发展定位契合度低的专业不仅很难获得内部各方面的支持，而且会耗费学校部分精力，摊薄其他特色专业群建设的资源，不利于学校整体发展。外适度的考量主要是对专业在区域中的竞争力之验证，它不仅可以监测一所高职院校会计专业的人才培养质量，而且也可以考察该校内部质量保证体系建设情况，确认其是否围绕培养目标的达成度来开展专业诊断与改进工作。

通过"三维度、五批次"的动态调整，预计到2023年，广东高职院校会计专业在 2018 年 95 个布点数的基础上，退出 54 个，剩余 41 个，这与区域内现有的院校结构特质布局基本吻合，即最终由约 50 所综合类和财经类院校担任会计专业人才培养的生力军，理工、医药类等行业性较强的院校，或者会计专业办学资源薄弱的院校全部退出该专业设置，来集中精力打造与学校发展定位契合度高的专业群。至此，会计专业在广东省的人才过剩问题将会得以初步缓解与遏制，下一个五年动态调整计划将会根据区域内产业、职业及发展战略变化重新设计。

第二节 校本专业布局调整优化的机制实施
——以 S 校为例

面对我国现有的高职院校专业设置已经出现的无序、失度和失衡状态，新一阶段校本专业布局优化必须坚持"以存量结构调整为主，以增量结构调整为辅"[①]，如果说省级专业设置的统筹管理机制是"增量"把控的门禁，那么校本专业布局优化机制就是"存量"调整的主战场，也是"双高计划"引领下高职院校自我诊改的主要着力点。下面将以"双高计划"中的高水平专业群建设目标为指引，以职业岗位相关、学科基础相同等五个组群逻辑为依据，将 S 校作为演示模板，全面分析和研究该校的专业布局，并在此基础上进行专业退出、资源整合及"雁阵群"组建等一系列改革，不仅用来验证专业动态调整机制的合理性，也为时下"双高计划"建设院校提供参考依据。

一、"三轴六面"的实施原则

校本专业调整优化机制以空间、时间、策略为轴，实施"三轴六面"原则，即以学校整体性导向和特色性导向为坐标；以现存专业结构调整和超前设置为路线；以"雁阵"组建（内部适应）和"链式"组建（外部适应）为策略。把定位与特色、比较求势与比较优势、专业群与产业链结合起来，

---

① 张慧青. 基于产业结构演进的高职专业结构调整研究——以山东省为例 [D]. 上海：华东师范大学，2017.

充分创造内生动力，改变校本专业布局 DNA（见图 5.2.1）。

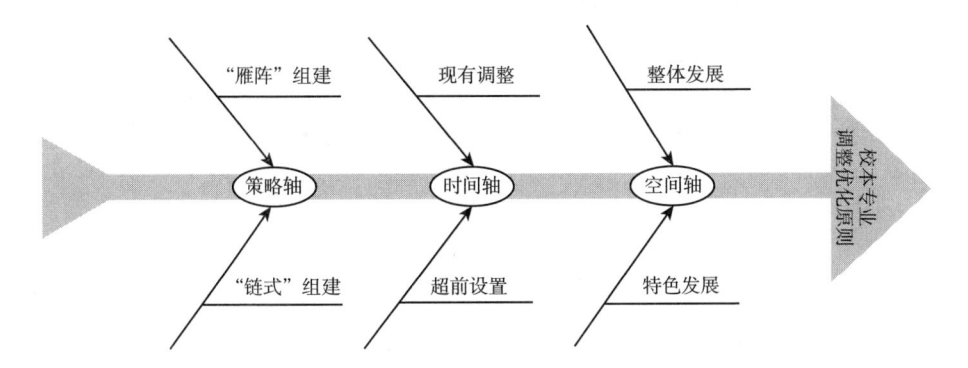

图 5.2.1　校本专业布局调整优化机制的三轴六面"鱼骨图"

在空间轴上，以学校的类型结构特征作为专业布局的"整体发展"导向，以区域产业需求作为专业"特色发展"的弹性导向，重心以整体发展为主。在时间轴上，以现有专业结构的调整优化为主，以潜在新职业需求下[①]的专业超前设置为辅，重心倾向于发挥专业存量的效益最大化。在策略轴上，首先以"雁阵"模型组建专业群，形成"头雁"引领、"尾雁"追随之状[②]，在示范与约束中联动发展，最终由"头雁效应"提升至"赶超效应"乃至"聚合效应"；其次以专业链对接产业链的"链式"模型组建整合专业，如"美国加州大学戴维斯分校模式"和"广西职院模式"模式。戴维斯分校打破学科藩篱，以葡萄酒产业链的岗位知识需求为链条，把葡萄栽培教学项目与酿酒科学教学项目结合起来，最终以葡萄酒特色专业链带动区域产业链发展闻名世界。[③] 广西职业技术学院弥合专业设置中三次产业间的沟壑，以"茶叶＋种植、加工、包装、销售及茶文化展示"[④] 等岗位知识为链条，培养的茶产业链复合人才，服务行业质量享誉全国。因此，基于产业链来整合离

[①] 如 2019 年 1 月，人社部发布了人工智能工程技术人员、农业经理人等 15 个新职业，而教育部的专业目录无法及时更新，因此高职院校可以在现有资源可承载的情况下超前设置相关专业。

[②] 戴舜利，蒋达勇. 雁行模式：解释高等教育地方崛起的新视角［J］. 江苏高教，2018（12）：21－26.

[③] Mangan, Katherine. "A College Weighs Its Priorities Before Making Cuts."［J］. The Chronicle of Higher Education, 2017（12）：32－35.

[④] 广西职业技术学院茶产业链人才培养纪闻［N］. 中国教育报，2018－2－8（4）.

散专业，实施大类招生，然后把某一产业的串式规范映射到教学中，不仅可以培养专门的复合型人才，而且可以做到为某一产业下、中、上游全程服务，进而推动对应职业的专业化发展进程。

二、基于"第四代评估理论"的专业调整策略

第四代评估是校本专业布局调整优化的主要理论依据。1989 年，美国埃贡·G. 古贝（Egon G. Guba）教授和伊冯娜·S. 林肯（Yvonna S. Lincoln）副教授以评估的线性历史过程为依据，提出了评估的"时代模式"，"第四代评估"理论应运而生。他们认为第一代评估以确定型变量为主，通过公认的测量工具测量而得到评估信息，如威廉·冯特（Wilhelm Wundt）和弗朗西斯·高尔顿（Francis Galton）的心理测量方法等，因此可以称为"测量"模式；第二代评估以目标确定为主，通过客体表现与描述目标之间的对比而得出评估信息，如拉尔夫·泰勒（Ralph W. Tyler）1933～1941 年的"八年研究"等，因此可以称为"描述"模式；第三代评估以多元模型为主，通过焦点元素（变量、目标、决定等）作为"先导组织者"的引导而得出评估信息，如罗伯特·斯塔克（Robert Stake, 1967）的"描述与判断矩阵"[①]，因此可以称为"判断"模式。前三代评估以实证假设的本体论（认为存在一个由永恒不变的自然规律支配的客观事实）和矛盾假设的认识论（坚持观察主体与观察客体二分法）为依据，存在重大的缺陷，即"过分强调调查的科学范式和管理主义倾向，忽略价值的多元性。"[②] 所谓管理主义倾向，是指管理者是评估的局外人，不仅不承担评估的责任，还有可能控制评估信息的解释权和公布权，或者为了某种微妙的平衡，与评估者成为暧昧的同谋关系。同时，由于前三代的评估属于"预定式评估"，价值中立的断言忽略了价值观的差异性，使得多元价值在评估中被忽略。最后，由于前三代评估是在精心设计的方案控制下进行的，只认可定性测量工具得来硬性数据（可测量的数

---

① 每个评估都面临着两个行动，即描述和判断，评估者可以通过五个任务对预期的价值进行理解和判断。[德]莱茵哈德·施托克曼沃尔夫冈·梅耶，唐以志译. 评估学 [M]. 北京：人民出版社，2012. 125.

② [美]埃贡·G. 古贝，伊冯娜·S. 林肯. 第四代评估 [M]. 秦霖，蒋燕玲等译. 北京：中国人民大学出版社，2008：9.

据），而忽略了各种不可测量的因素和课题的前后关联性，具有封闭性和线性的特征。

第四代评估是响应式聚焦（responsive focusing）和建构主义方法论（constructivist methodology）的结晶。即把利益相关者的主张、焦虑和争议（CC&I）作为组织要素，把建构主义信念体系作为方法论的动力源泉，[①] 因此被称为"协商"模式。这种范式遵从本体论上的相对主义以及认识论上的主观主义，不支持虚无缥缈的非现实主义和认识中的所谓的二元论和客观主义。在响应式评估中评估者从纯粹的技术人员、描述者和判断者转变为合作者和协调者，其通过与利益相关者互动讨论问题，并共同协商确定参数和界限，最后通过多次建构获得定量或定性的评估信息。第四代评估方法论的具体操作方针涉及12个步骤，其具体原理如下：（1）评估是一个带有社会政治色彩的过程，具有时间—背景框架，不存在价值中立，"事实"和"价值观"是相互依存的，社会、文化、政治是评估环境的基本特征。（2）评估是利益相关者合作及共享责任的过程，而不是分配责任。（3）评估和行动是同一过程的两个部分，因此是往复的、互动的、辩证的，多数情况下是开放的，而不是永恒不变的理论操纵的封闭系统。（4）评估使用建构主义方法论，建构主义在本体论上主张实在是意识的社会建构，并且存在着多少个个体就存在着多少种建构；在认识论上，建构主义否定了主体—客体二元主义的可能性，主张研究结果是精确存在的；在方法论上，建构主义反对构成科学特征的控制性操纵方式，反对因果的、推挽式的机械观点，主张用解释学方式，汲取观察者和被观察者相互作用的结果，创造出的一种实在建构。

高职院校专业布局动态调整和"双高计划"专业群的组建工作实质上就是一种响应式评估过程，其秉持的基本策略不再是特定指标控制下的预定式评估，而是应用第四代评估理论，由利益相关者组成研判委员会，参照"时间—背景"框架下的环境事实，对专业发展的状态进行开放式的协商和研判，最后确定专业存除或优化调整的发展方向。

---

① ［美］埃贡·G. 古贝，伊冯娜·S. 林肯. 第四代评估［M］. 秦霖，蒋燕玲等译. 北京：中国人民大学出版社，2008：132.

三、校本专业布局调整优化机制的七步实施基线

依据管理学中的机制运行原理，校本专业调整优化需要构建组织管理机制、运行机制、保障机制三大内容，三大内容依托"2+4+1"七步流程来运作完成。组织管理机制包括"组织构建"和"整体分析"两步，组建由学校专业所对应的行业、企业等人员组成的"专业研判委员会"和"决策审定委员会"，分析学校整体发展状况及专业布局，为研判工作做好铺垫；运行机制包括分专业的"需求分析""资源评核""研判界定""调整优化"四步；保障机制主要以专业"持续改进"为目标，逐步建立标准化的质量保障体系（见图5.2.2）。

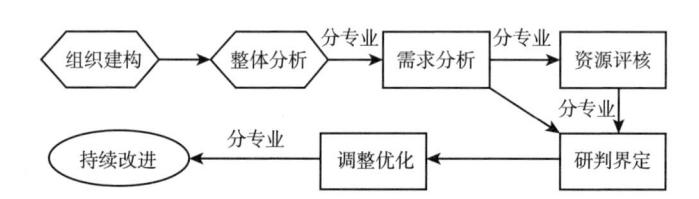

图5.2.2 校本专业布局调整优化机制的2+4+1实施基线

四、利益相关者共建研判与决策组织

组织构建是校本专业调整优化机制运行的关键，是专业诊改的协调系统和操作实体。2019年颁布的《国家职业教育改革实施方案》指出，高职教育的办学模式需要向企业社会参与、专业特色鲜明的类型教育转变。所以，企业社会人员作为利益相关者参与专业动态调整研判势在必行。根据专业依据专业调整优化工作不同阶段的功能，S校需要建立"专业研判委员会"和"决策审定委员会"。

（一）专业研判委员会

1. 利益相关者共同介入

专业研判委员会主要由学校教务部门领导、教育研究专家、第三方评估机构和企业人员、教师（每个专业大类1~2人）等组成。教务部门领导负责统一组织和协调；教育研究专家负责提供教育政策、理论和方法；第三方评估机构负责搜寻和提供部分宏观数据；企业人员负责提供本产业的岗位技

能、人员规格和规模等需求信息；教师负责提供本专业的硬件、软件教学资源及人才培养方案的相关材料。专业研判委员会采用集体部署和分专业讨论两种交替的工作模式。

2. 基于"时间—背景"框架下的"协商式"研判方法

对于专业发展状态的研判，既不是以往外部规制下的预定指标式评估，也不是通过单一的确定型变量来决策，而是参照时间-背景框架下专业生存的环境事实，"把利益相关者的主张、焦虑和争议作为组织要素，把建构主义信念体系作为方法论的动力源泉"。① 因此，专业研判委员会对专业的研判方法剔除封闭性和线性特征，采用开放式协商，以势定理，以区域特征和学校校情最后确定专业存除或优化调整的发展方向。

3. "两分析＋两判别"的研判内容

专业研判委员会研判的内容是针对学校现有专业大类开展"两分析＋两判别"工作，此项工作包括4个一级内容和14个二级参照指标，各指标之间并非单独隔离，可以相互沟通，互为支撑和参考（见表5.2.1）。"两分析＋两判别"策略可以为"双高计划"的专业群建设提供组群逻辑和定位发展路向。

表5.2.1　　专业研判的"两分析＋两判别"内容一览

一级指标	二级指标	指标说明
外部需求分析	政策导向（区域发展战略与产业布局）	以比较求势为主，以比较优势为辅进行权重分析，外部需求占70%，内部资源占30%
	劳动力市场需求（容量与规格）	
	区域内的竞争力（质量与专业重复度）	
内部资源分析	发展现状	
	师资力量	
	教学条件	
专业群整合判别	职业岗位（相关）	以专业间关联因素的同质和近质作为判别参照，把五个维度相近的专业，整合成专业"雁阵"群
	学科基础（相同）	
	核心课程（相近）	
	行业业务（相通）	
	教学资源（共享）	

---

① ［美］埃贡·G. 古贝，伊冯娜·S. 林肯. 第四代评估［M］. 秦霖，蒋燕玲等译. 北京：中国人民大学出版社，2008. 132.

续表

一级指标	二级指标	指标说明
专业群类型判别	行业导向型	参照 IET 专业分类法，判别校本专业特征，分跑道发展
	产业导向型	
	服务延伸型	

"两分析"以"双高计划"的总目标"当地离不开、业内都认可、国际可交流"为依据，应用定性与定量结合、现状分析与预测分析结合的方法，对专业的外部需求和内部资源进行分析。对于高职院校来说，需求导向是人才培养的基本方针，因此，外部需求权重占70%，内部资源权重占30%。"两判别"是指依据"最近发展区"理论，应用横向比较与质性分析相结合的方法，开展专业群整合要素判别和专业群发展分类判别，首先按照专业群所对应的岗位、学科、核心课程、行业业务、教学资源进行分析，① 把五个维度相同或相近的专业按照"雁阵"组建策略，重新整合专业群，找出专业群中的"头雁"，布局"雁身"，促成雁阵成型，整体发展，尤其在教学资源共享研判方面，群内的专业要共享合作企业、用人单位、专业课程、校内实训基地、校外实习实训基地、专任教师、兼职教师等7大资源，降低人才培养成本，加大各种资源的有效利用；同时把散落的、准备裁撤的、具有服务延伸型特征专业的部分课程，按照"链式"组建策略，尝试渗入专业链的某个环节，尽最大努力避免"组织重组时，因变革力度过大而带来的支离破碎"②。最后依据英国工程技术学会（the institution of engineering and technology，IET）的专业分类法，将专业划分为"行业导向型专业""产业导向型专业""服务延伸型专业"③ 三种类型。"行业导向型专业"主要是指传统的、服务国计民生安全的基础性行业所对应的专业，它不仅受行业传统运行范式规约，也吸纳现代科学技术逐步转型；"产业导向型专业"主要是指科技含

---

① 朱强，卢晓春，张俊平. 高等职业院校专业结构调整路径的研究与实践 [J]. 高教探索，2017（8）：73-77.
② Flaherty, Colleen. "Doing Away With Departments" [J]. Inside Higher Education, 2017（17）：25-28.
③ 王伯庆，周凌波. 就业蓝皮书：2015年中国高职高专就业报告 [M]. 北京：社会科学文献出版社，2015：124.

量高、技术转型快的行业所对应的专业，它更新换代迅速，具有很强的时代背景特征；"服务延伸型专业"主要是应用技术或产品来满足社会公共需要的行业所对应的专业，它随着技术产业化步伐转移或更新，具有服务嵌入式特征。专业类型的判别有利于高职院校重新规划专业布局，分层次、分跑道多维度发展。尤其在建设"双高"院校阶段，专业"两分析＋两判别"的具体目标就是"削枝强干"，即做强优势专业、改造传统专业、停办僵尸专业、培育新型专业，集中优势资源，加强高水平专业群建设。

（二）决策审定委员会

决策审定委员会由校长、教务部门领导和二级教学部门领导组成，其职能主要有三：第一，审议专业研判委员会提交的专业调整优化报告，讨论其可行性，决策是否采纳并执行；第二，接受停办、撤销或合并专业老师的相关复议，并研讨和制定对应处理策略，因为"从学校角度看，这些决定是理性的，对学校发展具有驱动性，但对于老师和学生则会产生难以置信的情感影响"①，因此接受被裁撤专业教师或学生的复议是院校改革中治理体系优化改进的关键环节，也是开展事中控制的必备手段；第三，接受新开设或合并专业群发展中所遇到的资源等各种瓶颈问题，整合多渠道资源给予解决，同时组织相关人员总结研讨，为下一轮专业动态调整提供参考依据。

五、S校整体状况及专业布局分析

（一）办学规模与服务面向分析

S校是成立于1952年的公办理工类院校，1999年由中专转为高职院校，属于"全国骨干高职院校""全国优质高职院校""双高计划"建设单位，自2000年起快速发展，在校生由2221人增加至2018年的13827人，增长了6倍之多，2018年在校生规模位列全国1418所高职院校中的第77名；教师数由2000年的124名增长至2018年的790名，也增长了6倍之多，生师增长幅度基本趋同（见表5.2.2）。

---

① Mangan, Katherine. "Easing the Pain of Program Closings" [J]. The Chronicle of Higher Education, 2017 (12): 36-39.

表 5.2.2　　　　　S 校 2000～2018 年生师规模发展一览　　　　　单位：人

项目	2000 年	2004 年	2008 年	2010 年	2014 年	2018 年
学生数	2221	3336	4833	8899	12835	13827
教师数	124	216	355	429	549	790

虽然 S 校属于行业背景较强的院校，但主要以服务区域为主，年均有 94% 以上的新生来自广东，有 96% 以上的毕业生在本地区就业（见图 5.2.3），主动服务珠三角地区效果显著，如 2018 届有 74.8% 的毕业生就业于广州、深圳、佛山、东莞等地（见图 5.2.4）。S 校近三届毕业生的初次就业率平均在 95% 以上，半年后就业率平均在 98% 以上，尤其是水利类专业连续 3 年在广东就业率排名第 1，学校被评为"全国毕业生就业典型经验 50 强高校"。

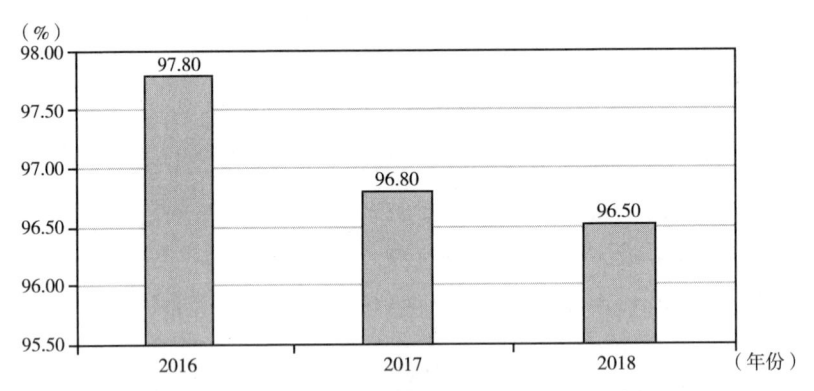

图 5.2.3　S 校近三届毕业生在本省就业比率

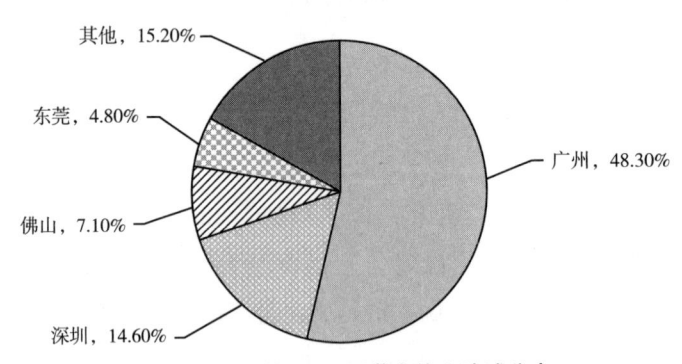

图 5.2.4　S 校 2018 届学生就业地域分布

（二）专业规模与布局分析

S 校专业规模发展主要借势于政策驱动，在外部规制下短期突破，最显著的发展区域是 2000~2004 年和 2010~2014 年两个区间。第一个区间主要是在教育部人才水平评估优秀指标对专业规模要求的驱动下迅速扩张的，4 年共增加 16 个专业，仅 2004 年当年就新增 10 个专业。第二个区间是在争取和完成教育部"国家示范（骨干）院校"的驱动下极力扩展的，4 年共增加 8 个专业。到了 2018 年，全校共有 46 个专业招生，全部为非国控专业（见图 5.2.5）。

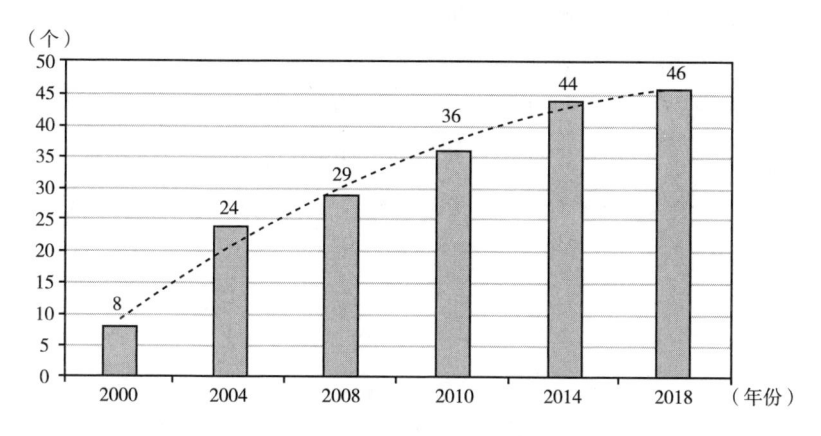

图 5.2.5　S 校自 2000 年以来专业数量发展轨迹

46 个专业分布在 10 个专业大类中，其中土木建筑类占比 23.9%，电子信息类占比 17.4%，能源材料类占比 15.3%，装备制造类占比 13%，其余的均没有超过 10%（见图 5.2.6）。与专业规模对应增长的是教学系数量的增

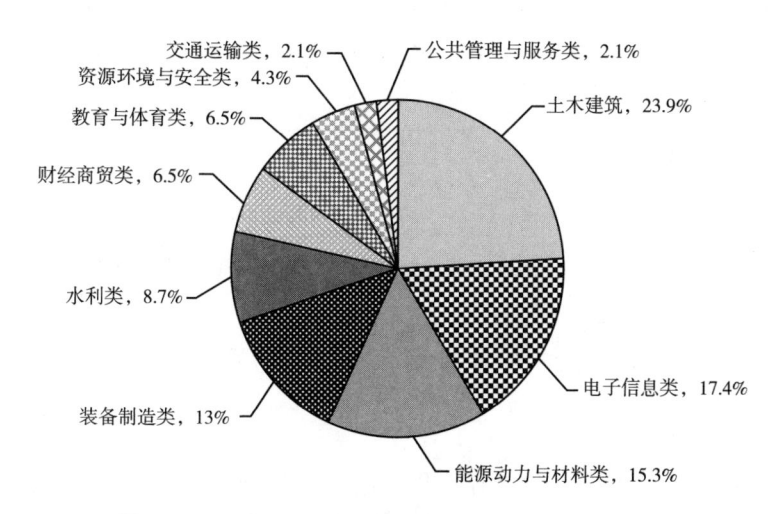

图 5.2.6　S 校 2018 年设置的 10 个专业大类布局状况

长,在2000年起步发展时,学校只有水利、电力两个系,目前增长为10个系。除外语系、机械系、计算机系所开办的专业包含了一个专业大类外,其余7个系的专业都分布在2个以上的专业大类中,比如市政工程系开设的5个专业分别分布在土木建筑类、资源环境与安全类、交通运输类三个专业大类之中,相对比较分散。

（三）专业与工作的相关度分析

S校2016~2018年毕业生的工作与专业相关度分别为73%、73%和75%,比全国骨干院校平均高出约10%;但半年内离职率分别为44%、44%和38%,平均超过了40%,学生的职业稳定性较低,职业专业化不足。根据麦可思公司对S校2018届毕业生为什么"选择无关专业就业的原因"的调查结果显示,近43%的学生认为"专业工作不符合自己的职业期待"（见图5.2.7）,表明S校专业设置与劳动力市场的适切性不够,需要进一步调整与优化。

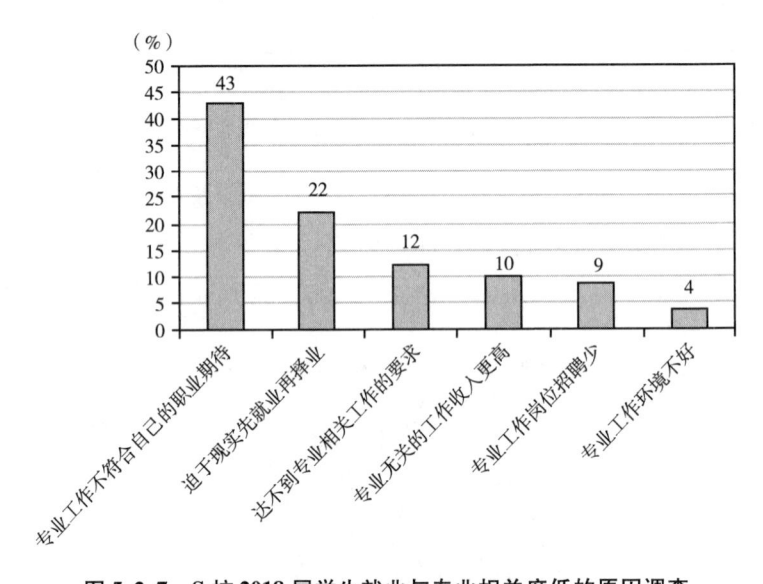

图5.2.7　S校2018届学生就业与专业相关度低的原因调查

六、基于"需求分析—资源评核—研判界定"路径的分专业大类研判

依据以上设计的校本专业调整优化基线,对S校10个专业大类逐一开展需求分析、资源评核和研判界定,充分掌握各专业类现有的资源、优势、在

第五章 高职教育专业设置管理新机制的应用研究

区域中的需求状态及竞争力，并根据"双高计划"中对专业群就业对口率、用人单位满意度、学生就业满意度等指标核查的要求，对每个专业大类 2018 年毕业生的跟踪调查结果做七维雷达图分析，为下一步全校专业的动态调整提供先导性参考。

（一）水利类专业

1. 需求分析

在社会需求方面，水利属于基础民生工程，具有较强的行业特性和地域特性。广东省积水面积是陆地的 2 倍，全省集雨面积在 100 平方千米以上的河流有 542 条，省际河流 52 条，珠江三角洲网河区有重要水道 26 条，由于属于亚热带季风区，所以既是水利大省也是水患大省，洪、涝、咸、台风等自然灾害较多。但据水利部发展研究中心 2014 年测算，广东省现代水利发展指数仅为 69.7 分，区域内河流间治理不平衡，水功能区水质达标率不足 50%，防洪减灾体系建设仍然不够健全；同时相对应的专业化人才供给不充分、不对位、不顺畅，存在"不够用、不适用、不被用"等突出问题。

在政策指引方面，2019 年《粤港澳大湾区发展规划纲要》应用 110 个字重点着墨，把水文检测、预警、联防、保障水安全和水利科技交流等提到了新的高度，要求保障大湾区的"水资源安全"，完善"水利防洪减灾体系"等，因此水利成为区域战略布局中极为重要的行业。

在人力市场需求方面，广东省有水利类企业约 551 个，其中水利施工类约 422 家、水利类勘测设计类约 73 家、监理企业类约 56 家，按照每个企业年均需求大专以上学历人员 3 人计算，年均需要 1600 多人。

在专业的区域竞争力方面，S 校是广东和海南两省唯一的水利类高职院校，然而，水利类专业在全省专业大类布局中仅占 0.16%，属于 19 个大类中最少的专业类别，每年平均培养学生约 500 人，但 2018 年专业与工作相关度的排名中位列全省第一。在人才市场人力结构竞争方面，S 校所设置的 4 个专业在全省专业布点中几乎唯一，专科类只有广东航海学院设置了个别专业，年均约培养 100 人，本科院校只有华南农业大学开设了水利水电工程专业，年均约培养 100 人，如果按照所有学生毕业后直接就业概算（实质上会分渠道发展），每年约有 700 人就业，人才需求缺口在 900 人以上。

2. 资源评核

由于 S 校属于传统的水利行业院校，因此水利类专业属于学校龙头专业，2018 年共设置相关专业 4 个，占全校专业布局的 8.7%，4 个专业均为教育部或水利部重点建设专业（见表 5.2.3）。

表 5.2.3　　　　　　S 校 2018 年设置的水利类专业一览

专业名称	所属院系	全省布点数	专业发展业绩
水利水电建筑工程	水利工程系	1	国家级教学改革试点专业
水政水资源管理	水利工程系	1	全国骨干高职院校重点专业
水利工程	水利工程系	1	全国优质水利专业
港口航道与治河工程	水利工程系	2	全国优质水利专业

水利类专业发展资源充裕，生师比为 17.3∶1，设备总值 2836 万元，具有校内实训基地 22 个，校外实训基地 35 个，2018 届毕业生初次就业率 98.3%，用人单位满意度 94%。根据麦可思公司对毕业生跟踪调查，水利类专业 2018 届的主要指标综合评价良好（见图 5.2.8）。

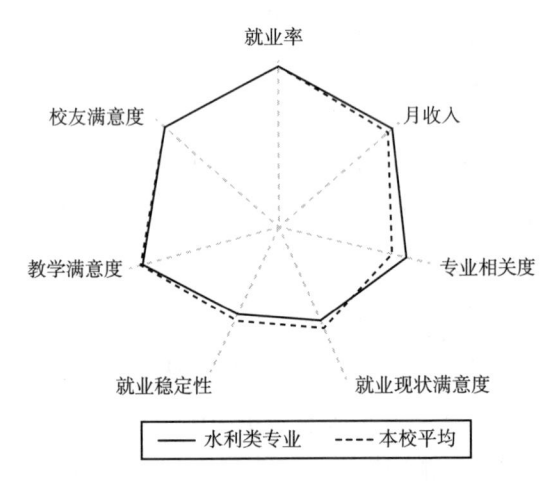

图 5.2.8　S 校水利类专业 2018 届毕业生主要指标雷达

3. 研判界定

通过外部需求分析，水利类专业属于粤港澳大湾区基础建设类的紧缺专业；通过内部资源评核，水利类专业在设置定位上属于 S 校办学方向主导类专业，是学校整体发展的主要载体，在功能特征上属于行业导向型专业。根据对其需求预测，该专业类在保留现有所有专业的基础上需扩大专业群规模，增设信息化检测、预警及水安全管理类专业，为粤港澳大湾区水利现代化和生态水利发展培育专业人才。

（二）能源动力与材料类专业

1. 需求分析

S校开设的能源动力与材料类专业主要以电力类专业为主。在社会需求方面，电是社会生产和居民生活的必备能源，广东属于用电大省亦是缺电大省，占全国电力消费的9.5%，2018年全社会用电量累计达到6323.35亿千瓦时，是全国首个用电量突破6000亿的省份，其中工业用电量3971.89亿千瓦时，占所有用电的62%，同时也承担了向中国澳门、越南等周边地区和国家的送电任务，因此电力消费供不应求，1/3的电需要从云南等地"西电东送"。但由于区域内现有的电力生产主要以火电和水电等传统发电为主（见图5.2.9）。[①] 传统火电仍然占比为48.2%，这与《粤港澳大湾区发展规划纲要》所提出的大力推动气电、风电、光伏发电、生物质能等低碳型电力产能发展有一定差距，因此，优化能源供应结构，建构清洁、安全和高效的新能源布局将成为未来区域发展主要战略之一，当然这也是专业调整紧贴产能转换的主要改革方向。

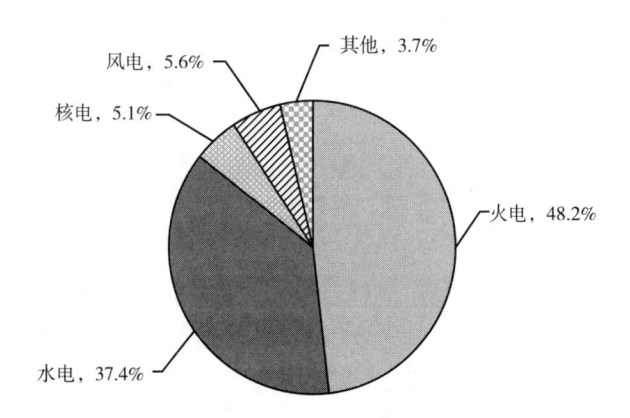

图5.2.9　2018年广东电力来源布局

[①] 2018年广东国民经济和社会发展统计公报［EB/OL］. http：//www.gdstats.gov.cn/tjzl/tjgb/201902/t20190227_423113.html.2019－2－20/2019－3－9.

在人力市场需求方面，广东省现有电力类公司约 366 家，其中大型公司 13 家，按照每个公司年均需求 2~4 人概算，上限岗位需求约 1400 人；加之南方电网有四级调度，即南方电网—省级电网—市级电网—县级电网，需要不同层级的技术人员；同时由于区域发展不平衡，省内 21 个地级市中有 19 种电价[①]，电力均衡管理也亟待专业人员调配；另外 2016 年"广东电力交易中心"挂牌，当年交易电量 439.6 亿千瓦时[②]，电力行业已经从垄断式的电力生产及供应逐步走向市场化，电力类营销及服务人员成为行业内新的需求点。

在专业的区域竞争力方面，S 校是广东设置电力类专业最全的高职院校，能源动力与材料专业在全省专业大类布局中仅占 1.11%，属于 19 个大类中第三少的专业类别，S 校每年平均培养学生约 600 人。在区域劳动力市场人力结构竞争方面，S 校所设置的 7 个专业在全省专业布点中 5 个属于唯一设置，重复的有广州铁路职业技术学院和广州华商职业学院开设了"供用电技术"专业、深圳职业技术学院开设了"分布式发电与微电网技术"专业，三个点年均约培养 200 人；在本科院校方面，只有广东工业大学开设了"能源与动力工程"专业，年均约培养 100 人，但属于宽口径招生，倾向于研究型人员的前序培养。如果按照所有学生毕业后直接就业来概算（实质上会分渠道发展），每年约有 900 人就业，人才缺口在 500 人以上。

2. 资源评核

S 校的电力类专业是除了水利之外的立校专业之一，2018 年共设置 7 个专业，占全校专业布局的 15.5%，其中有 3 个为教育部、省级重点建设专业（见表 5.2.4）。

表 5.2.4　　S 校 2018 年设置的能源动力与材料类专业一览

专业名称	所属院系	全省布点数	专业发展业绩
供用电技术	电力工程系	3	国家级教学改革试点专业
发电厂及电力系统	电力工程系	1	全国骨干高职院校重点专业
电力系统继电保护与自动化技术	电力工程系	1	省级重点专业

---

① 中国南方电网官网 [EB/OL]. http：//www.csg.cn/gywm/gsjs. 2019－4－30/2019－5－6.
② 杨骏伟. 广东电力市场建设与实践 [J]. 中国电力企业管理, 2017 (3) 34－37.

续表

专业名称	所属院系	全省布点数	专业发展业绩
水电站与电力网	电力工程系	1	
高压输配电线路施工运行与维护	电力工程系	1	
风力发电工程技术	电力工程系	1	
分布式发电与微电网技术	电力工程系	2	

电力类专业生师比为18.1∶1，校内实训设备总值约2385万元，具有校内实训基地26个，校外实训基地12个，2018届毕业生初次就业率98.1%，用人单位满意度92%。根据麦可思公司对毕业生跟踪调查，能源动力与材料类专业2018届毕业生的主要指标综合评价良好（见图5.2.10）。

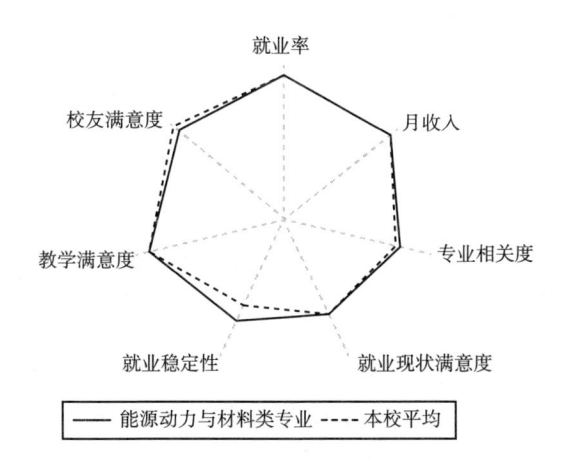

图5.2.10　S校能源动力与材料类专业2018届毕业生主要指标雷达

3. 研判界定

通过外部需求分析，能源动力与材料类专业属于粤港澳大湾区基础建设类的紧缺专业，鉴于其相对应的产业亟待转换升级，因此，基础性技术技能人才和交叉性人才相对紧缺；通过内部资源评核，能源动力与材料类专业在设置定位上属于S校办学的第二主方向类专业，在功能特征上属于行业导向型专业。根据对其供给与需求两侧分析，S校可保留本大类现有的全部专业，并根据产能转换升级需要，扩大"分布式发电与微电网技术"专业招生规模，培养面向电力行业的发电、输电、配电、电力营销等职业岗位的复合型技术技能人才。

(三) 土木建筑类专业

1. 需求分析

在社会需求方面,土木建筑是社会发展与居民生活的基础性行业,广东省的建筑行业规模位列全国前五,根据《广东国民经济和社会发展统计公报》,2018年广东省建筑业总承包工程合同总额为38856.07亿元,同比增长25.4%;总产值13714.37亿元,同比增长20.6%;年建筑面积约60247万平方米,行业整体发展呈增长趋势。随着粤港澳大湾区建设工作的全面铺开,基础设施建设面临着前所未有的挑战,《粤港澳大湾区发展规划纲要》提出"加快大湾区基础设施互联互通",要求建成"世界级机场群""对外综合运输通道""大湾区快速交通网络"等现代化的综合交通运输体系,因此,预计在未来几年内广东的土木建筑行业将会以倍增的速度高速发展。

在人力市场需求方面,据"广东省建筑业协会"统计,2018年广东资质以上建筑类总承包和分包企业有6142家,同比增长15.6%,其中有工作量的企业有5746家,建筑业从业人员有289.97万人,但技术人员仅为33.6万人,占比为11.6%左右。据《2015年建筑业发展统计分析》显示,当年全国平均只有12.5%从业人员受过专门技能培训,其余的均为高中以下学历[①],并且随着建筑行业信息化革命逐步深入,BIM(建筑信息模型,building information modeling)专业人才将成为新的需求点,这就要求建筑类人力资源结构由传统的、经验式的人员构成向拥有信息化、智能化素质的人员转移,而广东土木建筑类的整体从业人员接受技术技能教育情况与全国大致持平,也只保持在15%以下,水平整体偏低,且出现地区分布不平衡问题,珠三角地区从业人员占比为68.6%,超过了东、西两翼和山区从业人员之和。针对广东建筑行业人才需求问题,相关研究人员于2016年应用线性回归模型和比率法进行大致预测,研究结论表明,广东建筑从业人员呈逐年递增趋势,大致年均增长值约在11000~12000人[②],整体需求容量较大(见表5.2.5)。

---

① 2015年建筑业发展统计分析[EB/OL]. http://www.zgjzy.org/NewsShow.aspx?id=7150. 2016-5-26/2019-4-2.

② 谭菲. 基于VAR和VCE模型的广东省建筑行业人才分析与预测[J]. 工程管理学报,2016(6):48-52.

表 5.2.5　　　　　　　广东建筑业行业人员需求预测　　　　　　　单位：人

方法	2017 年	2018 年	2019 年	2020 年	2025 年
线性回归模型	347783	362024	377687	394914	510552
比率法	340881	351581	362618	374000	436502

在专业的区域竞争力方面，广东高职院校土木建筑类专业在全省专业布局中占比为 6.89%，位列 19 个专业大类的第 6 位，但与前 5 位占比均超过 10%（财经商贸类 19.83%、电子信息 15.43%、教育与体育 12.24%、装备制造 11.20%、文化艺术 11.10%）的专业大类相比，所占份额适中。在专业布点方面，S 校土木建筑类有 4 个专业布点在全省超过了 10 个，其中最多的是"工程造价专业"，全省有 38 所院校开设。同样，广东本科院校开设土木建筑类专业也相对较多，根据《广东省毕业生就业质量年报》统计，2018 年，全省该专业类本、专科共毕业学生 30840 人，占总毕业人数的 6.52%。按 2018 年广东建筑业实际从业人员 289.97 万人计算，加之当年毕业生和外来务工人员，2018 年广东土木建筑类人员缺口约为 1 万人。

2. 资源评核

S 校的土木建筑类专业是全校布局最多的专业大类，2018 年共设置 11 个专业，占比为 23.9%，分跨 4 个教学系，其中 4 个为教育部、水利部、省级重点建设专业（见表 5.2.6），年均约培养 1100 多学生。生师比为 21.2∶1，校内实训设备总值约 2332 万元，具有校内实训基地 31 个，校外实训基地 63 个，2018 届毕业生初次就业率 98.2%，用人单位满意度 98.3%。根据麦可思公司对毕业生跟踪调查结果显示，土木建筑类 2018 届毕业生的专业相关性和就业稳定性等指标均高于全校平均水平，尤其在"专业相关度""就业满意度""就业稳定性"方面优势明显（见图 5.2.11）。

表 5.2.6　　　　　　S 校 2018 年设置的土木建筑类专业一览

专业名称	所属院系	全省布点数（个）	专业发展业绩
建筑工程技术	土木工程系	29	"广东省一流院校"建设专业
工程造价	土木工程系	38	
建设工程监理	土木工程系	10	
地下与隧道工程技术	市政工程系	1	中央财政"提升专业服务产业发展能力"重点专业

续表

专业名称	所属院系	全省布点数（个）	专业发展业绩
市政工程技术	市政工程系	9	
给排水工程技术	市政工程系	4	水利部示范专业
建筑装饰工程技术	建筑环境系	9	
建筑设备工程技术	建筑环境系	6	全国现代学徒制试点专业
建筑设计	建筑环境系	14	
房地产经营与管理	建筑环境系	8	
建筑电气工程技术	电力工程系	5	

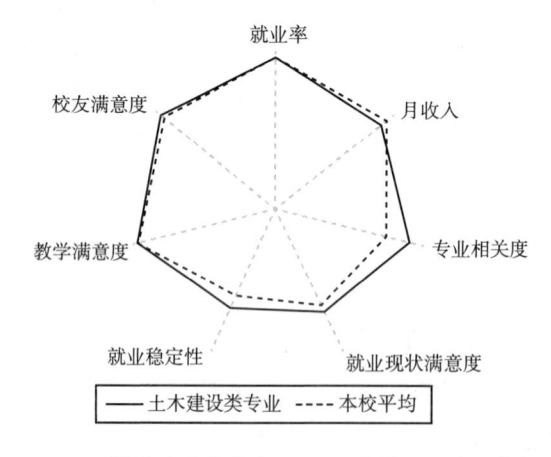

图 5.2.11　S 校土木建筑类专业 2018 届毕业生主要指标雷达

3. 研判界定

通过对土木建筑行业的业态、人力市场等外部需求分析，该专业属于粤港澳大湾区基础建设类的紧缺专业，由于从业人员来源的多元性，因此，S 校在此类人才培养方面压力适中；通过对 S 校开设土木建筑专业的内部资源评核，该专业类在设置定位上属于学校办学的整体发展类专业，在功能特征上属于行业导向型专业。根据对其供需两侧概算，S 校可以保留土木建筑类现设的所有专业，但要根据产业链对接专业链的"链式"组建策略，重新整合专业所开设的院系，培养建筑行业规划—设计—施工—监理—装饰—营销等全链式复合型技术技能人才。

（四）装备制造类专业

1. 需求分析

在社会需求方面，随着德国《工业4.0》和美国《先进制造业伙伴计划》的实施，制造业已成为新一轮国际经济竞争的焦点领域，为此，《中国制造2025》应运而生，以为我国争取制造业战略强国而谋划布局。广东虽然在工业整体发展方面弱于江苏，如2014年工业总产值约低于江苏7156亿元，但在装备制造方面却领跑全国，其税收贡献约占整个工业行业的50%[①]，随着近几年的稳步增长，2018年广东的装备制造业产值已经占规模以上工业（年主营业务收入在2000万元以上者）的45.7%，成为区域发展的特色产业。为了布局区域优势产业，《广东省战略性新兴产业发展"十三五"规划》将"推进智能制造高端化发展"作为主要目标之一；《粤港澳大湾区发展规划纲要》也提出"增强制造业核心竞争力"，重点推进制造业智能化、再工业化和绿色改造等。仅2018年，广东省针对计算机、通信和其他电子设备制造业固定资产投资占比高达27.3%，因此，重点投资、重点发展将成为"十三五"期间广东制造业发展的基本策略。

在人力市场需求方面，2017年广东共有制造业类企业4万多家，从业人员约1.5亿人，其中主营业务年收入超过100亿的企业约260家[②]。但由于受产能制约等各种因素影响，企业亏损并流失比较严重，仅2017年上半年亏损企业9814个，亏损面为23.3%[③]，人员流失很难估算。

在专业竞争力方面，高职院校装备制造类专业在全省专业布局中占比11.2%，排名第四，其中"机电一体化"等专业在全省开设院校数超过40所，连续3年都排列在全省专业布点数的前十名。省内开设相关专业的本科院校也相对较多，根据《广东省毕业生就业质量年报》统计，2018年，广东制造业类专业的本、专科毕业生共计72969人，占所有专业的15.43%，位列第二。因此，广东制造业人才存在的主要是规格和结构问题，而非数量问题，基础技术类人才需求的总体容量不大。

[①] 近5年广东装备制造业税收增速领跑全国［N］. 南方日报，2017-7-17（6）.
[②] 广东经济"脱虚回实"制造业再现勃勃生机［N］. 瞭望新闻周刊，2017-8-7（3）.
[③] 广东省制造业协会官网［EB/OL］. http：//cngma.com/cyzx/hyxx. 2018-4-8/2019-3-16.

2. 资源评核

S 校 2018 年开设装备制造类专业共 6 个，分布在 2 个院系，占全校专业布局的 13%，位列第四（见表 5.2.7）。有校内实训室 25 个，校外实训基地 25 个，实训设备总值 2730 万元。年均约培养毕业生 900 人，根据麦可思公司对毕业生跟踪调查，2018 届毕业生初次就业率 93%，专业相关度 70%，就业满意度 57%，均略低于全校平均水平（见图 5.2.12）。

表 5.2.7　　S 校 2018 年设置的装备制造类专业一览

专业名称	所属院系	全省布点数	专业发展业绩
电气自动化技术	自动化工程系	38	"广东省一流院校"建设专业
机械制造与自动化	机械工程系	18	
机电一体化	机械工程系	44	广东省二类品牌专业
数控设备应用与维护	机械工程系	2	
模具设计与制造	机械工程系	34	
工业设计	机械工程系	19	

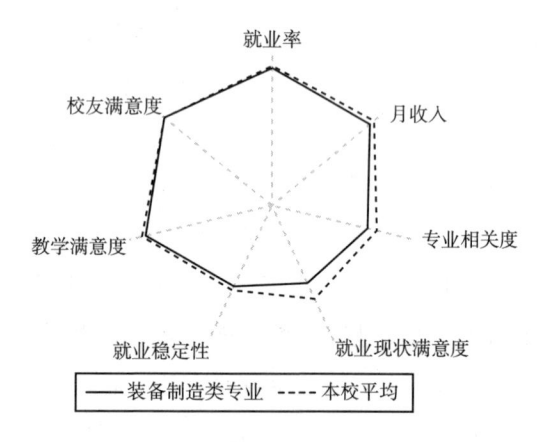

图 5.2.12　S 校装备制造类专业 2018 届毕业生主要指标雷达

3. 研判界定

通过对装备制造行业的国际竞争战略、区域产业布局及人力市场等外部需求分析，该专业类属于广东的特色产业布局所对应的专业。S 校相关专业的设置是在学校原有资源的拓展下顺势而为，因此在广东同类院校中具有比较优势，但在区域内该类专业人才的比较求势并不明显，因此 S 校装备制造类专业人才培养的规模压力适中，未来主要目标是向培养高端制造、智能制造等方面人才转型。通过内部资源评核，装备制造类专业在设置定位上属于 S 校的区域特色类专业，在功能特征上属于产业导向型专业。根据对其供需两侧概算，该大类专业需要微型调整与优化，因为现有专业涉及自动化类、设计制造类、机电设备类等多个服务面向，过于零散，为了集合力发展，提高办学效益，可裁撤设备类单一专业"数控设备与维护"，新增"智能控制技术"，迎合智能制造的新拐点，增强自动化类专业群实力，培养设计—制造—操作—维护等全链式复合型技术技能人才。

（五）电子信息类专业

1. 需求分析

在社会需求方面，电子信息是现代社会生产力提升的关键要素，是国家或区域战略竞争的软实力。其发展主要包括信息产业化和产业信息化两个路向，就是自身产业发展和服务延伸发展两个维度。广东电子信息产业发展体量巨大，在信息产业化发展方面，2017 年软件业务收入约 9317.5 亿元，居全国第一，智能终端占全国市场份额的 54%，人工智能、云计算等也发展迅速；在产业信息化服务延伸方面，2017 年电子信息制造业产值约 36076 亿元，全省光纤入户率 79.9%，移动互联网用户 1.42 亿户，均占全国第一。① 但体量巨大的背后依然存在着平均差，由于广东人口较多，据统计，每万人电子信息类专利仅占全国第五，制造业信息化指数全国第三，基础设施建设指数全国第十，集成电路 85% 依赖进口，创新性不强，从业人员数量及薪酬等较低。《广东省国民经济和社会发展第十三个五年规划纲要》将"电子信息产业"列入"十三五"期间超万亿元产业的首位，并将"大数据""云计算"列入信息化发展的重点支撑工程。

在人力市场需求方面，广东信息化产业约有 3320 多家企业，其中上市公司 123 家，华为、TCL 等 25 家企业位列全国电子信息百强；互联网服务类企业中腾讯、网易等闻名全国，信息技术总市值 1.23 亿元，居全国首位。但由于 2018

---

① 《广东省数字经济发展规划（2018 - 2025）》（征求意见稿）[EB/OL]. http：//www.gdei.gov.cn/2018 - 4 - 9/2019 - 3 - 27.

年电子信息类省域投资增长速度为 -5.8%，外商投资速度为 -61.8%，[①] 致使部分企业被挤压，甚至破产。目前，广东电子信息从业人员约 350 万人，整体人才缺口不大，主要面临的是高端技术创新性人才，如人工智能、机器人研发等，因此存在结构性人才缺失问题。

在专业竞争力方面，广东电子信息类专业占高职院校专业布局的 15.43%，仅次于财经商贸类的 19.83%，许多专业的全省布点数均超过 30 个。该专业类在本科院校的布点数也较高，根据《广东省毕业生就业质量年报》统计，2018 年全省共有本、专科毕业生 54440 人，占总毕业生的 11.51%。由于高职院校的学生基本上从事于电子信息的延伸服务行业，因此人才缺口不大。

2. 资源评核

S 校 2018 年设置的电子信息类专业有 8 个，占全校专业布局的 17.4%，仅次于土木建筑类的 23.9%，专业分布在两个教学系中，几乎所有的专业在全省的布点率都比较高（见表 5.2.8）。

表 5.2.8　　　　S 校 2018 年设置的电子信息类专业一览

专业名称	所属院系	全省布点数	专业发展业绩
物联网应用技术	自动化工程系	38	广东省二类品牌专业
电子信息工程技术	自动化工程系	32	
计算机应用技术	计算机信息工程系	65	
计算机网络技术	计算机信息工程系	58	
数字媒体应用技术	计算机信息工程系	37	
大数据技术与应用	计算机信息工程系	16	
软件技术	计算机信息工程系	54	
计算机信息管理	计算机信息工程系	14	

电子信息类专业生师比为 23∶1，拥有 15 个校内实训室和 11 个校外实训基地，实训设备总值 1200 万，由于不属于学校重点发展的专业类型，因此专业发展业绩平平，在同类院校中竞争力不足。2018 年，共输出毕业生

[①] 2018 年广东国民经济和社会发展统计公报 [EB/OL]. http://www.gdstats.gov.cn/tjzl/tjgb/201902/t20190227_423113.html. 2019-2-27/2019-3-19.

约 600 人，除了薪酬外，毕业生调查的其他综合指标均低于全校平均数（见图 5.2.13）。

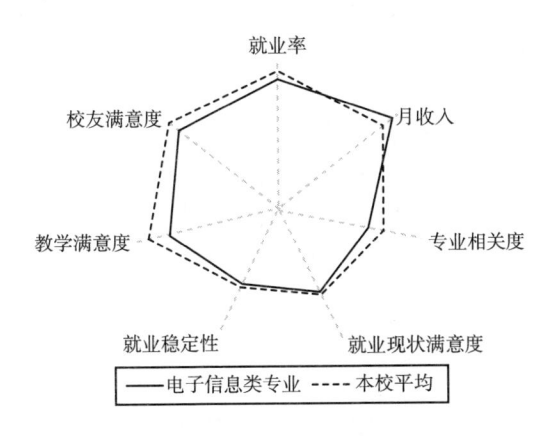

图 5.2.13　S 校电子信息类专业 2018 届毕业生主要指标雷达

3. 研判界定

通过对电子信息行业的区域产业发展状态及人力市场等外部需求分析，该专业类属于广东特色产业布局所对应的专业，在信息产业化和产业信息化两维人才培养路向中，高职院校更适合于后者，即培养产业信息化服务延伸型人才。S 校相关专业在广东省同类院校中不具备优势，但由于区域内该类人才需求体量较大，转型升级速度快，因此 S 校电子信息类专业人才培养的结构性规模应该转型，为适应产业升级，将培养目标转向大数据、云计算等方面，提升电子信息服务类人才的专业基本技能。通过对 S 校电子信息类专业内部资源评核，该专业类在设置定位上属于 S 校的区域特色类专业，在功能特征上属于服务延伸型专业。根据对其供需两侧概算，该专业大类需压缩现有人才培养规模，迅速更替旧专业，撤销"计算机应用技术""计算机网络技术""计算机信息管理"等过时专业，新设"智能终端技术与应用""云计算技术与应用"等新兴产业所对应的专业，培养具有信息处理—传送—应用—储存—归集—安全防护等复合型技术技能人才。

（六）财经商贸类专业

1. 需求分析

在社会需求方面，根据"配第—克拉克定律"，劳动力随着国民生产水平提升逐渐向第三产业转移，广东作为地区生产总值最高的省份，自 2009 年开始重点发展金融等服务业，仅 2016 年就颁布了 55 项科技金融政策，大力推动现代金融服务体系的构建①。2018 年广东的第三产业在地区生产总值中占比已达到了 54.2%，固定投资也快速增长，其中金融业投资增长 16.2%，租赁与商务服务业增长高达 63.5%。② 在区域发展战略布局方面，《粤港澳大湾区发展规划》提出"建设国际金融枢纽""发展特色金融产业""促进商务服务走向价值链的高端"等目标，为绿色金融和高端商务服务体系的建设提出了新的要求。

在人力市场需求方面，由于财经商贸类包含了财政税务、金融、财务会计、统计、经济贸易、工商管理、物流、市场营销、电子商务等多个门类，因此服务市场范围较广，据《广东统计年鉴2018》显示，2017 年广东规模以上的服务业企业约 2.1 万个，金融、商务服务、批发零售业等从业人员约 316 万人，假设在现有基础上每个企业年均引入员工 3~4 人，每年约需 6 万~8 万人，其中，中职毕业生（广东中职财经商贸毕业生最多，2017 年 60326 人）和外来人员还会在同等岗位上争取份额，因此，岗位容量并不大。

在专业竞争力方面，广东财经商贸类专业占全省高职院校专业布局的 19.83%，位列第一。本、专科共有财经专门院校 10 所，综合类院校几乎全部设有了财经商贸类专业，人才培养规模庞大，据广东《高校毕业生就业质量年度报告》统计，2018 年全省财经商贸类本、专科毕业生为 73042，占总毕业人数的 15.45%，位列第一。随着互联网金融、商务服务智能化等推进，基础服务岗位人员需求量日益减少，高端科技金融创新、高水平供应链管理和高品质服务业的开发等人员成为主要需求。因此，广东财经商贸类人才存在结构性紧缺，高职院校培养的中低端专业人员规模相对过剩。

2. 资源评核

S 校 2018 年共设置财经商贸类专业 3 个，占全校专业布局的 6.5%，分布在 1 个教学系（见表 5.2.9）。生师比为 22∶1，有校内实训室 5 个，校外

---

① 安琴，刘金金等．广东省科技金融政策文本量化分析［J］．当代经济，2018（10）：58-61.
② 2018 年广东国民经济和社会发展统计公报［EB/OL］．http://www.gdstats.gov.cn/tjzl/tjgb/201902/t20190227_423113.html. 2019-2-27/2019-3-19.

实训基地 11 个，实训设备总值约 614 万元。由于所设置的专业全省布点数高，专业发展的外部竞争力不足，同时由于 S 校整体发展方向为理工类专业，因此财经商贸类专业属于"边缘化"专业，内部发展的动力不足。2018 届约培养毕业生 400 人，初次就业率 91.8%、就业满意度 62%、专业相关度 68%，离职率 49%，均逊色于全校平均水平（见图 5.2.14）。

表 5.2.9　　　　　S 校 2018 年设置的财经商贸类专业一览

专业名称	所属院系	全省布点数	专业发展业绩
市场营销	经济管理系	68	
财务管理	经济管理系	29	
会　　计	经济管理系	95	

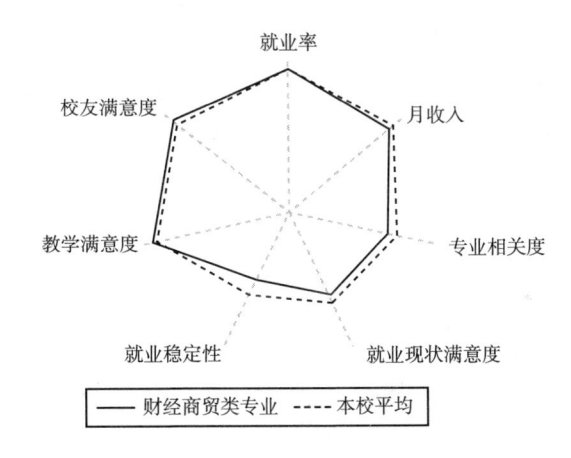

图 5.2.14　S 校财经商贸类专业 2018 届毕业生主要指标雷达

3. 研判界定

通过对财经商贸行业的区域产业发展现状及人力市场等外部需求分析，该专业类属于广东省服务延伸类专业，全省的中职、高职、本科每年培养相关专业人才约 14 万人，人才存在过剩。S 校相关专业在广东省同类院校中不具备竞争优势，在校内也不具备发展条件，因此，为了聚集校内资源重点发展理工类专业，该校应该撤销财经商贸类专业，根据专业"链式"组建的需求，将部分老师整合到水利经济分析、电力营销和房地产营销等中去，换"跑道"服务学校人才培养。

(七) 教育与体育类 (英语语言类)

1. 需求分析

S校设置的教育与体育类专业主要是英语语言类专业。在社会需求方面，英语属于国际通用语言，亦是我国教育体系中除母语之外唯一要求全面普及的外国语种。广东作为"世界工厂""一带一路"的沿线省份和粤港澳大湾区建设的主要承载者，"十三五"期间涉外服务业发展的主要重点是建设"世界级旅游区""国际市场营销平台"和基于"综合商务会展"的文化交流中心，因此英语是服务交流不可或缺的工具。

在人力市场方面，虽然广东被誉为"世界工厂"，但自2009年金融危机后，国际订单锐减严重，据《广东省统计年鉴》显示，2015～2017年连续3年外商投资单位减少约7000家，港澳台商投资企业减少了约3000家，2018年外商及港澳台投资企业利润增长速度为-3.8%，整体合作状况不太乐观，导致许多英语商贸人员和跟单员失业。虽然，2018年全省国际旅游外汇收入增长4.4%，达到205.12亿美元，但由于各种智能翻译取代了传统翻译服务市场，英语专业领域受到了各种挑战，基础性的英语服务人员已失去了十年前的就业优势。

在专业竞争力方面，广东教育与体育类专业占全省高职院校专业布局的12.24%，位列第三。全省有2所语言类专门院校，根据广东《高校毕业生就业质量年度报告》统计，2018年全省本、专科共有教育与体育类毕业生47739人，占所有毕业生的10.1%，其中英语类专业学生占比超1/2。仅高职院校的商务英语专业，2016～2018年连续3年毕业生规模占据所有专业的前三名，分别输出学生11437人、10243人、10130人，本科院校的英语专业分别输出学生12670人、11923人、9665人，规模仅次于会计专业，占据所有专业的第二名。因此，广东英语语言类专业人才的现有容量和需求对比，供大于求。

2. 资源评核

S校2018年共设置英语语言类专业3个，占全校专业布局的6.5%（见表5.2.10），专业前身是学校的公共英语教育部。

表 5.2.10　　　　　S 校 2018 年设置的英语语言类专业一览

专业名称	所属院系	全省布点数	专业发展业绩
商务英语	应用外语系	73	
应用英语	应用外语系	28	
旅游英语	应用外语系	13	

生师比为 16∶1，有校内实训室 3 个，校外实训基地 6 个，实训设备总值约 724 万元（包括公共英语教学）。由于专业发展存在"因人设置"现象，因此多年来均未被列入学校的重点建设之列。2018 届约培养毕业生 300 人，人才培养效果指标均低于全校平均水平，离职率高达 76%，属于全校最高（见图 5.2.15）。

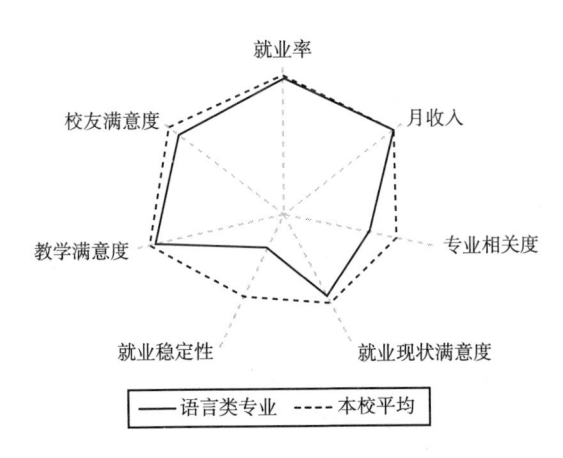

图 5.2.15　S 校英语语言类专业 2018 届毕业生主要指标雷达

3. 研判界定

通过对英语语言类专业人力市场等外部需求分析，该专业类属于广东基础服务类专业，全省的高职、本科每年培养相关专业人才约 3 万人，加之近 3 年近 1 万多家外商和港澳台企业的撤离，现存人才容量较大，存在人才过剩问题。S 校相关专业内、外部发展条件不足，专业相关度低，离职率高达 76%，因此，该校应该停办英语语言类专业，教师聚集力量为学校的公共英语教学服务。

（八）其他零散的专业类

S 校虽然为理工类高职院校，但专业聚集度不高，在教育部列举的 19 个专业大类中共设置了 10 个，其中低于两个专业数的专业大类有 3 个，包括资源与环境安全类专业有 2 个、交通运输类专业 1 个和公共管理与服务类专业 1 个（见表 5.2.11、表 5.2.12、表 5.2.13）。

表 5.2.11　　S 校 2018 年设置的资源与环境安全类专业一览

专业名称	所属院系	全省布点数	专业发展业绩
工程测量技术	水利工程系	8	
环境地质工程	市政工程系	1	

表 5.2.12　　S 校 2018 年设置的交通运输类专业一览

专业名称	所属院系	全省布点数	专业发展业绩
道路桥梁工程技术	市政工程系	7	

表 5.2.13　　S 校 2018 年设置的公共管理与服务类专业一览

专业名称	所属院系	全省布点数	专业发展业绩
行政管理	经济管理系	15	

由于零散专业与其他专业之间异质性高、学科关联耦合性低、资源共享性弱，并且不符合专业设置与调整中的"主干派生法"和"滚动拓展法"[①]，继续开设将会增加教育成本，不利于专业"雁阵"群的合力发展，也不符合 S 校的整体发展方向。根据效益最佳原则和控制的惯性，即"一个典型的裁员目标是专业数量最少的部门"[②]，因此，S 校可撤销以上三大专业类所包含的 4 个专业。

但专业退出并不意味着所有课程和教师退出。拟退出的"工程测量"专业是水利、勘测施工等各种工程建设的基础，因此该专业已经开出的课程可以作为水利、土木建筑类专业群的专业基础课继续开设。"环境地质工程"专业是工程设计和施工地质勘测的基础，因此该专业已经开出的课程可以作为土木建筑类的专业基础课保留。"行政管理"专业部分课程，如"管理学基础""企业管理"等可整合到水利系"水务管理"专业中去。"道路桥梁工程技术"专业由于呈"孤雁"之状，若要保证人才培养质量必须投入较高

---

① 董新伟，杨为群. 振兴辽宁老工业基地背景下高等职业院校专业设置与调整研究［M］. 大连：东北财经大学出版社，2009. 21－22.

② Mangan, Katherine. "Easing the Pain of Program Closings."［J］. The Chronicle of Higher Education，2017（12）：24－26.

的实验实训设备,为了优化配置校本资源,使规模、效益与质量协调发展,该专业可以完全退出 S 校的专业布局。

七、"三路并进、两翼驱动、雁阵支撑"的校本专业新布局建构

专业研判和界定与以往的外部评价不同,其在评价主体上追求利益相关者的共同介入;在评价手段上强调协商式评价;在评价标准上推行基于时间－背景的自我参照性评价,最终目的"不是为了证明(prove),而是为了改进(improve)"[①],为了在评价与往复行动中"建构一种精确存在的研究结果"[②],即促进校本专业布局调整优化。

开展校本专业调整优化,首先以"当地离不开、业内都认可、国际可交流"为依据,根据学校的办学定位、优势基础和区域内产业发展需求,参照 IET 专业三种分类法,即行业导向型专业、产业导向型专业、服务延伸型专业,对学校专业整体布局进行建构和分类,以便于分跑道发展;其次按照"双高计划"导向下的高水平专业群建设,构建专业"雁阵群"发展思路,找出"头雁",架构"雁身",形成专业集群发展格局,集群中各专业之间的课程依据专业链对接产业链流程设计,形成链式"宽口径"人才培养模式。

(一) S 校专业整体布局构建

依据专业布局调整的四种价值追求,即提升地方服务支撑度、提升人才培养契合度、提升资源配置的有效度和提升品牌影响的美誉度[③],结合以上对 S 校全部专业所进行的外部需求分析和内部资源评核结论,从专业生存的"外适、内适、个适"[④] 三个维度出发,以及 S 校未来的"双高计划"建设目标,应用办学定位、学科耦合、资源共享等要素来框定专业结构,剔除异质专业,把原来较分散的 10 个专业大类,按照同质性与近质性组合,形成 5 个专业大类集群,归属三种发展类属形成"三路并进、两翼驱动"布局,为专业分"跑道"、差异化发展厘清方向(见图 5.2.16)。

---

① [美]斯塔弗尔比姆等. 评估模型[M]. 苏锦丽等译. 北京:北京大学出版社,2007:291.
② [美]埃贡·G. 古贝,伊冯娜·S. 林肯. 第四代评估[M]. 秦霖,蒋燕玲等译. 北京:中国人民大学出版社,2008.18.
③ 顾永安. "专业为王"时代:高校如何应对[J]. 教育发展研究,2018(10):3.
④ 陈玉琨等. 高等教育质量保障体系概论[M]. 北京:北京师范大学出版社,2004:64-65.

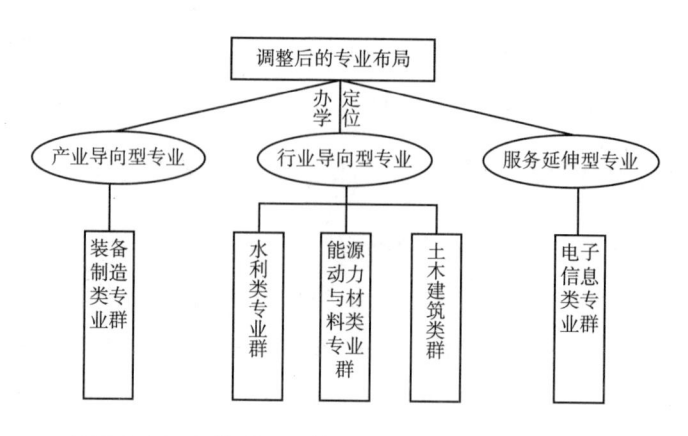

图 5.2.16 S校"三路并进、两翼驱动"专业新布局

三大类型、五个专业集群组建紧贴S校办学定位和现有基础，行业导向型专业以学校办学定位为根本，以学校整体发展为方向，涵盖水利类专业群、能源动力与材料类专业群和土木建筑类专业群，该类专业是学校的核心支撑专业，也是优先发展与优先建设专业，隶属发展的"第一跑道"；产业导向型专业以区域特色发展需求为方向，以装备制造类专业为主，隶属发展的"第二跑道"；服务延伸型专业以区域特色服务需求为方向，以电子信息类专业群为主，隶属"第三跑道"。新的专业布局拟把原有10个专业大类所涵盖的46个专业，整合成5个专业大类，包含38个专业（在原基础上裁撤14个，新增6个），克服之前专业大类零散和聚集度低的缺点，走厚基础、集群化发展之路（见图5.2.17）。

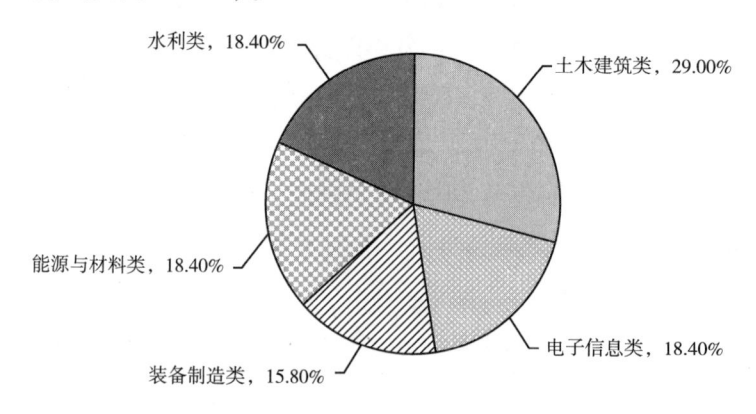

图 5.2.17　S校调整后的专业大类占比

（二）分专业群的"雁阵"和"链式"组建

为了厘清各专业大类人才培养目标总定位，梳理其人才培养亚型，首先，依据学科基础和服务面向的同质性，组建专业"雁阵"群，充分发挥"头雁效应"，推进专业群聚集合力发展；其次，增设新专业或整合拟将裁撤的专业资源，组建专业链，对接相关产业链，实施链式"宽口径"人才培养。根据S校新专业布局状况，拟整合成的5个专业大类所包含的38个专业，大致可以组成11个"雁阵群"，具体如下。

1. 水利类专业

水利类专业在外部需求上，属于粤港澳大湾区基础建设的紧缺专业，在内部定位上，属于S校的立校专业，也属于"双高计划"建设专业群，但现有专业设置数量、范围和规模太少，仅占校内专业结构的8.7%，并且专业链不健全。在信息化技术发展的新时代，"互联网+生态水利"已成为水文预测、水安全管理等不可或缺的方式。因此，整合各种资源，组建"水文与资源规划专业群"和"水利水电工程专业群"，最终建成水文测报—水文与水资源分析与规划—水利工程施工—水务及水安全管理的专业链，为现代生态水利产业链服务（见图5.2.18）。

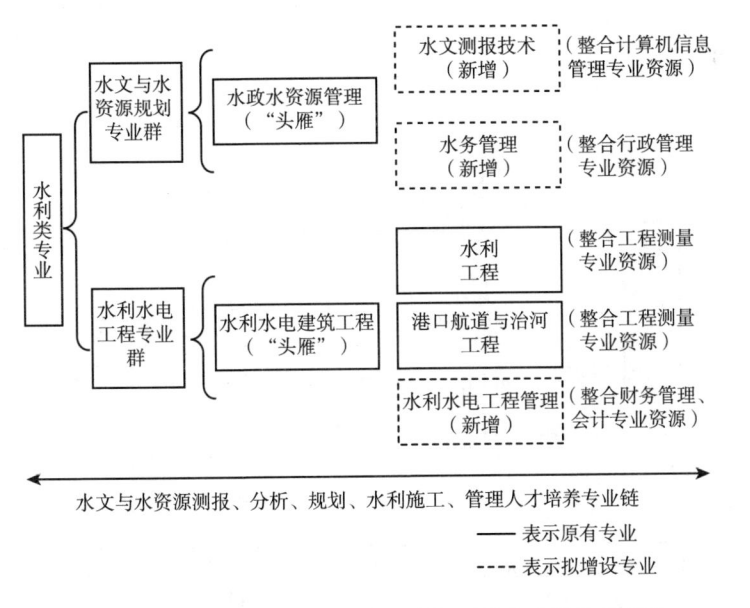

图5.2.18　S校水利类专业"雁阵"群及专业链构成要素

建构的"水文与资源规划专业群"以"水政水资源管理"专业为"头雁",增设"水文测报技术"和"水务管理"专业作为"雁身",整合拟退出的"计算机信息管理"专业师资等资源,培养基于现代信息技术开展水情数据采集、传输和预警的专门人才;整合拟退出的"行政管理"专业师资等资源,培养具有水文和管理知识交叉的、从事蓄水、供水、节水等保障水安全的管理人才。

建构的"水利水电工程专业群"以"水利水电建筑工程"为"头雁","水利工程""港口航道与治河工程"专业和增设的"水利水电工程管理"专业为"雁身",整合拟退出的"财务管理"和"会计"专业师资等资源,培养能应用经济预算与水利工程交叉知识进行水资源评价和水利工程经营的管理人才。

2. 能源动力与材料专业群

能源动力与材料类专业继续保持以电力类专业为支撑,建成以"发电厂及电力系统"为"头雁"的发电类专业群,加大风力、分布式等发电招生规模,为区域输送更多的新能源发电人才;建成以"供用电技术"为"头雁"的输电、供电与用电类专业群,并根据产能转换导向,逐步培养具有智能技术的电力人才。最终建成发电、输电、配电及用电领域的设备安装、运行、维护等人才培养专业链,助力粤港澳大湾区发展(见图5.2.19)。

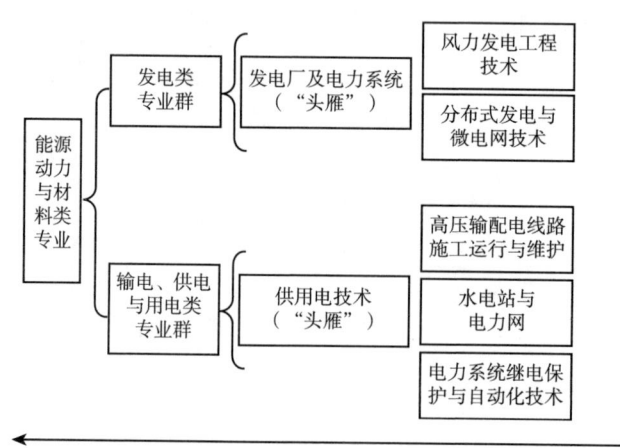

图5.2.19 S校能源动力与材料类专业"雁阵"群及专业链构成要素

3. 土木建筑类专业

土木建筑类专业是 S 校体量最大、涵盖专业数最多的专业类,但由于分布于 4 个不同院系,各教学单位之间条块分割,资源不能共享,全域式、立体化、共享型、宽口径的人才培养集群难以形成。新建构的专业布局将基础与结构重新整合,组成 3 个人才培养亚型,即整合拟被裁撤的工程测量专业资源,建成以"建筑工程技术"专业为"头雁"的土建施工类专业群;整合拟被裁撤的"环境地质工程"专业资源,建成以"市政工程技术"专业为"头雁"的市政施工类专业群;整合拟被裁撤的"市场营销"专业资源,建成以"建筑设计"专业为"头雁"的建筑设计、装饰及营销类专业群,最终组成土木建筑规划、设计、施工、监理、装饰、营销等人才培养专业链(见图 5.2.20)。

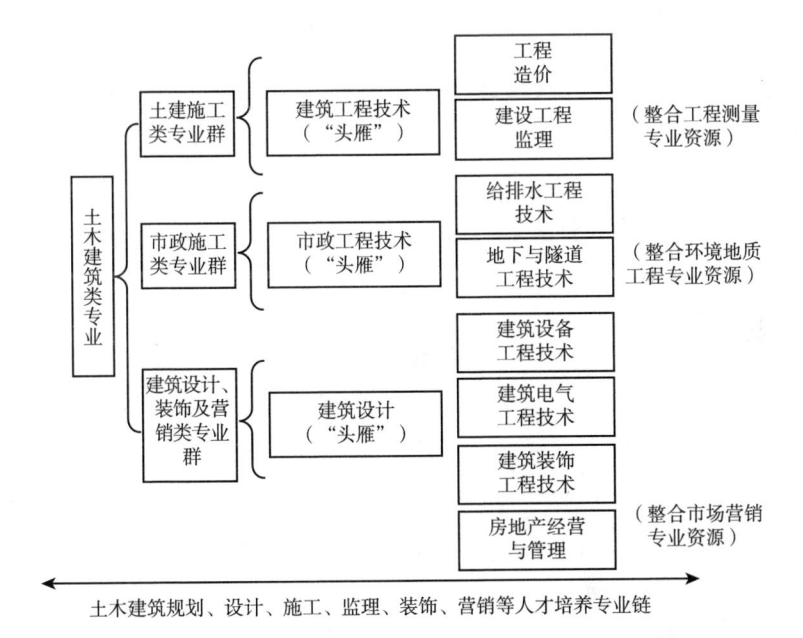

图 5.2.20　S 校土木建筑类专业"雁阵"群及专业链构成要素

4. 装备制造类专业

装备制造类专业是 S 校唯一对接区域新兴产业发展的专业类,但由于原有专业基础不强,资源分布在两个教学系难以互利共享,专业链统筹不足,较为零散。重新整合将冲破原有壁垒,建成以"机械制造与自动化"为"头雁"的设计制造类专业群,"工业设计"与"模具设计与制造"作为"雁身"支撑;建成以"机电一体化"为"头雁"的自动化类专业,"雁身"以"数控设备与维护"专业资源为基础增设与新兴产业对接紧密的"智能控制技术"专业,保留"电气自动化技术"专业,迎合智能制造的新拐点,最终形成装备制造业设计、制造、操作、控制、维护等全链式复合型技术技能人才(见图5.2.21)。

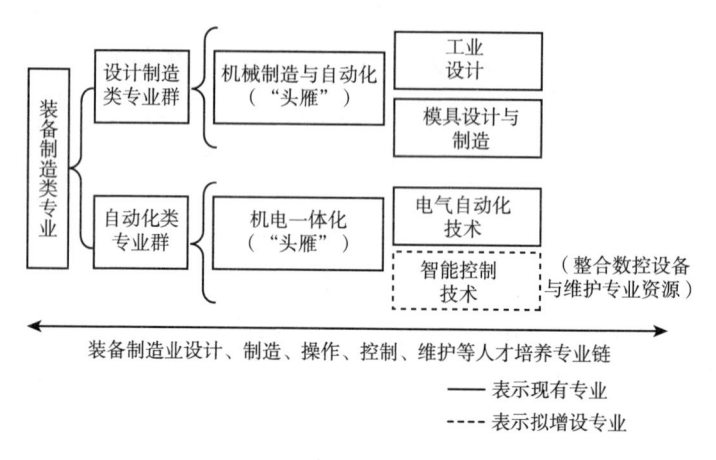

图5.2.21　S校装备制造类专业"雁阵"群及专业链构成要素

5. 电子信息类专业

电子信息类专业是S校应对区域特色产业布局所设置的服务延伸类专业,因此,服务的精准性是衡量其存在价值的第一定律。随着大数据、云计算、人工智能的快速崛起,电子信息类产业的代际更新迫使人才供给侧顺势转型,重新整合专业"雁阵"群。S校将在取消"计算机信息管理""计算机应用技术""计算机网络技术"三个专业的基础上,组成以"大数据技术及应用"为"头雁"的计算机类专业群,"雁身"整合原有"计算机应用技术"资源新设"云计算技术与应用"专业,保留"软件技术"和"数字媒体应用技术";组建以"电子信息工程技术"为"头雁"的信息类专业群,"雁身"整合原有"计算机网络技术"资源新设"智能终端技术与应用"专业,将自动化工程系的"物联网应用技术"专业迁徙到信息类专业群,最终形成信息生产、加工、传送、应用、储存、归集、安全维护等人才培养专业链(见5.2.22)。

```
                        ┌─ 软件技术
          ┌─ 计算机类   ┌─ 大数据技术及应用  ├─ 数字媒体应用技术
          │  专业群  ──┤ （"头雁"）        └─ 云计算技术与应用  （整合计算机应用技术专业资源）
电子信息  │
类专业   ─┤
          │  信息类    ┌─ 电子信息工程技术  ┌─ 物联网应用技术
          └─ 专业群  ──┤ （"头雁"）        └─ 智能终端技术与应用  （整合计算机网络技术专业资源）
```

信息生产、加工、传送、应用、储存、归集、安全维护等人才培养专业链

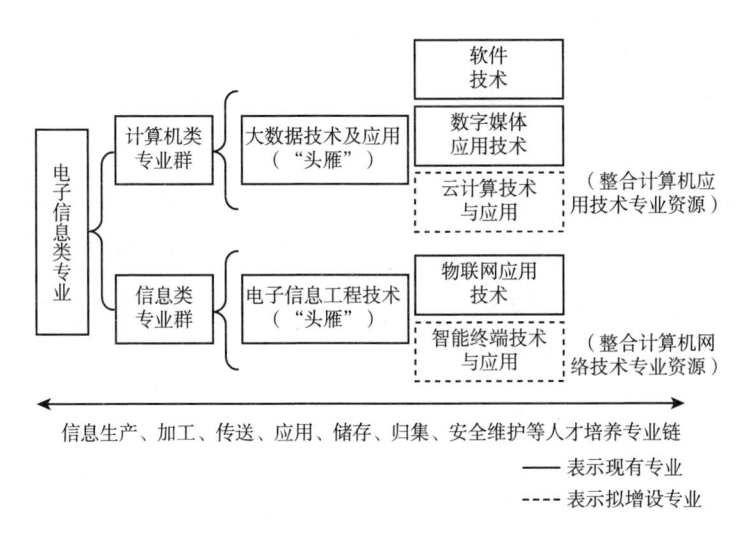

—— 表示现有专业
---- 表示拟增设专业

图 5.2.22 S 校电子信息类专业"雁阵"群及专业链构成要素

八、基于 OBE 理念的专业持续改进及内控策略设计

"市场唯一不变的法则是永远在变"。当今社会技术升级、产业转型、贸易转轨、市场需求等各种变化日新月异，稍纵即逝，因此高职院校作为人力市场的供给侧，专业调整不是一蹴而就的，只有遵照"以服务为宗旨、以就业为导向"的办学方针，根据外部的变化，将专业链、产业链与创新链相对接，持续改进专业人才培养目标，才能保持与社会之间供需生态平衡，否则将会"离群索居"，产生"花盆效应"。持续改进既是"放管服"背景下高职院校由外部规制走向自我组织、实施内部过程控制的主要策略，也是保障专业动态调整机制良性循环运作的关键。同时"双高计划"全面实施项目绩效管理，以年度绩效评价结果来动态调整项目经费支持额度和建设单位，就是建设单位如果没有对专业群进行整合调整、没有组成特色鲜明且效益良好的专业群，通过相关部门监测与考核，立项建设单位将失去现有的建设权，或者建设级别降低档次，因此专业持续改进也是"双高计划"高水平专业建设群发展的主要保障环节。

（一）价值导向：质量保证

专业持续改进是一种居安思危的质量管理方略，与以往的外部评估之间存在着多维差异性。首先，在执行主体方面，持续改进是"一种可以保护院

校学术自由的、无须政府直接参与而质量得到保证的有效机制"[①]，是学校自我建构的一种实施自查、自省和自改途径；其次，在执行过程方面，持续改进不需要"评前准备"，是一种随时可以介入的过程性控制；最后，在反馈目标方面，持续改进与评估的"以评促建"不同，其目标是通过循环式改进确保专业育人的质量水准，夯实了 2015 年教育部关于《高等职业院校内部质量保证体系诊断与改进指导方案（试行）》（简称《方案》）中"需求导向、自我保证，多元诊断、重在改进"的方略，并以此为基础逐步建立起专业内部质量保证体系。《方案》要求学校必须建立常态化的专业诊改机制，同时促成校内专业设置随产业发展动态调整，以提升专业的校企融合程度和专业服务社会能力，以保障专业的生存质量。

（二）理论基础：专业的生命周期

专业作为一种育人载体，同其他事物一样具有系统的生命发展周期，但与生物的生老病死之自然过程不同，专业更倾向于以人才的社会需求作为生命周期的评判指标，与产品、产业的需求生命周期原理相似。关于产品的生命周期理论（PLC）最早由雷蒙德·弗农（Raymond Vernon）教授于 1966 年提出，他认为产品具有"介绍期、增长期、成熟期和衰退期"四个阶段的市场寿命周期[②]，因此，某一产品在进入成熟期的时候必须结合市场需求不断创新改进，否则销量将会下滑甚至退出商品市场。在此基础上，1982 年，高特（Gort）和凯波尔（Klepper）提出了"G—K 产业生命周期理论"，即产业具有"引入期、大量引入期、稳定期、大量退出期、成熟期"的成长规律[③]，此理论驱动了"生命周期评价"工作及相关标准的诞生。"生命周期评价"是欧洲等地为了延缓产业生命周期、避免因盲目发展而造成能源浪费等系列问题而实施的动态控制管理。参照产业生命周期理论，我国自 2005 年开始，颁布《产业结构调整指导目录》并于 2011 年、2013 年、2018 年进行修订，

[①] [荷] 弗朗斯.F. 范富格特. 国际高等教育政策比较研究 [M]. 王成绪等译. 杭州：浙江教育出版社，2001.76.

[②] 缪雪峰. 模糊识别法在高职专业发展生命周期判别中的应用 [J]. 广西教育学院学报，2015 (6)：45 - 48.

[③] Gort M., Klepper S. Time paths in the diffusion of product innovations [J]. The Economic Journal, 1982 (92)：630 - 653.

《目录》根据产能和社会需求状况将产业划分为"鼓励类""限制类""淘汰类",并按照类型逐一厘定了详细的参数指标。因此,高职院校的专业发展在外部需求上,要以《产业结构调整指导目录》为参考,及时掌握产业发展与劳动力市场需求状况;在内部成长上,要以产品的生命周期理论为依据,结合供需两侧信息,在专业发展的每个阶段要进行评价、持续改进,将动态性和可控性渗入每个周期,以避免因专业寿命过短、不得已退出时造成的一系列资源浪费。

(三) 实施手段:内部控制

"控制"作为管理的职能之一,最早出现在古典管理理论家亨利·法约尔(Henri Fayol)1916年的《工业管理与一般管理》一书中,其认为企业的控制工作涉及商业、技术、财政、人员等多个方面,控制的职能是对管理过程中的出现的偏差或错误进行反馈与纠正,企业需要设立专门的监督部门及人员从事该项工作。随着控制理论的发展,出现了以外部规范为主的社群控制(clan control)理论,和以内部约束为主的全面质量管理理论、PDCA循环理论以及美国COSO报告中的内控制度等。控制的目的是对计划的达成度、营运的效果率等进行反馈、纠正和优化,属于一种居安思危的风险管理。按照活动的时间来划分,控制包括事前控制、事中控制和事后控制。事前控制是一种预防性控制,在制定计划时对活动运作中的可能出现的风险进行预测,并提出防范及应对策略;事中控制是一种动态管理过程,在工作运行中边控制边反馈,以降低运作风险;事后控制是一种纠正控制,是在工作结束后,对原计划中结果与标准之间的差异进行分析和反馈,以减小偏离度或受损面。控制的流程主要分为三步骤:制定标准、衡量绩效和纠正行动。[①]

高职院校专业持续改进工作实质上是一种参照外部信息而实施的内部控制活动,这种控制具有适应性、动态性和反馈性特点。适应性是指依据《产业结构调整指导目录》不断修订,做出相应的调整及控制策略;动态性是指对院校的专业发展目标采用事前和事中控制策略,即按照区域产业升级和院校品牌攻坚战略展开预测及适时改进;反馈性是指在控制过程中强调最优化,就是在专业持续改进中寻求精准服务区域的控制规律和方法,通过反馈达到

[①] 单凤儒. 管理学基础 [M]. 北京:高等教育出版社,2018:444.

自我匡正及优化发展。

（四）执行路径：专业认证

参照控制管理之"制定标准、衡量绩效、纠正行动"路径，专业持续改进需要在标准指导下，"量身""诊断""纠偏"，即走专业认证之路。所谓专业认证就是"对高等学校开设的教学计划进行评估、评定以及其他相关的活动，以确定其教育标准是否达到了该专业自身特定和公认的标准"。[①] 专业认证的目的是通过持续改进专业设置来保证育人质量，保障学生、雇主等多个利益相关者的权益；其主要特点表现为"浓厚的志愿性色彩、强烈的自我管理传统、依赖评估技术和工具、对质量问题的高度关注"。[②] 因此，专业认证就是学校自愿实施的一种专业质量保证和社会公证活动，对内以获得专业生命周期的延续，对外以获得利益相关者的信任。

关于我国高职院校的专业标准制定最早可追溯到1939年，当时国民政府教育部针对高等职业学校八大专业制订了41种课程标准；而当代高职院校专业教学标准的第一次颁布则是2012年，教育部发布了首批410个标准，但只有颁布，没有配套的跟踪检测、认证或管理措施，因此，落地执行效果处于悬垂之状。尤其在2015年专业目录大调整后，2012年颁布的专业标准则时过境迁，形同虚设。2019年7月教育部发布了《高等职业学校种子生产与经营专业教学标准》等347项高等职业学校专业教学标准，全方位细化了各专业素质、知识、能力要求，将行业企业最新的标准、要求融入教学。但系统化的专业持续改进措施还有待补充，在这种精准标准缺失的背景下，许多高职院校开始自行按照《悉尼协议》范式尝试进行"实质等效"的专业持续改进工作。

《悉尼协议》是国际三大认证标准之一，与《华盛顿协议》和《都柏林协议》不同，其自2001年成立以来就注重于对高等教育三年制的"工程技术专家"进行认定。虽然我国还未加入这一国际间协议，但"先建设、后认

---

① Sensicle, A. Aspects of the UK and USA Experience of Accreditation and Registration for the Engineering Profession, Seminar Report [R]. Tongji Uneiversity, Shanghai. 1994: 7 - 4.
② Yong, K. E., Prologue: The Changing Scope of Accreditation, in Yong, K. E., Chambers, C. M. & Kells, H. R (eds.), Understanding Accreditation: Contemporary Perspectives on Issues and Practices in Evaluating Educational Quality [M]., San Francisco: Jossey-Bass Publishers. 1983: 10 - 13.

第五章 高职教育专业设置管理新机制的应用研究

证"策略不仅可以"填补国家管理机构和教育界自我管理之间的空白"[①]，而且可以以内部质量保障为驱力推动我国高职教育与国际人才市场接轨。《悉尼协议》专业认证的逻辑框架是订立目标、搭建体系、检测诊断、管控改进；具体路径是以"成果导向（out based education，OBE）"为推力，围绕"学生"设置了"培养目标"等五个领域的质量控制点，以"持续改进"作为贯通目标与支撑点的桥梁，形成可动态循环的专业人才培养诊断与改进系统；采用数据举证与群体协商、决策相结合，重视归因、解析、对策重置与实效预测（见图 5.2.23）。

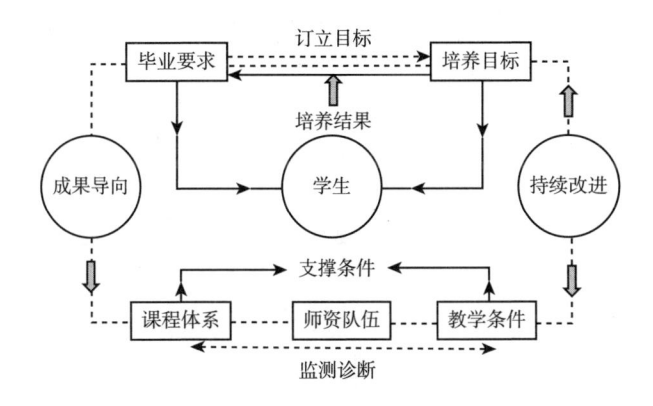

图 5.2.23　基于 OBE 的专业认证逻辑框架[②]

OBE 成果导向教育将所有的教学资源或媒介作为育人的外围条件，把学生作为"培养要求"和"毕业要求"之间的信息传递或结果验证中心，即培养目标是毕业要求的支撑，毕业要求是对培养目标达成度的验证，同时毕业要求作为"出口"成果的验证标准，指导着课程体系、师资队伍、教学条件等不断持续改进，最终这些育人要素之间形成了闭合线路，互为水准尺度，在信息与能量自我循环中不断检测诊断，自我匡正。

当然，由于世界不同国家或地区之间具有一定的文化差异性，因此"实质等效"是专业认证走向本土化的基本原则。如我国台湾地区作为《悉尼

[①] 董少校，汪瑞林. 为什么要向"悉尼"进发？[N]. 中国教育报，2014-12-10（6）.
[②] 陈丽婷.《悉尼协议》范式下高职专业建设的本土化实践[J]. 中国职业技术教育，2018（8）.

协议》的签约成员之一，不断根据自身技职教育的发展特点更新认证规范，自 2010 年起已经更新了 6 次 TAC（科学技术认证委员会）认证要求，使得专业成效的达成度与本土的社会需求相适切。以其 2018 年的认证规范为例，工程技术教育认证领域以"规范内容"等 3 个栏目为横向，以"教育目标"等 8 个认证规范为纵向，形成具有多个质量控制点的 TAC（2018）规范[①]（见表 5.2.14）。

表 5.2.14 我国台湾地区工程技术教育认证规范（TAC2018）领域分析

认证规范领域	质量控制点	内容简要
规范 1 教育目标	4 个	教育目标明确，具有时代合理性
规范 2 学生	3 个	通过规章、措施评量在学学生与毕业生的品质与能力
规范 3 教学成效及评量	7 个	学程的教学成效及学生在毕业时具备的核心能力
规范 4 课程组成	2 个	规划与教育目标一致、与毕业要求对接的基础课、专业实务课与通识课学程课程
规范 5 教师	7 个	教师的数量、参与学程目标、专业能力及管理措施、与学生和业界的交流成效等
规范 6 设备及空间	5 个	教学的软硬件设施及空间
规范 7 行政支援及经费	4 个	学校对学程的制度、人力、财力支持
规范 8 持续改善成效	3 个	学校对学程的自我评量过程、持续改善机制的规划及落实成效

（五）S 校未来专业持续改进方略

基于具体高职院校的专业持续改进是目标与人物相连、任务与标准相连的院校自我质量诊断与改进，也是学校针对不同专业开展的"自画像"与"美妆"的过程，目的是以最合体的"妆容"和最精准的功效彰显其在区域服务中的身份与地位。S 校专业持续改进将以《悉尼协议》范式为参考，以高职院校内部质量诊改为目标，在新一轮调整优化后的专业布局基础上，实施 3 年（一届学生）一周期的专业改进工作。

1. 确定专业持续改进的五大关注点

S 校将用五个关注点统领专业持续改进的全过程，即作为"望远镜"的

[①] 台湾工程技术教育认证规范（TAC2018）解说 [EB/OL]. http：//www.ieet.org.tw/userfiles/files/. 2018－3－2/2019－4－5.

专业目标，它可以对专业开设及人才培养外适度进行辨析；作为"显微镜"的课程地图，它可以对专业培养目标进行细化支撑；作为"自画像"的支持条件与师资队伍，它可以对专业人才培养的内适度进行辨析；还有作为"裁判员"的利益相关方，它可以是对人才培养达成度进行检测与诊断（见图5.2.24）。

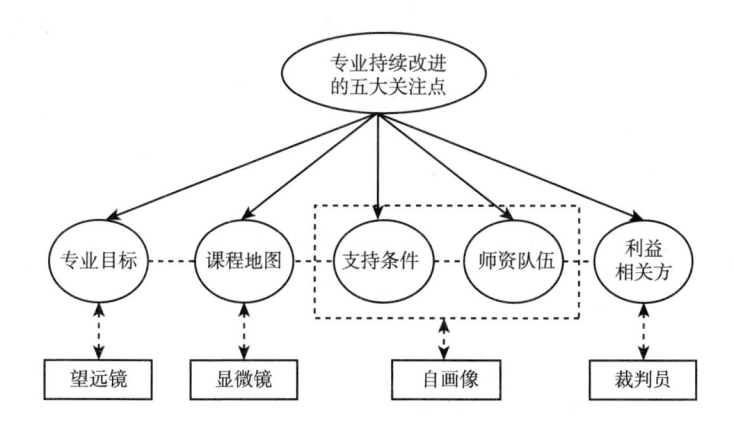

图 5.2.24　S校拟开展专业持续改进的五大关注点

2. 拟定专业持续改进的三步基线

持续改进将专业日常运行、分析监测和认证结合起来，以自我认知为基础，以量化监测与质性分析为辅助手段，以自愿申请认证为验证方式，多因素、多角度支持专业优化改进，形成了由多个关节点支持的三条基本路线（见图5.2.25）。

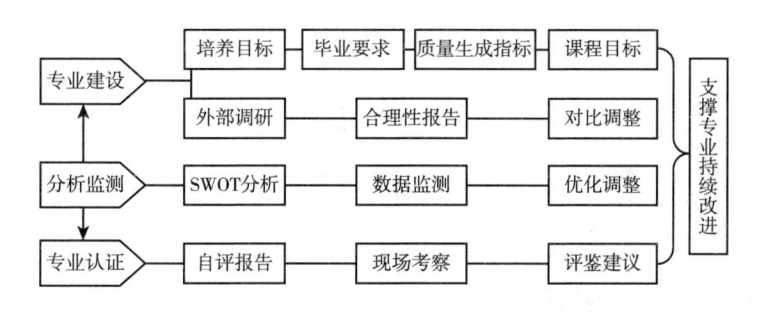

图 5.2.25　S校拟开展的专业持续改进基线

第一条路线是在专业建设中确定动态培养目标、毕业要求、质量生成的指标分析（就业率、专业相关度、就业满意度等）、课程目标，并通过外部调研，形成专业建设要素的合理性报告，对比调整专业建设相关要素，支撑专业持续改进。第二条路线是分析监测，包括专业的 SWOT 分析、数据监测跟踪，根据优势、劣势、机会、威胁状态，优化调整专业相关要素；第三条路线就是开展"实质等效"的专业认证，即撰写专业自评报告，以邀请认证专家现场考察，根据评鉴意见，促进专业自我匡正与改进。

在第一条路线中，开发基于 OBE 的毕业达成度评价及改进表单极为重要，它可以引导专业在自我认知阶段找到认知点并细化分析。S 校与麦可思数据研究院合作，开发了与《悉尼协议》范式相似的"六维"毕业达成度改进表单（见表5.2.15）。

表5.2.15　　　　　　S 校专业育人达成度评价与改进表单

毕业要求	指标点	课程对指标点支撑标准值	课程对毕业要求支撑标准值	调整前权重	预设权重	毕业要求权重	调整方法
				专业名称			
专业能力	A1…						如预设<实际，压缩重复课程目标内容
	A2…						
	A3…						
创新能力	B1…						如预设>实际，增加课程目标内容
	B2…						
社会责任	C1…						
	C2…						
职业素养	D1…						
	D2…						
管理能力	E1…						
	E2…						
发展能力	F1…						
	F2…						

表单以"成果的特征"，也就是毕业生具备的 7 种能力特征来指导专业培养目标和课程的开设，不同专业根据所对应的职业岗位需求对 7 个能力进行任务分解，制定出 N 个指标点；然后分析不同课程对能力指标点的支撑标准值和对毕业要求的支撑度，并与课程预设的权重进行对比；最后根

据预设权重与实际权重的对比结果进行课程的学分、学时或内容等的调整与改进。

在第二条路线中，制定专业 SWOT 分析矩阵图是质性分析的关键。SWOT 分析是把脉和诊断专业发展现状，寻求持续发展潜力的关键，也是专业持续改进的突破口。在 SWOT 分析中，对专业现有的优势（strengths）和处于的劣势（weaknesses）进行列举，对社会发展及产业转型中专业可能存在的潜在机会（opportunities）和存在威胁（threats）进行探测，目的是继续发展优势领域、克服及改进劣势状态，在潜在机会和威胁中提前决策未来发展方向，以特色带动高水平专业建设，占领区域乃至全国技术技能人才培养高地（见图 5.2.26）。

	优势（S）	劣势（W）
优势与劣势	• 准确的专业定位 • 合理的课程设置 • 与职业岗位能力对接紧密 • 良好的教学团队与教学水平 • 教学资源丰富 • 育人质量和知名度高 • 校企合作与社会服务水平高	• 过时、过窄的专业设置 • 不科学的课程体系设置 • 较少社会调研及松散的岗位对接 • "双师素质"教师稀缺 • 教学软件及硬件资源不足 • 培养目标达成度不高，质量堪忧 • 产学研不足，校企合作不畅
	潜在机会（O）	潜在威胁（T）
机会与威胁	• 国家或区域实施新的战略布局 • 传统岗位分化、复合和新岗位出现 • 劳动力转移与扩大招生规模 • 产教融合型企业将导入行业、区域经济的新领域 • 职业教育改革将推动新的专业建设理念与模式	• 区域内竞争院校或同质专业出现 • 专业所对应的产业属于产业结构调整中的"限制类"或"淘汰类" • 区域内本专业的人才相对过剩 • 区域经济下滑，产教融合不乐观 • 领导及团队成员对职业教育改革理念领域不足

图 5.2.26　S 校专业 SWOT 分析矩阵

在第三条路线中，撰写专业认证的《自评报告》是对专业自我认知及分析的最终总结，也是认证专家评鉴专业的关键文本。S 校的专业认证《自评报告》框架借鉴我国台湾地区专业认证规范（TAC2018）中的"教育目标、学生、教学成效及评量、课程组成、教师、设备及空间、行政支援及经费、持续改善成效"8 个领域，根据我国大陆高职教育目前的发展水平与特征，以及 2019 年"双高计划"的引领目标，将认证领域增加至 10 个，即新添

"社会服务"与"国际交流"2 项内容，质量控制点大致设计为 15 个，具体设计如表 5.2.16 所示。

表 5.2.16　　　　S 校专业认证《自评报告》框架

序号	认证规范领域	质量控制点
1	教育目标	专业定位准确性
2	课程	课程体系科学性
		课程设置合理性
3	教学成效	教学内容对接程度
		教学活动有效性
		毕业时具备的核心能力
4	学生	对培养模式的适应性
		人才培养质量水平
5	教师	团队建设合理性
6	内外部行政支持及经费保障	体制机制支撑程度
		经费保障机制建成成效
7	设备、空间与合作资源	教学资源丰富程度
		实践教学条件的满足度
		校企合作深入程度
8	社会服务	社会服务成效水平
9	国际合作	国际交流与合作程度
10	持续改进	培养目标达成度及改进程度

15 个质量控制点的描述采用数据举证与关系解析的方式，这不仅能够较完整地诊断专业发展脉搏，也可以将高等教育的第三职能、第四职能的相关理论应用到实际专业评价中，激活理论的实践生命力。

本章小结

为了验证新建构的专业设置管理机制之价值品性，演示其实践运行范式，本章基于多学科视野，应用量化研究与质性研究方法，以《国家职业教育改革实施方案》和"双高计划"为指引，以广东省高职会计专业设置为个案，来验证专业设置的省级统筹管理机制；以 S 校专业结构调整为个案，来验证校本专业调整优化机制。通过机制细化与实施，以期实现专业人才供给的"对位效益"，彰显高职教育的社会生态位价值。

在专业设置的省级统筹管理机制个案实践验证中，以寻求行业整体性和区域差异性两维平衡为实施思路，以"供需关系理论"为理念指导，以"区域产业状况分析—会计专业宏观布局研究—会计行业区域人力需求研究—专业发展类别界定"四步为研判路径，以"开办条件审查—常态监测—适时调整"三步为审查及管理路径，4+3步骤依研判结果而弹性实施。首先，分析广东产业状况及新兴产业目标，解析区域内高职院校与专业整体布局状况，以此来掌握区域内人才需求侧与供给侧全景；其次，对全省会计专业的布点数、培养规模、育人存量等进行统计，对区域内会计行业人力需求的规模、结构和质量进行对比分析；最后，根据会计行业的整体性需求和广东省区域人力市场的特色展开研判，结论认为广东高职院校的会计专业为"规模过剩专业"，不建议增设。同时，设计了基于"三维度、五批次"的区域内会计专业布点动态调整规划，规定个适度、内适度与外适度不强的布点院校以5年为期限逐步退出会计专业设置。

在基于S校的校本专业布局调整优化机制个案实践验证中，以"三轴六面"为实施原则，以"第四代评估"作为专业调整策略的理论指导，参照现代管理实践所蕴含的组织、运行、保障三大要素，实施"组织建构—整体分析—需求分析—资源评核—研判界定—调整优化—持续改进"七步专业优化调整基线。第一，由利益相关者共建"专业研判委员会"和"决策审定委员会"，并对S校办学状况及专业布局做整体分析，含办学规模与服务面向，专业规模与布局，专业与工作的相关度等；第二，对S校的10个专业大类逐一开展需求分析、资源评核与研判界定；第三，根据研判界定结论，开展S校专业布局调整优化工作，以存量结构调整为主，以增量结构调整为辅，建构"三路并进、两翼驱动、雁阵支撑"的校本专业新布局，即3个行业导向型专业类代表学校整体办学方向，隶属"第一跑道"发展，1个产业导向型专业类和1个服务延伸型专业类作为两翼，隶属"第二、第三跑道"发展，同时按照专业"雁阵群"组建思路，把同质性与近质性专业整合入群，找出"头雁"，架构"雁身"，形成专业集群发展格局，并依据专业链对接产业链流程，设计形成链式"宽口径"人才培养模式。第四，规划专业持续改进及内控策略,以质量保证为价值导向,以《高等职业院校内部质量保证体系诊断与改进指导方案(试行)》中"需求导向、自我保证、多元诊断、重在改进"为方略,以专业的生命周期作为理论基础,参照《悉尼协议》国际范式设计的"实质等效"专业认证框架,确定专业持续改进的五大关注点及三条实施路径,在动态监测、诊断、改进中,逐步建立起专业内部质量保证体系。

研究结论

提出一个问题是焦虑驱动下渴求知识的理智过程,解决一个问题是维护生存立场和建构新图式的诉求过程。本书以"提出问题—分析问题—解决问题"为主线,从高职教育专业设置的实践境遇入手,通过内在病理分析与经验学习借鉴,探索在"放管服"改革等各种政策背景下,高职教育如何建构与区域经济相适切、与学校资源相匹配的专业设置管理机制,并对其基本路径、实践方案、控制与验证措施等进行实践分析和归纳总结。论文从全局到区域,从普遍到具体,系统探究了高职教育专业设置管理制的价值及实施策略,主要得出以下结论。

一、专业是高职院校提升自我身份认同的关键载体

我国当代高职教育发展的 20 年,是不断被诟病的 20 年,也是不断开展自我身份抗争的 20 年。但由于其先赋身份认同的莫衷一是及其依附发展之路,导致被喻为本科的"压缩饼干",即使 2019 年被划归为"类型教育",但如果没有建构起具有高职教育特色的"规范串",原有身份的刻板印象也很难在短时期内被打破。因此只有以专业建设为切入点,将市场需要与高职教育的存在、身份、利益弥合起来,才能彰显高职教育的社会价值。

尤其在高职教育步入 2.0 时期后,内部诊改和自我建构已成为这一时期高职院校内涵建设的主要任务,专业布局由过去的"杂货店"规整为"精品店"也势在必行。首先,从外部竞争环境分析,2017 年以来实施的"专业+学校"的高考平行志愿填报改革,逐步破除了"晕轮效应"下民众对高校长久固化的刻板印象(名校所有专业必强的定律),本科教育"双万计划"的实施也印证了专业提升发展的重要性。其次,从内部竞争环境分析,2019 年实施的"国家优质高职院校"和"双高计划",以专业精准对接区域产业、学校与企业共建命运共同体为鹄的,将高职院校专业资源重新布局和优化调

整推向了激争的浪尖,成为新时期高职院校自我建构的核心任务。因此,高职院校要以内外部发展环境为契机,将"自外而内的推力""自上而下的压力""自内而外的动力"联动起来,把握脉搏、聚集力量,把专业作为提升高职院校自我身份认同的关键载体,打造专业布局"精品店",开展基于校本的专业诊改和质量保障提升工作,全面释放高职院校自身活力,力争走特色发展型之路。

二、高职院校专业设置必须与行业、产业、职业紧密对接

"专业"在英语语境中最早与"行业"专门知识相对应,在汉语语境中最早与"学问"或"职业"用法相通,因此,专业与行业、职业、产业的相互依存关系浑然天成、无可厚非,尤其是高职教育"以就业为导向"的办学宗旨决定其必然与社会其他生态位建立相互亲和、共生共长的关系。但现实中,由于高职院校的依附发展之路深受研究高深学问的"象牙塔"影响,专业设置出现了闭门造车现象,同时,由于教育产业化的影响,部分高职院校由公共事业单位变成了理性经济人,注重以培养成本设置专业,诸如此类的深层缘由,导致专业与行业、产业、职业之间产生了裂缝。综观世界高职教育水平较高的标杆国家,专业设置要么由行业协会牵头决策,要么由统管产业的政府部门与教育部门联合决策,甚至出现了行业协会办专业的育人格局。为了破解我国目前产教融合不深的僵局,2019 年,《国家职业教育改革实施方案》也再次提出高职院校必须建立专业、课程、教学与产业、职业、生产相对接的机制,同时为了处理长期以来校企合作深度和温度不足问题,提出建立"产教融合型企业",通过"金融+财政+土地+信用"的组合政策,来落实合作育人中的责权利关系,激励企业参与"订单班""学徒制"等人才培养工作,倡导高职院校"引企入校"共建产业学院或产教融合基地等,这不仅在深度方面促进了专业教学与企业岗位工作对接,而且在温度方面,因国家政策保障,合作双方不再因为利益等问题而产生分歧,可以共同研究育人方案与企业需求,也可以拓展高职院校对区域新产业、新职业的认知度,提前布局专业,引领产业发展,填补新职业人力市场的空白。

三、重构专业设置管理机制是新时期高职教育改革的系统工程和"双高计划"建设的主要突破口

每一种事物的发展都有可能经历"探索—阵痛—代价—纠正—成熟"的渐进过程,我国的高职教育专业设置管理工作也不例外,在这个渐进的过程中,最重要的是对困境的感知与反思,如果作为高等教育"半壁江山"的高职教育在发展了20年之后,我们还没有感知到其专业设置中所出现的"公地悲剧"问题,那么高职教育发展方向的迷失将在所难免;如果只有感知困境而没有深层反思,那么,境况恶化、甚至"覆水难收"的局面也将如期而至。今天,我们对于现有高职教育的专业设置窘况已经由自然经验过渡到意识认同,那么就必须重构并落实高职教育专业设置的管理机制,这既是新时期我们对高职教育改革的意志坚守,也是对未来高职院校发展布局的战略表达。尤其是2019年10月确定的197所"双高计划"建设院校,应该以"领头羊"的身份率先开展专业布局调整工作,以"引领改革、支撑发展"的目标对立项的29个省份乃至全国的高职院校率先垂范,辐射带动。

当然,实施专业设置管理是一个系统工程,不是单靠高职院校自省自律就能够完成的,因为区域内某一职业领域的人才需求容量需要区域人社厅统筹,区域内产业升级目标及新兴产业规划须要区域发改委布局,区域内某一专业人才在不同教育类型的中的培养存量需要区域教育厅统计,只有这些信息之间的壁垒打通了,高职院校才能够基于自身的办学方向与优势调整专业布局,较精准地服务区域发展战略。因此,专业设置与动态调整机制运行中要有行政生态逻辑和责权边界。省级厅际联席会必须把握好自己的责权边界,不能把所有的责任推卸到教育行政部门和高职院校;高职院校也不能以一种"得过且过"的心态固守应对上级部门的决策,应该担负起人才供给侧的责任,主动探寻行业或区域人才需求信息,主动根据产业运作流程开展专业链与产业链对接,主动根据新兴产业与新兴职业发展目标开展专业链与创新链对接,并应用成果导向育人理念,以人才"出口"标准指导人才培养方案的制订,根据毕业达成度情况等持续改进专业与课程目标,用恒动的调整策略,建构高职教育的自觉发展尺度,并通过服务区域来形成自我价值验证体系。

四、研究的困难、不足与研究展望

(一) 困难与不足

本书在论据获得和实施验证方面，由于主客观原因，存在一定困难与不足。

1. 高职院校教师对专业设置的关注度不够，有效问卷回收率不高

针对高职院校专业设置问题，笔者除了熟知广东部分院校和全国水利高职院校外，其他信息掌握不够充分，为此通过在线问卷调查收集信息，然而通过 8 个月的反复发放、解释及驱动，最后只回收到 25 个省（区市）的 217 份问卷，因为许多老师反馈问卷题目太深奥、太专业，自己从不关注此类问题，无法作答。问卷回收率低问题一方面对研究带来了困难；另一方面也暴露了高职教育专业设置问题的研究群体薄弱，智库建设刻不容缓。

2. 在校本专业调整优化机制验证中，由于 10 个专业大类涉及不同行业领域，资料获取难度较大

本书虽然试图采用多学科研究方法对宏观与微观、产业与专业开展精准分析和研究，但由于 S 校专业涉及约 10 个行业领域，区域内各行业也没有完全建立起自身的信息资源库，各行业的整体发展格局、企业状态、人力资源要素等资料零散，动态变化大，信息收集难度高，深入度不够。这一方面反映了区域政府对行业统筹管理不足；另一方面反映了区域内行业协会或研究会统领行业发展的作用还没有得到重视，行业自觉规范和管控能力有待提升，在这种窘况下，行业如何参与高职院校专业建设工作依然值得深思。

3. 职业教育相关政策出台频率较快，为本研究带来了不可预知的挑战

2019 年职业教育成为中国教育改革的焦点，国务院、教育部等部门先后发布了《国家职业教育改革实施方案》、申报国家"优质校"、申报"双高计划"校及专业群等通知，加之高职院校扩招 100 万人、实施 1＋X 证书等一系列改革举措；2020 年教育部等九部门印发了《职业教育提质培优行动计划（2020 - 2023）》，以项目形式推进职业教育现代化发展。许多高职院校在不断探索中努力前行，但外在的推力与内在的迷茫，以及不同申报工作之间的兼容问题等再次出现，凡此种种均为本研究带来了挑战。

（二）研究展望

1. 专业动态调整与"双高计划"中的高水平专业群建设之耦合研究

2019年1月颁布的《国家职业教育改革实施方案》要求高职教育向"专业特色鲜明的类型教育"转变，由此可见，"专业特色鲜明"是高职教育作为"类型教育"的主要标志和建设目标，同年4月，顺应类型教育建设而实施的"双高计划"快速支撑与回应了这一政策实施的迫切性；12月确定的197所立项建设单位及253个专业群涵盖了18个专业大类，"双高计划"将"打造高水平专业群"作为两个重要建设目标之一，与以往申报单一专业有所不同，本次专业群申报要求分析群内专业之间的逻辑性，以及与产业（链）的对应性，与本书中所倡导的专业"雁阵组建"和"链式组建"具有相同的探索路向，这也为本研究的未来发展提供了进一步探索的勇气与深入研究的空间。

在未来的研究中，将进一步根据国家"双高计划"院校、"优质校"建设目标需求，做好如下拓展：第一，把教育部第三次高职教育专业目录修订与高水平专业建设的诉求联系起来，探索专业组群逻辑与宽口径专业目录设置之间的关系，从顶层设计上为行业业务相同、职业岗位相关、核心课程相近的专业打开组合通道，使得它们可以资源共享、师资融通，为高职院校聚集力量、培养复合式人才设计蓝图；第二，研究专业链与产业链对接策略，以国内外专业链服务区域的成功案例为参考，以现有的产业链发展规律为目标，寻求专业链上、中、下游所对应的岗位知识点与核心能力，然后分析现有专业目录中与此培养目标吻合的专业，把系列专业串起来，形成由简单到综合、由初级加工到精益化生产的人才培养专业链；第三，以部分熟悉的院校为研究对象，对其"双高计划"之专业群建设开展针对性研究，并进行现场咨询和指导，推动部分高职院校以高水平专业群建设为契机开展校本专业动态调整，并逐步建立起专业诊断与持续改进机制。

2. 扩招100万人境遇下专业设置由"泛在"向"定制"转变之策略研究

为了稳定就业，提高全民的就业素养，国务院提出自2019年起高职院校每年面向社会扩招100万人的宏伟构想，成为新时期高职院校发展的又一挑战。由于"稳就业"作为国家近年来"六稳"之首，不仅关系到国计民生，也关涉到国家的国际竞争地位,因此备受全社会关注。在这次稳定就业的重任中,高职院校将会迎来扩招数量与扩招对象的"双增量"[①]。但无论是招生规模变换还是生源结构变换,最终都要以专业为载体进行人才培养,因此"双增量"的压力就是专业设置改革的压力,因为原有的专业设置与人才培养定位均以传统的学科基础为分类逻辑,以高中毕业生的知识序列为课程设置的依据,在执行了近二十年后,已基本形成了较稳定、较成熟的体系。然而,伴随着扩招后生源结构的变换,目前以高中毕业生为对象的专业设置目标被打破,农民工、退伍军人等生源的原有知识结构、年龄特征不仅与高中毕业生不同,他们群体内部成员之间也有不同的差异,对课程的认知水平与接受程度不同,因此原来普通意义上的泛在式专业设置已经很难适应特殊生源的学习需求,必须根据不同受教育者进行专门定制,专业人才培养方案也要由一维变成多维的弹性设计,而且就2019年的招生及培养计划来看,许多高职院校将扩招的社会生源安置在不同公司、培训机构、中等职业学校等所办学点,办学点分布在省内不同区域,这一列的变数均将为本研究增添了新的探索空间。

因此,在未来,本研究将会针对扩招后的生源结构及各种新的政策开展以下专门研究:第一,有针对性地收集与分析部分高职院校扩招后在专业设置、课程开发、教学组织形式中所遇到的各种困难与问题,剖析问题背后所涉及的各种要素及内在关系;第二,进一步把澳大利亚的TAFE"培训包"开发模式与我国高职院校在多种生源下的专业设置相对接,把"课程超市"、资格证书与文凭二合一的框架与我国"1+X"改革相对接,为我国高职院校制订不同能级的专业人才培养方案寻求借鉴依据;第三,将扩招后显现出来的现实问题与国际上专业设置灵活有效的经验相对接,融合吸收,为部分高职院校的弹性、多能级系列的专业设置改革提供理论指导。

3. 转学为治、担当智库,为区域高职教育专业设置建立专门信息平台

从事高职教育专业设置研究不仅需要求真悦学,更要转学为治,为当下高职教育专业设置的管理工作建言献策,担当教育智库作用。本书后续除了

---

① 江大源. 论高职扩招给职业教育带来的大变局与新站位 [J]. 中国职业技术教育, 2019 (10): 5-11.

对"双高计划"和扩招等特殊政策境遇中专业发展问题进行探索外,将继续探索高职专业设置的常规问题。在理论方面,继续以区域内高职院校的专业设置为主题,重点探讨地方自主专业开发与全国专业目录结合的专业设置模式,包括产业学院、产教融合型企业中的特色专业设置,以及如何依托区域特色产业链开发"宽口径"专业等问题;并进一步大胆拓展教育学学科建设,尝试建构"区域高职教育学",为高职教育在学科谱系中争得一席之位。在实践探索方面,为了进一步推进研究内容的实施广度,笔者将以目前主持的"区域经济发展中的高职教育专业设置研究平台"项目为依托,建立广东省高职院校专业设置管理信息网站,设计政策板块、理论板块、前沿动态板块、区域产业板块、区域人力资源板块、区域院校板块、咨询板块等七大导航,链接"高等职业教育专业设置备案数据库""广东省毕业生就业质量年报""广东省高等职业教育质量年报"等动态的、可查询的数据库以供应用,率先尝试通过信息平台打通区域内各行业的信息通道,为正在进行中的高职院校专业诊改提供有价值的参考资料,并定期为有需要的院校提供在线咨询;然后根据平台服务的深入程度,组建诸如"广东省高职院校专业设置研究会"等学术组织,因为费孝通先生认为学会是完备学科建制的五个必备要素之首[①],同时联合国内本领域相关知名专家定期召开研讨会,逐步邀请区域教育行政管理人员介入,将研究成果应用到政府决策中去,助推区域内高职院校专业布局日益走向合理化、科学化,在规模、结构和质量方面真正能与人力市场精准对接,为服务区域经济发展撑起一片人才供给的蓝海。

---

① 费孝通.略谈中国的社会学[J].社会学研究,1994(1):2-8.

附　录

附录 1

2004 年普通高等学校高职高专教育专业设置情况表

主管部门：　　　　　　　　　　　　　　　　　　　　　填表日期：　年　月　日

（盖章）

序号	学校名称	专业代码	专业名称（全称）	修业年限	建议代码 ★	所在院、系名称	专业设置评议委员会意见	主管部门意见

填写说明：

（1）此表由省级教育行政部门填写，并需将文字材料与一式电子版同时报高等教育司。

（2）本地拟在《目录》外开设的专业应依《办法》有关规定，按《目录》大类及二级类顺序排列，并将建议编排的专业代码填在"建议代码 ★"栏中。

附录 2

普通高等学校高等职业教育（专科）专业目录新（2015）旧（2004）调整对照表

专业大类	专业类	2004 年专业数（个）	2015 年专业数（个）	调整情况
51 农林牧渔大类	5101 农业类	29	19	合并 21 个，保留 2 个，更名 6 个，新增 2 个
	5102 林业类	19	13	合并 10 个，保留 5 个，更名 4 个
	5103 畜牧业类	28	14	合并 18 个，保留 5 个，更名 4 个，新增 1 个
	5104 渔业类	11	5	合并 4 个，保留 1 个，更名 3 个，取消 3 个
52 资源环境与安全大类	5201 资源勘查类	14	6	合并 12 个，保留 1 个，更名 1 个
	5202 地质类	10	8	合并 4 个，保留 4 个，更名 2 个
	5203 测绘地理信息类	10	11	合并 5 个，保留 4 个，更名 1 个，新增 4 个
	5204 石油与天然气类	10	6	合并 6 个，保留 4 个
	5205 煤炭类	10	10	保留 7 个，更名 3 个
	5206 金属与非金属矿类	11	3	合并 10 个，更名 1 个
	5207 气象类	6	4	合并 4 个，保留 2 个
	5208 环境保护类	13	11	合并 8 个，保留 2 个，更名 3 个，新增 3 个
	5209 安全类	14	7	合并 6 个，保留 2 个，更名 1 个，新增 2 个，取消 5 个

续表

专业大类	专业类	2004年专业数（个）	2015年专业数（个）	调整情况
53 能源动力与材料大类	5301 电力技术类	15	12	合并5个，保留4个，更名4个，新增1个
	5302 热能与发电工程类	12	6	合并9个，保留2个，更名1个
	5303 新能源发电工程类	13	8	合并10个，保留1个，更名2个
	5304 黑色金属材料类	6	6	合并4个，更名2个，新增1个
	5305 有色金属材料类	6	4	合并4个，更名2个
	5306 非金属材料类	10	10	合并4个，保留2个，更名4个
	5307 建筑材料类	8	6	合并2个，保留1个，更名2个，新增2个，取消3个
54 土木建筑大类	5401 建筑设计类	9	7	合并6个，保留1个，更名2个，新增1个
	5402 城乡规划与管理类	2	3	更名2个，新增1个
	5403 土建施工类	8	4	合并7个，保留1个
	5404 建筑设备类	8	6	合并4个，保留3个，更名1个
	5405 建设工程管理类	17	5	合并16个，更名1个
	5406 市政工程类	2	2	保留2个
	5407 房地产类	5	3	合并3个，更名2个
55 水利大类	5501 水文水资源类	4	3	合并2个，保留1个，更名1个
	5502 水利工程与管理类	13	7	合并9个，保留3个，更名1个
	5503 水利水电设备类	3	4	更名3个，新增1个
	5504 水土保持与水环境类	9	2	合并2个，更名1个，取消6个

续表

专业大类	专业类	2004年专业数（个）	2015年专业数（个）	调整情况
56 装备制造大类	5601 机械设计制造类	34	19	合并22个，保留6个，更名4个，新增1个
	5602 机电设备类	11	7	合并8个，保留2个，更名1个
	5603 自动化类	17	12	合并4个，保留4个，更名2个，新增2个
	5604 铁道装备类	1	3	更名1个，新增2个
	5605 船舶与海洋工程装备类	7	9	合并2个，保留3个，更名2个，新增3个
	5606 航空装备类	9	11	合并6个，保留1个，更名2个，新增6个
	5607 汽车制造类	14	7	合并4个，保留5个，取消5个
57 生物与化工大类	5701 生物技术类	16	5	合并15个，更名1个
	5702 化工技术类	24	12	合并11个，更名8个，取消5个
58 轻工纺织大类	5801 轻化工类	15	11	合并8个，保留5个，更名2个，新增1个
	5802 包装类	2	4	更名2个，新增2个
	5803 印刷类	7	5	合并3个，保留1个，更名3个
	5804 纺织服装类	18	12	合并8个，保留6个，更名2个，新增1个，取消2个
59 食品药品与粮食大类	5901 食品工业类	28	7	合并27个，保留1个
	5902 药品制造类	16	5	合并15个，更名1个
	5903 食品药品管理类	5	4	合并4个，保留1个
	5904 粮食工业类	1	1	更名1个
	5905 粮食储检类	2	1	保留1个，取消1个

续表

专业大类	专业类	2004年专业数（个）	2015年专业数（个）	调整情况
60 交通运输大类	6001 铁道运输类	19	13	合并12个，保留2个，更名5个，新增1个
	6002 道路运输类	23	12	合并16个，保留1个，更名6个，新增1个
	6003 水上运输类	19	13	合并10个，保留8个，更名1个
	6004 航空运输类	24	18	合并14个，保留3个，更名7个，新增2个
	6005 管道运输类	3	2	合并2个，保留1个
	6006 城市轨道交通类	4	6	保留2个，更名2个，新增2个
	6007 邮政类	2	2	更名2个
61 电子信息大类	6101 电子信息类	35	19	合并27个，保留6个，更名2个
	6102 计算机类	35	14	合并30个，保留1个，更名1个，新增3个
	6103 通信类	21	7	合并19个，新增1个，取消3个
62 医药卫生大类	6201 临床医学类	9	10	保留9个，新增1个
	6202 护理类	3	2	合并2个，保留1个
	6203 药学类	5	5	合并2个，保留2个，更名1个，新增1个
	6204 医学技术类	18	12	合并8个，保留7个，更名3个
	6205 康复治疗类	12	3	合并6个，保留5个，更名1个
	6206 公共卫生与卫生管理类	4	4	保留4个
	6207 人口与计划生育类	0	2	新增2个
	6208 健康管理与促进类	20	11	合并6个，保留4个，更名4个，新增2个，取消6个

续表

专业大类	专业类	2004年专业数（个）	2015年专业数（个）	调整情况
63 财经商贸大类	6301 财政税务类	3	4	保留3个，新增1个
	6302 金融类	14	9	合并9个，保留2个，更名3个，新增1个
	6303 财务会计类	8	4	合并7个，更名1个
	6304 统计类	3	2	合并2个，更名1个
	6305 经济贸易类	11	8	合并7个，保留4个，新增1个
	6306 工商管理类	11	6	合并9个，保留2个，新增2个
	6307 市场营销类	13	4	合并12个，更名1个
	6308 电子商务类	3	3	合并2个，保留1个，新增1个
	6309 物流类	12	7	保留5个，更名1个，新增1个，取消6个
64 旅游大类	6401 旅游类	12	6	合并10个，保留2个
	6402 餐饮类	6	5	合并2个，保留1个，更名3个
	6403 会展类	4	1	合并3个，取消1个
65 文化艺术大类	6501 艺术设计类	54	25	合并42个，保留3个，更名7个，新增2个
	6502 表演艺术类	18	18	合并4个，保留11个，更名3个，新增3个
	6503 民族文化类	1	7	保留1个，新增6个
	6504 文化服务类	8	7	合并4个，保留2个，更名1个，新增2个，取消1个
66 新闻传播大类	6601 新闻出版类	9	8	合并2个，保留4个，更名3个
	6602 广播影视类	28	15	合并14个，保留5个，更名5个
67 教育与体育大类	6701 教育类	29	11	合并14个，保留15个
	6702 语言类	26	16	合并11个，保留14个，更名1个
	6703 文秘类	4	2	合并4个
	6704 体育类	27	10	合并15个，保留1个，更名3个，新增1个，取消6个

续表

专业大类	专业类	2004年专业数（个）	2015年专业数（个）	调整情况
68 公安与司法大类	6801 公安管理类	14	12	合并4个，保留10个
	6802 公安指挥类	7	7	保留5个，更名2个
	6803 公安技术类	2	2	保留1个，更名1个
	6804 侦查类	4	4	保留2个，更名2个
	6805 法律实务类	7	4	合并5个，保留2个
	6806 法律执行类	7	5	合并3个，保留4个
	6807 司法技术类	21	8	合并2个，保留6个，更名1个，取消12个
69 公共管理与服务大类	6901 公共事业类	8	6	合并3个，保留5个
	6902 公共管理类	14	8	合并9个，保留3个，更名2个
	6903 公共服务类	11	5	合并4个，保留2个，更名1个，取消4个

附录 3

《普通高等学校高等职业教育（专科）专业目录》 2016～2019 年增补专业汇总

根据《普通高等学校高等职业教育（专科）专业设置管理办法》，在相关学校和行业提交增补专业建议的基础上，教育部组织研究确定了 2016 年度增补专业共 13 个；2017 年增补专业 6 个；2018 年增补专业 3 个；2019 年增补专业 9 个，自增补年的下一年起执行。

表1　　　　　　　　2016 年增补的 13 个专业汇总

序号	专业大类	专业类	专业代码	专业名称
1	51 农林牧渔大类	5101 农业类	510120	食用菌生产与加工
2	52 资源环境与安全大类	5201 资源勘查类	520107	权籍信息化管理
3	53 能源动力与材料大类	5301 电力技术类	530113	机场电工技术
4	58 轻工纺织大类	5801 轻化工类	580112	珠宝首饰技术与管理
5	59 食品药品与粮食大类	5903 食品药品管理类	590305	食品药品监督管理
6	61 电子信息大类	6102 计算机类	610215	大数据技术与应用
7	62 医药卫生大类	6208 健康管理与促进类	620812	医疗器械经营与管理
8	63 财经商贸大类	6306 工商管理类	630607	中小企业创业与经营
9	63 财经商贸大类	6308 电子商务类	630804	商务数据分析与应用
10	65 文化艺术大类	6502 表演艺术类	650220	音乐传播
11	67 教育与体育大类	6704 体育类	670411	电子竞技运动与管理
12	69 公共管理与服务大类	6902 公共管理类	690209	公益慈善事业管理
13	69 公共管理与服务大类	6903 公共服务类	690306	幼儿发展与健康管理

表2　　　　　　　　2017 年增补的 6 个专业汇总

序号	专业大类	专业类	专业代码	专业名称
1	51 农林牧渔大类	5103 畜牧业类	510315	宠物临床诊疗技术
2	59 食品药品与粮食大类	5902 药品制造类	590206	化学制药技术
3	59 食品药品与粮食大类	5902 药品制造类	590207	生物制药技术

续表

序号	专业大类	专业类	专业代码	专业名称
4	59 食品药品与粮食大类	5902 药品制造类	590208	中药制药技术
5	59 食品药品与粮食大类	5902 药品制造类	590209	药物制剂技术
6	62 医药卫生大类	6201 临床医学类	620111K	朝医学

表3　　　　　　　　　2018年增补的3个专业汇总

序号	专业大类	专业类	专业代码	专业名称
1	52 资源环境与安全大类	5208 环境保护类	520812	水净化与安全技术
2	53 能源动力与材料大类	5305 有色金属材料类	530505	储能材料技术
3	61 电子信息大类	6102 计算机类	610216	虚拟现实应用技术

表4　　　　　　　　　2019年增补的9个专业汇总

序号	专业大类	专业类	专业代码	专业名称
1	53 能源动力与材料大类	5303 新能源发电工程类	530309	氢能技术应用
2	60 交通运输大类	6001 铁道运输类	600114	高铁综合维修技术
3	61 电子信息大类	6101 电子信息类	610120	集成电路技术应用
4	61 电子信息大类	6102 计算机类	610217	人工智能技术服务
5	63 财经商贸大类	6308 电子商务类	630805	跨境电子商务
6	64 旅游大类	6401 旅游类	640107	研学旅行管理与服务
7	64 旅游大类	6401 旅游类	640108	葡萄酒营销与服务
8	67 教育与体育大类	6704 体育类	670412	冰雪设施运维与管理
9	69 公共管理与服务大类	6903 公共服务类	690307	陵园服务与管理

附录 4

2017 年高等职业教育（专科）拟新增设专业汇总表

学校（盖章）

序号	专业名称（全称）	专业方向	专业代码	全日制学制	成人学制	所在院（系）名称	是否列入本校"十三五"专业建设规划	是否属于我省重点领域发展相关专业	是否属于填补我省高职（专科）专业布点空白	是否属于布点率高、在校生多且就业率较低的专业	是否属于国控专业	是否具备专业设置的5个基本条件	是否完成专业设置的4个基本程序	备注
1														
2														
3														
4														
5														

说明：

(1) 填报专业应包括以下两类：学校未曾开设而计划在 2017 年招生（含普高和成人）的专业，学校已开设但连续三年不招生而计划在 2017 年招生（含普高和成人）的专业。

(2) 专业名称、专业代码应采用教育部新修订的专业名称和代码。

(3) 如属于我省重点领域发展相关专业，请列明具体专业方向（新一代信息技术产业、先进装备制造业、新材料产业、生物医药产业、现代服务业）。

(4) 国控专业指《普通高等学校高等职业教育（专科）专业目录（2015 年）》用"K"标识的专业。

(5) 专业设置的 5 个基本条件包括：①有详实的专业设置可行性报告；②有科学、规范、完整的专业人才培养方案；③有完成专业人才培养所必需的教师队伍和教学辅助人员，且"双师型"教师应具有一定比例；④具备开办专业所必需的经费和校舍、仪器设备、实习实训场所、图书资料等办学条件；⑤有保障开设本专业可持续发展的规划和相关制度。

(6) 专业设置的 4 个基本程序包括：①开展行业、企业、就业市场调研，做好人才需求分析和预测；②进行专业设置必要性和可行性论证；③根据国家有关规定，制定符合专业培养目标的完整的人才培养方案和相关教学文件；④经相关行业、企业、教学、课程专家论证。

(7) 一个专业只能一行。

附录 5

高职教育专业设置与动态调整调查问卷

尊敬的各院校同行：您好！为全面了解我国高职院校专业设置及调整情况，特开展本次调查。本次调查仅用于学术研究，调查结果将为我国高职院校专业设置管理机制建设提供参考资料。调查问卷采用匿名方式作答，您只需要按照自己所了解的真实情况回答即可，您填写的所有内容将会严格保密。最后，衷心感谢您的大力支持！

（1）贵校所在省份____？

（2）贵校的举办方是____？

A. 省级政府办学

B. 行业企业办学

C. 地市级政府办学

D. 社会团体办学

E. 政府、企业和行业联合办学

F. 其他（请补充）

（3）贵校开展高职办学的年限____？

A. 1～5 年

B. 6～10 年

C. 11～15 年

D. 16～20 年

E. 20 年以上（不含 20 年）

（4）贵校属于（请选最高级别）____？

A. 国家示范（骨干）院校

B. 省级示范、一流、优质或卓越院校

C. 其他

（5）您的身份是____？

A. 校级领导

B. 行政（教辅）部门领导

C. 教学单位领导

D. 行政、教辅人员

E. 专业带头人

F. 专任教师

（6）您了解教育部《普通高等学校高等职业教育（专科）专业目录》和《普通高等学校高等职业教育（专科）专业设置管理办法》吗____？

A. 非常了解

B. 基本了解

C. 听说过，但未看过

D. 不了解

（7）贵省教育行政部门有没有制定《高等职业教育（专科）专业设置实施细则》或者相关管理办法____？

A. 有

B. 没有

C. 不清楚

（8）贵省教育行政部门在高职院校专业申报时有没有严格的审查机制____？

A. 有

B. 部分专业有

C. 没有

D. 不清楚

（9）贵省教育行政部门有没有定期发布本省的专业布局信息，对高职院校专业设置提供预警作用或信息指导____？

A. 有

B. 没有

C. 不清楚

（10）贵省教育行政部门有没有针对那些产能过时、招生规模过大、市场需求不对位等专业制定严格的退出机制并实践执行____？

A. 有

B. 没有

C. 不清楚

（11）贵省教育行政部门有没有建立高职院校专业常态监控机制，建立信息发布制度或公开接受社会监督____？

A. 有

B. 没有

C. 不清楚

（12）贵省教育行政部门有没有依据产业转型升级，对各专业大类详细分析并布局，引导或强制高职院校以此为依据调整优化专业____？

A. 有

B. 没有

C. 不清楚

（13）贵省的各专业大类教育教学指导委员会有没有对该区域所属专业进行办学实力等评估或专业发展指导____？

A. 有

B. 部分专业有

C. 没有

D. 不清楚

（14）贵校目前共有____个专业？

（15）贵校有没有《专业建设规划方案》或相关的规划____？

A. 有

B. 涵盖在其他规划之内

C. 没有

D. 不清楚

（16）贵校现有专业的设置是否存在以下现象（可多选）____？

A. 因人设置专业

B. 因人才培养成本设置专业

C. "跟风跟热"设置专业

D. 追求规模大而全设置专业

E. 模仿同类院校设置专业

F. 不清楚

（17）贵校设置新专业时经过的基本程序有（可多选）____？

A. 开展行业、企业和就业市场调研

B. 校内对设置的必要性和可行性开展论证

C. 聘请相关行业、企业及教学、课程专家论证

D. 经过校内学术委员会或专业设置评议委员会组织审议

E. 经过校长办公会决议通过

F. 不清楚

（18）贵校有没有对现有专业定期开展诊断或评估____？

A. 对全部专业开展

B. 只对重点建设专业开展

C. 只对新建专业开展

D. 只对基础较差的专业开展

E. 都没有

F. 不清楚

（19）贵校有没有引入第三方组织对各专业的办学水平和质量进行评价____？

A. 全部专业都有

B. 部分专业有

C. 没有

D. 不清楚

（20）贵校有没有自主参与境内外权威认证组织的专业认证或认证前的建设工作____？

A. 全部专业都有

B. 部分专业有

C. 没有

D. 不清楚

（21）贵校的教务处与招生就业处合署办公吗____？

A. 是的

B. 不是

C. 不清楚

（22）贵校的新专业设置及申报工作主要决定权在于____？

A. 专业负责人

B. 专业教学团队

C. 二级教学单位

D. 教务处

E. 招生就业处

F. 学术委员会或专业设置评议委员会

G. 校长办公会

（23）贵校对那些招生难、就业难、专业对口率低的专业，有没有制定严格的退出机制____？

A. 有

B. 没有

C. 不清楚

（24）贵校近年来有没有开展全校专业布局优化及调整工作____？

A. 全部专业都有

B. 部分专业有

C. 没有

D. 不清楚

（25）贵校在建设某个专业的专任教师队伍时，基本策略是____？

A. 先设置专业，再补充教师

B. 先引进教师，再设置专业

C. 从现有的大专业群中分离出部分老师，然后逐渐补充

D. 依靠大量外聘教师

（26）贵校有没有以某专业的招生报考率、报到率等为指标依据来作为判断专业发展前景的依据____？

A. 有

B. 没有

C. 不清楚

（27）贵校有没有以某专业的就业率、就业对口率、起薪水平等为指标依据来推动数据不理想的专业进行整改或撤并____？

A. 有

B. 没有

C. 不清楚

（28）贵校的专业人才培养方案和相关教学文件现状是（可多选）____？

A. 按照职业岗位能力要求，对接职业标准

B. 按照区域产业发展需求，动态调整培养目标和内容

C. 只按照学校教务部门要求栏目去修订

D. 内容陈旧，多年变化不大

E. 不清楚

（29）您认为贵校的专业布局特点是____？

A. 符合学校办学定位，彰显学校办学特色

B. 基本符合学校办学定位，彰显学校办学特色

C. 专业多而全，定位不清楚，特色不明显

D. 专业少而窄，没有竞争力

E. 不清楚

（30）您对我国高职院校专业设置与调整有什么看法（可多选）____？

A. 专业设置与动态调整滞后

B. 专业设置程序管理过死

C. 专业设置程序管理过松，流于形式

D. 不清楚

（31）您对我国高职院校专业设置的管理工作有什么建议_____？

参 考 文 献

[1] 潘懋元. 潘懋元论高等教育 [M]. 福州：福建教育出版社，2000.

[2] 潘懋元，王伟廉. 高等教育学 [M]. 福州：福建教育出版社，2013.

[3] 潘懋元. 多学科观点的高等教育研究 [M]. 上海：上海教育出版社，2001.

[4] 江大源. 当代世界职业教育发展趋势研究 [M]. 北京：电子工业出版社，2012.

[5] 董秀华. 专业市场准入与高校专业认证制度研究 [M]. 上海：上海世纪出版集团，2007.

[6] 贾康，苏景春. 供给侧改革：新供给简明读本 [M]. 北京：中信出版社，2016.

[7] 方甲. 产业结构问题研究 [M]. 北京：中国人民大学出版社，1997.

[8] 汪晓村. 论高校学科专业设置的理念与机制 [M]. 北京：科学出版社，2008.

[9] 廖茂忠. 中国本科专业设置与经济关系研究 [M]. 北京：中国社会科学出版社，2012.

[10] 董新伟，杨为群. 振兴辽宁老工业基地背景下高等职业院校专业设置与调整研究 [M]. 大连：东北财经大学出版社，2009.

[11] 王全旺. 区域高职教育发展之劳动力市场适切性探究 [M]. 北京：人民日报出版社，2015.

[12] 冯成志. 高校本科专业设置优化研究 [M]. 广州：广东高等教育出版社，2015.

[13] 彭旭. 新建本科院校专业设置与调整研究 [M]. 北京：光明日报出版社，2012.

[14] 陈玉琨等. 高等教育质量保障体系概论 [M]. 北京：北京师范大学出版社，2004.

[15] 牛润霞. 技术变迁中的失业问题研究 [M]. 北京：人民出版社，2007.

[16] 谢长法. 中国职业教育史 [M]. 太原：山西教育出版社，2011.

[17] 郑观应. 盛世危言 [M]. 郑州：中州古籍出版社，1998.

[18] 璩鑫圭，唐良炎. 中国近代教育史资料汇编·学制演变 [M]. 上海：上海教育出版社，1991.

[19] 蒋梦麟. 过渡时代之思想与教育 [M]. 上海：上海商务印书馆，1933.

[20] 吴洪成. 中国近代职业教育制度史研究 [M]. 北京：知识产权出版社，2012.

[21] 陈玉琨. 教育评价学 [M]. 北京：人民教育出版社，1997.

[22] 宋恩荣，张咸选. 中华民国教育法规选编 [M]. 南京：江苏教育出版社，2005.

[23] 周辅成. 西方著名伦理学家评传 [M]. 上海：上海人民出版社，1987.

[24] 程瑛. 转型期大学的资源竞争研究 [M]. 北京：中国社会科学出版社，2014.

[25] 范威廉. 瑞士顶尖学校 2011 [M]. 北京：中国经济出版社，2010.

[26] 贺国庆，朱文富等. 外国职业教育通史（下）[M]. 北京：人民教育出版社，2014.

[27] 于慧. 高校本科专业设置标准研究 [M]. 广州：广东高等教育出版社，2015.

[28] 黄安余. 就业失业论 [M]. 北京：中央编译出版社，2015.

[29] 胡学勤，李肖夫. 劳动经济学 [M]. 北京：中国经济出版社，2001.

[30] 施国宝. 知本论 [M]. 广州：广东经济出版社，2015.

[31] 王伯庆，周凌波. 就业蓝皮书：2015年中国高职高专就业报告 [M]. 北京：社会科学文献出版社，2015.

[32] 单凤儒. 管理学基础 [M]. 北京：高等教育出版社，2018.

[33] 纪宝成. 中国大学学科专业设置研究 [M]. 北京：中国人民大学出版社，2006.

[34] 廖益. 大学学科专业评价 [M]. 广州：广东教育出版社，2014.

[35] 贾汇亮. 高校本科专业设置利益相关者共同治理模式研究 [M]. 广州：广东高等教育出版社，2015.

[36] 陈小娟. 高校本科专业设置预测模型建构 [M]. 广州：广东高等教育出版社，2015.

[37] 彭云飞. 高等教育滞胀研究 [M]. 北京：人民出版社，2015.

[38] 杨海燕. 城市化进程中的职业教育发展研究 [M]. 青岛：中国海洋大学出版社，2008.

[39] 瞿葆奎. 教育学文集·教育研究方法 [M]. 北京：人民教育出版社，1988.

[40] 2018年广东省高等职业教育质量年报 [M]. 广州：广东高等教育出版社，2018.

[41] 2018中国高等职业教育质量年度报告 [M]. 北京：高等教育出版社，2018.

[42] 陈栋生. 区域经济学 [M]. 郑州：河南人民出版社，1993.

[43] 别敦荣. 高等教育管理与评估 [M]. 青岛：中国海洋大学出版社，2009.

[44] 李泽厚. 哲学纲要 [M]. 北京：北京大学出版社，2011.

[45] 李泽厚. 中国现代思想史论 [M]. 天津：天津社会科学院出版社，2003.

[46] 李泽厚. 实用理性与乐感文化 [M]. 北京：生活·读书·新知三联书店，2008.

[47] 李泽厚. 论语今读 [M]. 北京：生活·读书·新知三联书店，2004.

[48] 李承先. 高等教育发展代价论 [M]. 上海：学林出版社，2009.

[49] 何东昌. 中华人民共和国重要教育文献（1949－1975）[M]. 海口：海南出版社，1998.

[50] 张烨. 中国高等教育发展路径研究 [M]. 北京：人民教育出版社，2012.

[51] 吴勇. 谁动了大学的风景 [M]. 广州：暨南大学出版社，2014.

[52] 王洪才. 中国大学模式探索——中国特色现代大学特色制度构建 [M]. 北京：教育科学出版社，2013.

[53] 张德祥. 高等学校的行政权力与学术权力 [M]. 南京：南京师范大学出版社，2001.

[54] 路宝利. 中国古代职业教育史 [M]. 北京：经济科学出版社，2011.

[55] 孙培青. 中国教育史 [M]. 上海：华东师范大学出版社，1992.

[56] 陶行知全集（第5卷）[M]. 长沙：湖南教育出版社，1985.

[57] 余谋昌. 生态哲学 [M]. 西安：陕西人民教育出版社，2000.

[58] 彭世华. 职业教育发展学 [M]. 长沙：湖南人民出版社，2002.

[59] 郝克明. 当代中国教育体系研究 [M]. 广州：广州教育出版社，2001.

[60] 李福华. 大学治理的理论基础与组织架构 [M]. 北京：教育科学出版社，2008.

[61] 张静. 学生权利及其司法保护 [M]. 北京：中国检察出版社，2004.

[62] 陈桂生. "教育学视界"辨析 [M]. 上海：华东师范大学出版社，1997.

[63] 彭世华. 职业教育发展学 [M]. 长沙：湖南人民出版社，2002.

[64] 熊川武. 学校管理心理学 [M]. 上海：华东师范大学出版社，1996.

[65] 钱理群，高远东. 中国大学的问题与改革 [M]. 天津：天津人民出版社，2003.

[66] [法] 埃米尔·涂尔干. 社会分工论 [M]. 渠东译. 北京：生活·

读书·新知三联出版社, 2000.

[67] [德] 莱茵哈德·施托克曼, 沃尔夫冈·梅耶. 评估学 [M]. 唐以志译. 北京: 人民出版社, 2012.

[68] [美] 埃贡·G. 古贝, 伊冯娜·S. 林肯. 第四代评估 [M]. 秦霖, 蒋燕玲等译. 北京: 中国人民大学出版社, 2008.

[69] [美] 斯塔弗尔比姆等. 评估模型 [M]. 苏锦丽等译. 北京: 北京大学出版社, 2007.

[70] [美] 西奥多·W. 舒尔茨. 论人力资本投资 [M]. 吴珠华等译. 北京: 商务印书馆, 1990.

[71] [美] 西奥多·W. 舒尔茨. 教育的经济价值 [M]. 曹延亭译. 长春: 吉林人民出版社, 1982.

[72] [英] 约翰·洛克. 教育漫话 [M]. 傅任敢译. 北京: 教育科学出版社, 1999.

[73] [法] 爱弥儿·涂尔干. 实用主义与社会学 [M]. 渠东译. 上海: 上海人民出版社, 2000.

[74] [德] 加勒特·哈丁. 生活在极限之内: 生态学、经济和人口禁忌 [M]. 戴星翼, 张真译. 上海: 上海译文出版社, 2007.

[75] [美] 赫钦斯. 美国高等教育 [M]. 汪利兵译. 杭州: 浙江教育出版社, 2005.

[76] [美] 华勒斯坦. 学科·知识·权力 [M]. 刘健芝等译. 北京: 三联书店, 1999.

[77] [美] 加里·S. 贝克尔. 人力资本: 特别是关于教育理论与经济的分析 [M]. 梁小民译. 北京: 北京大学出版社, 1987.

[78] [荷] 弗朗斯·F. 范富格特. 国际高等教育政策比较研究 [M]. 王成绪等译. 杭州: 浙江教育出版社, 2001.

[79] [美] 伯顿·R. 克拉克. 高等教育系统: 学术组织的跨国研究 [M]. 王承绪译. 杭州: 杭州大学出版社, 1994.

[80] [美] 托马斯·库恩. 金吾伦, 胡新和译. 科学革命的结构 [M]. 北京: 北京大学出版社, 2003.

[81] [美] 埃德加·M. 胡佛. 王翼龙译. 区域经济学导论 [M]. 北

京：商务印书馆，1990.

[82]［奥］弗·卡普拉．转折点：科学、社会、兴起中的新文化［M］．冯禹译．北京：中国人民大学出版社，1998.

[83]［德］维利·勃兰特．争取世界的生存——发展中国家和发达国家经济关系研究［M］．北京：中国对外翻译出版公司，1981.

[84] 潘懋元．多学科观点的高等教育研究［J］．高等教育研究，2002（1）：10-17.

[85] 潘懋元、董立平．关于高等学校分类、定位、特色发展的探索［J］．教育研究，2009（2）：33-38.

[86] 费孝通．略谈中国的社会学［J］．社会学研究，1994（1）：2-8.

[87] 别敦荣．大众化与高等教育组织变革［J］．清华大学教育研究，2006（2）：26-32.

[88] 王洪才．论高等教育学的整合品性［J］．高等教育研究，2018（8）：54-65.

[89] 巴战龙．聚焦和凝视"地方教育学"［J］．中国民族教育，2018（1）：13.

[90] 史秋衡，闫飞龙．对高等教育评价哲学的探讨［J］．高等教育研究，2008（8）：31-37.

[91] 钟勇，夏庆丰．产业概念辨析［J］．生产力研究，2003（1）：185-186.

[92] 夏俐．关于我国"教育性失业"问题的思考［J］．当代教育论坛，2004（2）：32-34.

[93] 吴回生．知识失业现象、原因和对策［J］．广东教育学院学报，2003（8）：19-22.

[94] 朱强，卢晓春，张俊平．高等职业院校专业结构调整路径的研究与实践［J］．高教探索，2017（8）：73-77.

[95] 张等菊，江洧．高职院校专业设置与区域经济的适切性研究-以广东省为例［J］．高教探索，2017（3）：96-101.

[96] 汤曼．适应区域经济发展的高职院校专业设置研究［J］．产业与科技论坛，2011（6）：172-173.

[97] 张等菊. 我国高等职业教育的身份认同及生存立场研究 [J]. 教育发展研究, 2016 (9): 73-78.

[98] 范国睿. 劳伦斯·A. 克雷明的教育生态学思想述评 [J]. 四川教育学院学报, 1995 (4): 25-29.

[99] 刘良华. "身体教育学的沦陷与复兴" [J]. 西北师范大学学报 (社会科学版), 2006 (5): 43-47.

[100] 冯青来. 文化教育学思潮及其当代价值之探索 [J]. 高等函授学报 (哲学社会科学版), 2005 (6): 29-33.

[101] 戴粦利, 蒋达勇. 雁行模式: 解释高等教育地方崛起的新视角 [J]. 江苏高教, 2018 (12): 21-26.

[102] 杨士谋. 建立适应农业现代化商品经济发展需要的专业结构 [J]. 高等农业教育, 1988 (12): 15-16.

[103] 李心光, 詹能宽. 调整与改革专业设置 主动适应社会经济发展需要 [J]. 高等教育学报, 1989 (8): 19-22.

[104] 王琴梅, 张勇. 中国"用工荒"与"就业难"矛盾探析——基于三螺旋模式的分析, 经济与管理, 2011 (8): 24-27.

[105] 蔡瑞林, 刘霞. 基于STP法则的高职院校专业设置 [J]. 现代教育科学, 2012 (4): 116-119.

[106] 许朝山. 现代国家治理视域下高职专业设置与动态调整机制研究 [J]. 教育探索, 2017 (2): 60-64.

[107] 陈良政, 卢致俊. 以就业为导向做好高职院校专业设置规划 [J]. 九江职业技术学院学报, 2005 (1): 2-3.

[108] 王立君, 王福和. 高职院校专业设置与毕业生"就业难"问题探析 [J]. 高等职业教育——天津职业大学学报, 2008 (8): 12-14.

[109] 孔婷婷, 谭丽春, 李家珠. 从招生就业角度看高职院校专业设置 [J]. 科技信息, 2009 (12): 73-74.

[110] 谢文静. 浅议高职专业设置动态协调机制 [J]. 中国高等教育, 2003 (8): 48-49.

[111] 陈旭东, 樊登柱. 需求估计理论下的高职专业设置动态调整研究与实践 [J]. 职业技术教育, 2014 (5): 9-13.

[112] 杨燕，李海宗. 高职专业设置预警机制构建 [J]. 职业技术教育，2013（29）：14-17.

[113] 张耘，邓凯，蒋心亚. 高职专业设置调整优化研究 [J]. 中国职业技术教育，2014（24）：13-17.

[114] 郭杨，胡秀锦. 职业教育专业设置的"二维四向评价模型" [J]. 职业技术教育，2003（25）：30-33.

[115] 王苏洲. 基于 GE 矩阵法的高职院校专业设置评价研究 [J]. 职教通讯，2013（28）：16-18.

[116] 沈翀，池云霞. 高职专业设置与调整优化体系分析 [J]. 职教论坛，2005（1）：10-13.

[117] 吴结. 高职专业设置评价体系的要素、模式及解释形式 [J]. 中国高教研究，2005（8）：63-65.

[118] 赵磊，赵岩铁. 高职院校专业设置评价指标体系的研究 [J]. 中国教育技术装备，2013（1）：70-71.

[119] 王延涛. 论梁启超的经济思想 [J]. 辽宁大学学报（哲学社科版），2001（5）：91-96.

[120] 张敏强、黄锡炳、陈秋梅. 技术师范学院大学生职业价值观调查分析 [J]. 职业技术教育，2009（7）：67-69.

[121] 邓志良. 借鉴瑞士高职教育经验 提升院校社会服务能力 [J]. 中国高等教育，2010（6）：43-44.

[122] 张等菊. 综合与寻隙：对新加坡高职教育发展路径的思量 [J]. 职业教育研究，2013（4）：176-178.

[123] 董学耕. 开放、法治、勤奋铸就城市国家辉煌——新加坡产业发展路径对海南的启示 [J]. 新东方，2018（6）：7-11.

[124] 滕勇. 新加坡高职专业设置开发的流程、特征及启示 [J]. 延安职业技术学院学报，2016（12）：75-78.

[125] 戴冬秀. 浅谈新加坡高职教育保障体系 [J]. 武汉职业技术学院学报，2010（4）：94-98.

[126] 王颖颖. 基于系统论的新加坡高职教育质量保障体系研究 [J]. 高等职业教育——天津职业大学学报，2016（12）：17-20.

[127] 姜洪涛. 他山之石, 可以攻玉——从澳大利亚 TAFE 学院的课程设置看中国高职院校的教学改革 [J]. 职业, 2010 (6): 138-139.

[128] 乔晓楠, 张欣. 美国产业结构变迁及启示——反思配第—克拉克定律 [J]. 高校理论战线, 2012 (12): 32-42.

[129] 孟秀丽, 刘金涛. 澳大利亚证书框架体系对我国高职院校专业建设的启示 [J]. 职教论坛, 2012 (3): 94-96.

[130] 杜秀. 论高等职业教育的专业设置 [J]. 中国成人教育, 2003 (11): 63-64.

[131] 刘辛元, 刘秀光. 供给管理与需求管理的理论演进与政策分析 [J]. 西部论坛, 2016 (5): 1-8.

[132] 孔娟. 高职院校会计专业的就业方向及前景分析 [J]. 经贸实践, 2017 (10): 316-318.

[133] 杨骏伟. 广东电力市场建设与实践 [J]. 中国电力企业管理, 2017 (3): 34-37.

[134] 谭菲. 基于 VAR 和 VCE 模型的广东省建筑行业人才分析与预测 [J]. 工程管理学报, 2016 (6): 48-52.

[135] 安琴, 刘金金等. 广东省科技金融政策文本量化分析 [J]. 当代经济, 2018 (10): 58-61.

[136] 缪雪峰. 模糊识别法在高职专业发展生命周期判别中的应用 [J]. 广西教育学院学报, 2015 (6): 45-48.

[137] 陈丽婷. 《悉尼协议》范式下高职专业建设的本土化实践 [J]. 中国职业技术教育, 2018 (8): 59-65.

[138] 张胜军. 政府教育责任的有限性及其边界 [J]. 河北师范大学学报 (教育科学版), 2012 (9): 48-53.

[139] 蒋水秀等. 高职教育学科建设的必然要求与路径选择 [J]. 职业技术教育, 2014 (13): 26-30.

[140] 曹如军. "高等教育效率" 概念的理性分析与实然诊断 [J]. 辽宁教育研究, 2008 (3): 9-11.

[141] 邓国胜. 非营利组织 APC 评估理论 [J]. 中国行政管理, 2004 (10): 33-37.

[142] 刘文. 拉康的镜像理论与自我的建构 [J]. 学术交流, 2006 (7): 24-27.

[143] 赵明仁. 先附认同、结构性认同、建构性认同——师范生身份认同探悉 [J]. 教育研究, 2013 (6): 78-85.

[144] 王炳照. 中国职业技术教育问题的历史反思 [J]. 教育学报, 2005 (4): 3-8.

[145] 肖凤翔, 唐赐海. 我国职业教育的学科自觉思考 [J]. 教育研究, 2013 (1): 113-118.

[146] 卢丽华, 姜俊和. 当前我国职业教育研究存在的问题与反思 [J]. 沈阳大学学报 (社会科学版), 2012 (12): 81-83.

[147] 陈兴德, 潘懋元. "依附发展"与"借鉴—超越"——高等教育两种发展道路的比较研究 [J]. 高等教育研究, 2009 (7): 10-16.

[148] 冯建军, 周兴国. 略述布蕾津卡的实践教育学思想——兼谈我国教育学的努力方向 [J]. 比较教育研究, 1995 (2): 35-39.

[149] 姜大源. 学科体系的解构与行动体系的重构——职业教育课程内容序化的教育学解读 [J]. 教育研究, 2005 (8): 53-57.

[150] 王光宇, 徐晓辉. 完善我国高等教育财政拨款模式探讨 [J]. 北方经济, 2006 (4): 62-63.

[151] 王明伦. 中国高等职业教育发展的实证分析 [J]. 职业技术教育, 2007 (25): 5-9.

[152] 肖凤祥, 肖艳婷, 于晨. 立足区域的高职教育治理: 关系向度、基本特征及改进路径 [J]. 中国高教研究, 2019 (4): 103-108.

[153] 赵喜仓, 林凤丽. 区域经济与高职教育协同发展的选择机制 [J]. 社会科学战线, 2018 (6): 251-255.

[154] 侯怀银, 刘光艳. 中国教育学学科体系的构建及其特征 [J]. 华中师范大学学报 (人文社科版), 2006 (3): 126-133.

[155] 贺祖斌. 高等教育生态区域的资源配置与优化 [J]. 黑龙江高教研究, 2006 (11): 1-3.

[156] 顾永安. "专业为王"时代: 高校如何应对 [J]. 教育发展研究, 2018 (10): 3.

[157] 教育部部长陈宝生. "2020年全面建设新高考制度" [N]. 中国青年报, 2017-10-20 (4).

[158] 瞿振元. 高职、本科都是高等教育的基础 [N]. 人民政协报, 2018-1-3 (2).

[159] 王倩, 刘艳玲. 中山大学改变管理模式——"校办院系"改为"院系办校" [N]. 羊城晚报, 2018-10-23 (A20).

[160] 全国高校拟增设、撤销本科专业盘点 [N]. 中国青年报, 2018-8-14 (4).

[161] 全面贯彻党的十八届五中全会精神落实发展理念推进经济结构性改革 [N]. 人民日报, 2015-11-11 (1).

[162] 广西职业技术学院茶产业链人才培养纪闻 [N]. 中国教育报, 2018-2-8 (4).

[163] 近五年广东装备制造业税收增速领跑全国 [N]. 南方日报, 2017-7-17 (6).

[164] 广东经济"脱虚回实"制造业再现勃勃生机 [N]. 瞭望新闻周刊, 2017-8 (3).

[165] 董少校、汪瑞林. 为什么要向"悉尼"进发?[N]. 中国教育报, 2014-12-1 (6).

[166] 杨欣斌. 为国际职教发展贡献"中国方案" [N]. 中国教育报, 2019-5-14 (9).

[167] 鲁昕. 教育部副部长: 在改革创新中推进职教科学发展 [N]. 人民日报, 2010-05-23 (5).

[168] 林惠青. 高等学校学科专业调整研究 [D]. 厦门: 厦门大学, 2006.

[169] 阳荣威. 高校本科专业设置与调控研究 [D]. 上海: 华东师范大学, 2006.

[170] 张宝蓉. 台湾高等学校专业设置与调整研究 [D]. 厦门: 厦门大学, 2007.

[171] 杨文海. 壬戌学制研究 [D]. 南京: 南京大学, 2011.

[172] 张慧青. 基于产业结构演进的高职专业结构调整研究——以山东

省为例［D］．上海：华东师范大学，2017．

［173］陈淑婷．高职院校专业设置评价维度模型的拓展研究——基于利益相关者的理论［D］．上海：华东师范大学，2017．

［174］王玉婷．产业升级背景下广东省高职院校专业设置研究［D］．广州：广东技术师范学院，2013．

［175］纪夏楠．澳大利亚TAFE学院办学模式研究及对我国高职教育的启示［D］．南昌：江西科技师范大学，2014．

［176］郑恒娜．广东省会计从业资格管理模式优化研究［D］．兰州：兰州大学，2015．

［177］董秀华．市场准入与高校专业认证制度研究［D］．上海：华东师范大学，2004．

［178］2016年全国高等职业院校适应社会需求能力评估报告［EB/OL］．http：//www.moe.gov.cn/jyb_xwfb/gzdt_gzdt/s5987/201712/t20171207_320819.html，2017-12-7/2018-1-3．

［179］关于印发《高等职业院校内部质量保证体系诊断与改进指导方案（试行）》启动相关工作的通知［EB/OL］．http：//www.moe.edu.cn/s78/A07/A07_gggs/A07_sjhj/201512/t20151230_226483.html，2015-12-30/2017-4-3．

［180］教育部关于印发《高等职业教育创新发展行动计划（2015-2018年）》的通知［EB/OL］．http：//www.moe.edu.cn/srcsite/A07/moe_737/s3876_cxfz/201511/t20151102_216985.html，2015-10-19/2015-11-8．

［181］教育部财政部关于实施中国特色高水平高职学校和专业建设计划意见［EB/OL］．http：//www.moe.gov.cn/srcsite/A07/moe_737/s3876_qt/201904/t20190402_376471.html，2019-4-1/2019-4-8．

［182］国务院办公厅颁布了关于深化产教融合的若干意见［EB/OL］．http：//www.gov.cn/zhengce/content/content_5248564.html．2017-12/19/2018-1-5．

［183］教育部关于推动高校形成就业与招生计划人才培养联动机制指导意见［EB/OL］．http：//www.moe.edu.cn/srcsite/A08/s7056/201801/t20180123_325312.html．2017-12/29/2018-1-9．

［184］中国高职发展智库.大批专业被"关停",高职院校如何精准设置专业？［EB/OL］http：//www.zggzzk.com,2018-12-10/2019-2-3.

［185］中华人民共和国驻瑞士大使馆教育处［EB/OL］.http：//www.cnedu-ch.org/publish/portal64/tab4128/info78337.html,2011-6-20/2018-11-7.

［186］澳大利亚成为全球第二富有国家 仅次于瑞士［EB/OL］.http：//au.mofcom.gov.cn/article/ddgk/zwjingji/201810/20181002797922.html.2018-10-19/2018-12/24.

［187］澳大利亚人口数量将于今晚突破2500万,人民网-澳大利亚频道［EB/OL］.http：//australia.people.com.cn/n1/2018/0807/c408038-30214771.html,2018-8-7/2019-1-9.

［188］广东省人民政府关于印发广东省战略性新兴产业发展"十三五"规划的通知［EB/OL］.http：//zwgk.gd.gov.cn/,2017-9-6/2019-3-1.

［189］中共中央国务院印发《粤港澳大湾区发展规划纲要》［EB/OL］.http：//www.gov.cn/zhengce/,2019-2-18/2019-3-4.

［190］2016年广东省毕业生就业质量年报［EB/OL］.http：//ygzw.Gdedu.gov.cn,2017-4-6/2019-3-4.

［191］2017年广东省毕业生就业质量年报［EB/OL］.http：//ygzw.gdedu.gov.cn,2018-4-11/2019-3-8.

［192］2018年广东省毕业生就业质量年报［EB/OL］.http：//ygzw.gdedu.gov.cn,2019-4-2/2019-3-12.

［193］高等职业教育专业设置备案结果数据库［EB/OL］.http：//www.zjchina.org/mspMajorIndexAction.fo.2019-3-16.

［194］广东省财政厅会计处2014年工作总结［EB/OL］.http：//czt.gd.gov.cn/gkmlpt/content/0/185/post_185588.html.2015-3-30/2019-2-10.

［195］2018年广东国民经济和社会发展统计公报［EB/OL］.http：//www.gdstats.gov.cn/tjzl/tjgb/201902/t20190227_423113.html.2019-2-20/2019-3-9.

［196］2015年建筑业发展统计分析［EB/OL］.http：//www.zgjzy.org/

News Show. aspx？id＝7150. 2016－5－26/2019－4－2.

［197］广东省制造业协会官网［EB/OL］. http：//cngma. com/cyzx/hyxx. 2018－4－8/2019－3－16.

［198］《广东省数字经济发展规划（2018－2025）》（征求意见稿）［EB/OL］. http：//www. gdei. gov. cn/2018－4－9/2019－3－27.

［199］台湾工程技术教育认证规范（TAC2018）解说［EB/OL］. http：//www. ieet. org. tw/userfiles/files/. 2018－3－2/2019－4－5.

［200］教育部 财政部关于印发《中国特色高水平高职学校和专业建设计划项目遴选管理办法（试行）》的通知［EB/OL］. https：//www. tech. net. cn/news/show－66201. html. 2019－4－16/2019－4－18.

［201］关于中国特色高水平高职学校和专业建设计划拟建单位的公示［EB/OL］. http：//www. moe. gov. cn/jyb_xxgk/s5743/s5745/201910/t20191024_405143. html. 2019－10－24/2019－10－25.

［202］Paul Westmeyer. A History of American Higher Education［M］. Charles C. Thomas Publishers, Springfield, Illinois, 1985.

［203］ILO. Key Indicatiors of the Labour Market 2001－2002［M］. Geneva：International Labour Office, 2002.

［204］Jarausch K. H. (ed.)：The Transformation of Higher Learning 1860－1930：Expansion Diversification, Social Opening, and Professionalization in England, Germany, Russia, and the United States［M］. Chicago：The University of Chicago Press. 1983.

［205］Alan Barcan. A History of Australian Education［M］. Wellington：Oxford University Press, 1980.

［206］Freeman RE. Strategic Management：A Stakeholder Approach［M］. Boston MA：Pitman, 1984：231.

［207］Yong, K. E., Prologue：The Changing Scope of Accreditation, in Yong, K. E., Chambers, C. M. & Kells, H. R (eds.) Understanding Accreditation：Contemporary Perspectives on Issues and Practices in Evaluating Educational Quality［M］. San Francisco：Jossey-Bass Publishers. 1983.

［208］Hanan A. Alexander. What is critical about pedagogy? Conflicting conceptions of criticism in the curriculum [J]. Educational Philosophy and Theory, 2018 (8): 21 - 24.

[209] CR Clark. a study of graduate employment [J]. British Journal of Education Studies, 1973, (8): 156 - 171.

[210] Yorke, M. Employability in the Undergraduate Curriculum: some student perspectives [J]. Journal of education, 2004 (4): 409 - 427.

[211] Kojima K. The "Flying Geese" Model of Asian Economic Development: Orgin, Theoretical Extensions, and Regional Policy Implications [J]. Journal of Asian Economics, 2000, 11 (4): 375 - 401.

[212] Mangan, Katherine. "A College Weighs Its Priorities Before Making Cuts." [J]. The Chronicle of Higher Education, 2017 (12): 32 - 35.

[213] Flaherty, Colleen. "Doing Away With Departments." [J]. Inside Higher Ed, 2017 (17): 25 - 28.

[214] Mangan, Katherine. "Easing the Pain of Program Closings" [J]. The Chronicle of Higher Education, 2017 (12): 36 - 39.

[215] Gort M., Klepper S. Time paths in the diffusion of product innovations [J]. The Economic Journal, 1982 (5): 90 - 92.

[216] Yorke, M. Employability in the Undergraduate Curriculum [J]. some student perspectives Journal of education, 2004 (4): 39.

[217] Australian National Training Authority. Training package for Assessment And Workplace Training BSZ98 [J]. Information on Provided By NSW TAFF, 2011 (11): 543 - 566.

[218] Australian National Training Authority (ANTA) [J]. Adminstrative And Corporate Publications. 2011, (11): 176 - 184.

[219] ITE. Prospectus 2014: Full-time Education & Traineeship [Z]. Singapore, 2014.

[220] Kan gan Report. Technical and Further Education in Australia [R]. Vol. 11 Canberra The Government Print of Australia, 1974.

[221] Lenn M P. The Role and Value of Accreditation for Professional Programs, Qualification Assessment and Registration for Professional Engineers and

Quality Assurance in Higher Education [R]. Seminar Report, 1994.

[222] Sensicle, A. Aspects of the UK and USA Experience of Accreditation and Registration for the Engineering Profession [R]. Seminar Report, Tongji University, Shanghai. 1994.

[223] Ministry of Education Singapore. 2011 Education Statistics Digest: 41 [ER/OL]. http://www.moe.gov.sg/education/education-Statistics-digest/files/esd-2014.pdf, 2015-4-28/2019-1-6.

[224] Temasek Polytechnic. Full-Time Course. [ER/OL]. http://www.tp.edu.sg/courses/full-timecourses, 2016-11-5/2019-1-12.

[225] National Strategy for International Education 2025 [EB/OL]. https://nsie.education.gov.au/sites/nsie/files/docs/national strategy for international education 2025. 2018-9-1/2019-2-6.

[226] Australian Government Department of Education and Training. [EB/OL]. https://training.gov.au/2017-2-6/2019-2-18.

[227] Johnson, Paul. 1968: The New Spectre Haunting Europe [J]. New Statesman, 1999 (12): 6.

[228] Levin, Henry M. Work and Education [M]. International Encyclopedia of Economics of Education. Oxford: Pergaman, 1995.

[229] Jerry J. Herman and Janice L. Herman. Educational administration: school-based management [J]. clearing House, 1992, 65 (5): 261.

[230] Steven, Goldsmith & William D. Eggers. Governing by Network: The New Shape of the Public Sector [M]. New York: Brookings Institution Press, 2004.

[231] Hinchliffe K. Education and the Labor Market [M]. Carnoy M (ed). International Encyclopedia of Economics of Education. Oxford: Pergaman, 1995.

[232] Bailey. W. J. school-site management applied [M]. Lancaster pa. Technomic publishing company. 1991.

后 记

本书是我在厦门大学读书期间的研究积累，她的顺利完成和出版，首先要感谢百岁导师潘懋元教授。从"隔山望南斗"到"系马高楼边"，从崇拜向往到投师门下，是潘先生给了我求惑问解和研学著书的机会。

"鹤发银丝映日月，丹心热血沃新花"。在潘先生门下读书是一个"内化于心、外化于行"的弥久历新的过程，他不仅用坚强的生命力为我展示了"春日酿成秋日雨"的恒久意志，也以渊博的学识为我指明了"周道如砥"的宏图大道。刚开始与潘先生交流，我诚惶诚恐，畏缩不前，因为在高等教育学泰斗面前，我的基础知识基本可以划归为零，加之先生门下桃李芬芳，人才辈出，我相形见绌，可是先生对我一视同仁，加以鼓励，并把我的作业用红色的"波浪线"标出进行表扬。曾几何时，先生亲自打电话问我的学业和论文进展情况，接通电话的那一刻，我简直受宠若惊，无语凝噎，也很惭愧自己由于工作与家庭的羁绊而导致学业进展不畅，让先生操心。先生对所有上课的学生均怜爱有加，在寒冷的冬天，听说我们同级的学生感冒了，他亲自打电话为同学送上棉被，这种知遇之恩让我们感激涕零。先生的国际视野、创新意识有时也远远超出了吾辈之人，在先生家的沙龙活动中，他侃侃而谈美国的减税制度；在学术会议上，他娓娓道来机器人时代的教育境遇；在微信群中，他分享会议前沿的直播概况；在大银幕上，他本色出演一位教育智者，其对教育真谛的诠释为高等教育的基因赓续厚植沃土……

也感谢厦门大学教育研究院一批知行合一、才贯二酉、三省吾身、明白四达、学富五车的老师们，感谢邬大光老师、别敦荣老师、王洪才老师、史秋衡老师、刘海峰老师、李泽彧老师、张亚群老师、徐岚老师、吴薇老师、刘振天老师、林金辉老师、谢作栩老师、郭建鹏老师、乔连全老师、陈兴德老师、吴晓君老师，是您们精彩的课程与生活指导让我在楼梯满阶的求学路上感受生命上升运动的脉冲！

尤其感谢王洪才老师对我学习不同阶段给予的亦师亦友般的指导和帮助；感谢别敦荣老师在百忙之中对我毕业论文指点迷津，抛砖引玉。

同时感谢华南师范大学的扈中平老师、卢晓中老师一直以来对我学业的支持和帮助；感谢北京师范大学赵志群老师、教育部教育发展研究中心安雪慧老师、马陆亭老师对我的答疑和诸多关怀；感谢南方科技大学沈红教授、广西师范大学贺祖斌教授现场指导和鼓励；感谢广东水利电力职业技术学院校长江洧教授对我学业的支持与指导。

也感谢一群同龄且将要半老的年轻人，是你们让我收获了"相逢恨不知音早"的友情，感谢吕小亮、姚奇富、杨献碧、吕慈仙、殷陈君、刘健、尤碧珍、周凌波、陈捷、黄小芳、施卫华、魏银霞、陈洁，我们在课堂中切磋技艺，在生活中相互照应，在游学中留下足迹，在群聊中诗词歌赋，在相册中笑如花靥……没有年龄差距、职位高低、距离远近，一起把时光穿越到了20岁，在知识海洋中徜徉欢歌，更有甚的是，由于群体中学术"大仙"褒号的诞生，让我也拥有了不学无术"女神"之雅称，总之，无论是"学而有术""学而无术"还是"不学无术"，此称谓都让我受用终生。

也要感谢同门师兄妹们，感谢吴岩师兄理论上高瞻远瞩的见解和实践中和蔼可亲的鼓励！感谢董立平、鲁加升、石慧霞、罗先锋、郑宏、陈斌、陈春梅、邵建东、刘明维、朱乐平、王亚克，当我在求学路上"独看大海风亦凉"时，是你们给了我潘门之家的温暖和关切！

当然，人生能有如此恩遇，皆因厦大的校园之美。"苍苍普陀寺，杳杳钟声晚"，静谧中的寺庙钟声总能给丰庭宿舍中呆思的我一阵警醒；"几朵芦花浮水净，半竿山日落湖底"，情人谷的苍山绿水总能让我打结的思绪云卷云舒；还有课室外的那一波碧海，其"潮平两岸阔，风正一帆悬"的境界，总能演绎出"退一步海阔天空"的处世胸襟和入世哲理。

最后，还要感谢我的家人，感谢父母对我学业的问候与关切；感谢姐姐对我多渠道的帮助和支持；感谢丈夫崔森先生主动分担家务，照顾孩子；最要感谢的是儿子子恒小朋友，他淘气又不失文雅、聪明又不失呆萌的新生代气质总感染着我，有一次因我在厦门大学上课错过了母亲节，回家后儿子已为我买好了礼物，还帮我捶背捶肩以示孝敬，让我感动不已，欢愉无限！

同时感谢经济科学出版社给了拙作出版问世的机会，尤其感谢责任编辑张蕾女士的不辞辛劳、敬业指导，著书过程虽然"山重水复"，但因您的鼓励迎来了"柳暗花明"，在此深表感谢！

"春种一粒粟，秋收万颗子"，愿所有的耕耘都能结出美丽的果实，愿所有的恩遇都能成为我奋斗的坚固底色，就此搁笔，感恩长存！

张等菊
于广州
2020年6月1日